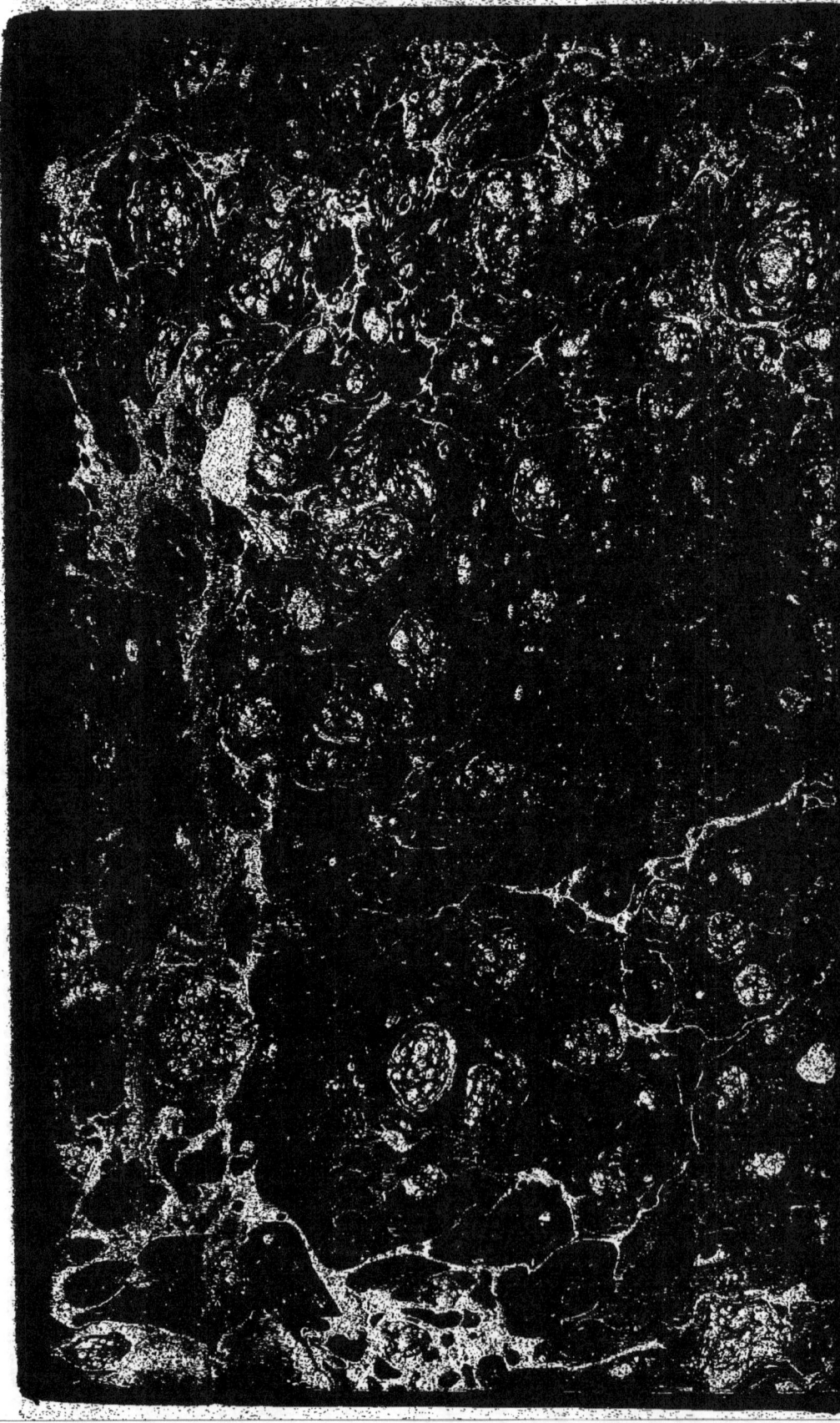

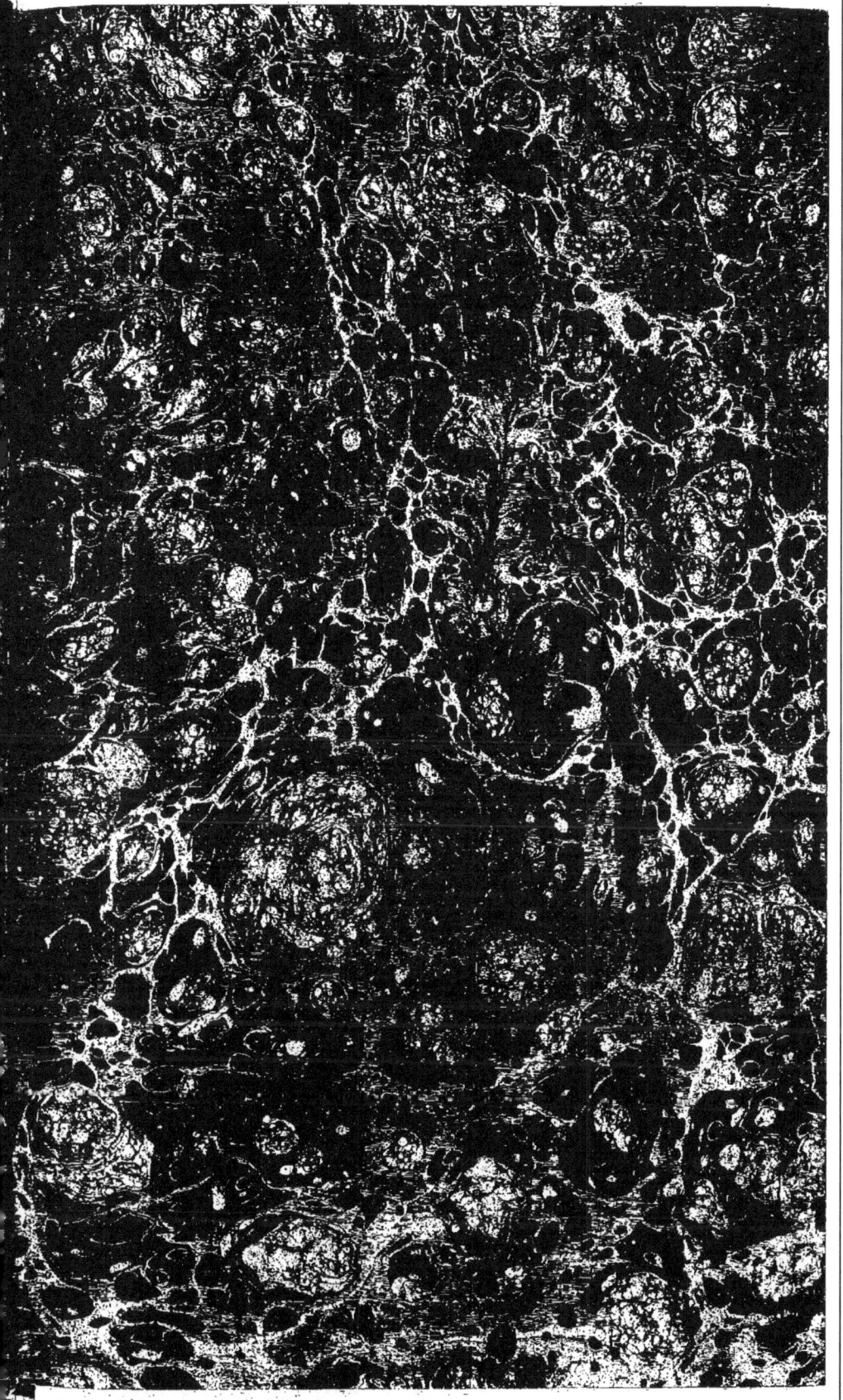

1291. 9ter.
H.

VOYAGE

AUX RÉGIONS ÉQUINOXIALES

DU

NOUVEAU CONTINENT.

DE L'IMPRIMERIE DE J. SMITH.

VOYAGE

AUX RÉGIONS ÉQUINOXIALES

DU

NOUVEAU CONTINENT,

FAIT EN 1799, 1800, 1801, 1802, 1803 ET 1804,

Par AL. DE HUMBOLDT et A. BONPLAND;

RÉDIGÉ

Par ALEXANDRE DE HUMBOLDT;

AVEC UN ATLAS GÉOGRAPHIQUE ET PHYSIQUE.

TOME SEPTIÈME.

A PARIS,

Chez N. MAZE, Libraire, rue Git-le-Cœur, n° 4.

1822.

VOYAGE
AUX RÉGIONS ÉQUINOXIALES
DU
NOUVEAU CONTINENT.

LIVRE VII.

CHAPITRE XX.

Embouchure du Rio Anaveni. — Pic d'Uniana. — Mission d'Aturès. — Cataracte, ou Raudal de Mapara. — Ilots Surupamana et Uirapuri.

LE fleuve de l'Orénoque, en se dirigeant du midi au nord, est traversé par une chaîne de montagnes granitiques. Deux fois resserré dans son cours, il se brise avec fracas contre des rochers qui forment des gradins et des digues transversales. Rien n'est plus imposant que l'aspect de ces lieux. Ni le saut du Tequendama¹, ni les grandes scènes des Cordillères n'ont pu affoiblir l'impression qu'avoit produite sur moi la première vue des Rapides d'Aturès et de Maypurès. Lorsqu'on se trouve placé de manière à embrasser d'un coup d'œil cette suite continue de cataractes, cette nappe immense d'écume et de vapeurs, éclairée par les rayons du soleil couchant, on croit voir le fleuve entier suspendu au-dessus de son lit.

Des sites si remarquables ont dû, depuis des siècles, fixer l'attention des habitans du Nouveau-Monde. Lorsque Diego de Ordaz, Alfonso de Herera, et l'intrépide Ralegh mouillèrent à l'embouchure de l'Orénoque, ils eurent connoissance des Grandes Cataractes par des Indiens qui ne les avoient jamais visitées; ils les confondirent même avec des cascades plus orientales. Quelques entraves que mette, sous la zone torride, la force de la végétation aux communications parmi les peuples, tout ce qui a rapport au cours des grands fleuves acquiert une célébrité qui s'étend à de prodigieuses distances. Comme

---

¹ Près de Santa-Fe de Bogota.

des bras de mer intérieurs, l'Orénoque, l'Amazone et l'Uruguay traversent, dans des directions différentes, une terre couverte de forêts, habitée par des peuples en partie anthropophages. Il n'y a pas deux cents ans que la civilisation et les douces lumières d'une religion plus humaine ont suivi les bords de ces canaux antiques, tracés par la nature; cependant, bien avant l'introduction de l'agriculture, avant que des échanges se fussent établis parmi des hordes éparses et souvent ennemies, la connoissance des phénomènes extraordinaires, des chutes d'eau, des feux volcaniques, de ces neiges qui résistent aux ardeurs de l'été, s'est propagée par mille circonstances fortuites. A trois cents lieues des côtes, dans le centre de l'Amérique méridionale, chez des peuples dont les excursions n'atteignent pas trois journées de distance, on trouve une notion de l'Océan, des mots [1] pour désigner une masse d'eau salée qui s'étend à perte de vue. Divers événemens, qui se répètent dans la vie du sauvage, contribuent à étendre ces notions. A la suite des petites guerres que se

---

[1] *Parava* en tamanaque; *Parana* en maypure.

font des hordes voisines, un prisonnier est amené dans une terre étrangère; il y est traité comme *poito* ou *mero*[1], c'est-à-dire comme esclave. Après l'avoir vendu plusieurs fois, on le traîne dans de nouveaux combats; il s'échappe et retourne parmi les siens; il rapporte ce qu'il a vu, ce qu'il a entendu conter à ceux dont il a été forcé d'apprendre l'idiome. C'est ainsi qu'en découvrant une côte, on entend parler des grands animaux de l'intérieur des terres[2]; c'est ainsi qu'en entrant dans la vallée d'un grand fleuve, on est surpris de voir ce que les sauvages qui ne naviguent point, savent des choses lointaines. Dans l'état des sociétés naissantes, l'échange des idées précède, jusqu'à un certain point, l'échange des productions.

Les deux Grandes Cataractes de l'Orénoque, dont la célébrité est si étendue et si ancienne, sont formées par le passage du fleuve à travers les montagnes de la Parime[3]. Les indigènes les appellent *Mapara* et *Quit-*

---

[1] Le premier de ces mots est caribe, le second de la langue des Maypures.

[2] Cuvier, *Anim. fossiles*, discours prélim., p. 22.

[3] *Voyez* plus haut, Tom. 6, chap. XVII, p. 53.

CHAPITRE XX.

tuna; mais les missionnaires ont substitué à ces noms ceux d'Aturès et de Maypurès, d'après le nom des premières tribus qu'ils ont réunies dans les villages les plus voisins. Sur les côtes de Caracas, on désigne les Grandes Cataractes par le simple nom des deux *Raudales*[1] (Rapides), dénomination qui rappelle que les autres chutes d'eau, même les Rapides de Camiseta et de Carichana, ne sont point considérées comme dignes d'attention, si on les compare aux cataractes d'Aturès et de Maypurès.

Ces dernières, situées entre les 5 et 6 degrés de latitude boréale, cent lieues à l'ouest des Cordillères de la Nouvelle-Grenade[2], dans le méridien de Porto-Cabello, ne sont éloignées l'une de l'autre que de douze lieues. Il est surprenant que leur existence n'ait point été connue de d'Anville, qui, dans sa grande et belle carte de l'Amérique méridionale, indique les cascades peu considérables de Marimara et de San Borja, sous les noms de Rapides de Carichana et de Tabajé. Les Grandes Cataractes divisent les établissemens chrétiens

---

[1] Du mot castillan *raudo*, précipité, *rapidus*.

[2] A l'ouest du Paramo de Zoraca, près de Tunja, ville de la Nouvelle-Grenade.

de la Guyane espagnole en deux parties inégales. On appelle *missions du Bas-Orénoque* celles qui sont situées entre le *Raudal* d'Aturès et l'embouchure du fleuve; les *missions du Haut-Orénoque* comprennent les villages que l'on trouve entre le *Raudal* de Maypurès et les montagnes du Duida [1]. Le cours du Bas-Orénoque, en évaluant les sinuosités avec M. de la Condamine, à $\frac{1}{3}$ de la distance parcourue en ligne droite, est de 260 lieues marines; le cours du Haut-Orénoque, en supposant ses sources 3 degrés à l'est du Duida, embrasse 167 lieues.

Une terre inconnue commence au-delà des Grandes Cataractes. C'est un pays en partie montagneux, en partie uni, qui reçoit à la fois les affluens de l'Amazone et de l'Orénoque. Par la facilité de ses communications avec le Rio Negro et le Gran Parà, il paroît appartenir plus encore au Brésil qu'aux colonies espagnoles. Aucun des missionnaires qui ont décrit l'Orénoque avant moi, les pères Gumilla, Gili et Caulin, n'a franchi le *Raudal* de

[1] *Missiones del Alto y del Baxo-Orinoco*. Les missions du Cassiquiare ne sont pas comprises dans cette évaluation, quoique ce fleuve soit un bras du Haut-Orénoque.

CHAPITRE XX.

Maypurès. Si le dernier a fait connoître avec quelque précision la topographie du Haut-Orénoque et du Cassiquiare, ce n'est que sur les rapports des militaires employés dans l'expédition de Solano. Nous n'avons trouvé que trois établissemens chrétiens au-dessus des Grandes Cataractes, le long des rives de l'Orénoque, sur une étendue de plus de cent lieues; encore ces trois établissemens renfermoient à peine six ou huit personnes blanches, c'est-à-dire de race européenne. On ne peut être surpris qu'une région si déserte ait été de tout temps le sol classique des fables et de la féerie. C'est là que de graves missionnaires ont placé ces peuples qui ont l'œil dans le front, une tête de chien ou la bouche au-dessous de l'estomac; c'est là qu'ils ont trouvé tout ce que les anciens nous rapportent des Garamantes, des Arimaspes et des Hyperboréens. On auroit tort de supposer que ces missionnaires simples, et souvent un peu rustiques, aient inventé eux-mêmes toutes ces fictions exagérées; ils les ont puisées en grande partie dans les récits des Indiens. On aime à conter dans les missions comme sur mer, comme dans l'orient, et partout où l'on s'ennuie. Un missionnaire, par son état, n'est pas enclin au scepticisme; il imprime dans sa mémoire ce que les indigènes lui ont répété tant de fois; et, revenu en Europe, rendu au monde civilisé, il trouve un dédommagement de ses peines dans le plaisir d'étonner par le récit des faits qu'il croit avoir recueillis, par la description animée des choses lointaines. Ces *contes de voyageurs et de moines* (*cuentos de viageros y frailes*) augmentent même d'invraisemblance, à mesure qu'on s'éloigne des forêts de l'Orénoque, et qu'on approche des côtes qui sont le séjour des blancs. Lorsqu'à Cumana, à Nueva-Barcelona et en d'autres ports de mer qui ont de fréquentes communications avec les missions, on laisse échapper quelque marque d'incrédulité, on est réduit au silence par ce peu de mots : « Les pères l'ont vu, mais bien au-dessus des Grandes Cataractes, *mas ariba de los Raudales.* »

En entrant dans un pays si peu visité, et dont une partie seulement a été décrite par ceux qui l'ont parcouru, j'ai plusieurs motifs pour conserver à mon récit la forme d'un journal. Sous cette forme, le lecteur distinguera plus facilement ce que j'ai pu observer par moi-même et ce que je rapporte d'après le témoignage des missionnaires et des indigènes. Il suivra les voyageurs dans leurs occupations journalières ; et, appréciant à la fois la brièveté du temps dont ils pouvoient disposer et les difficultés qu'ils avoient à vaincre, il les jugera avec plus d'indulgence.

Le 15 avril. Nous quittâmes l'île de Panumana à quatre heures du matin, deux heures avant le lever du soleil ; le ciel étoit en grande partie couvert, et des éclairs sillonnoient de gros nuages, à plus de quarante degrés d'élévation. Nous fûmes surpris de ne pas entendre le bruit du tonnerre : étoit-ce à cause de la prodigieuse hauteur de l'orage ? Il nous a paru qu'en Europe, les lueurs électriques sans tonnerre, vaguement appelées éclairs de chaleur, sont vues généralement plus près de l'horizon. Par un ciel couvert qui renvoyoit le calorique rayonnant du sol, il faisoit une chaleur étouffante; pas un souffle de vent n'agitoit le feuillage des arbres. Les jaguars, comme de coutume, avoient passé le bras de l'Orénoque, par lequel nous étions séparés du rivage ; nous entendions leurs cris de très-près. Pendant la nuit, les Indiens nous avoient conseillé de quitter le bivouac, et de nous retirer dans une cabane abandonnée qui appartient aux *conucos* des habitans d'Aturès; ils eurent soin de barricader l'ouverture par des planches, précaution qui nous parut assez superflue. Près des cataractes, les tigres sont si nombreux que, deux ans auparavant, dans ces mêmes *conucos* de Panumana, un Indien, retournant à sa cabane, vers la fin de la saison des pluies, y trouva établie la femelle d'un tigre avec deux petits. Ces animaux avoient habité la maison depuis plusieurs mois; on eut beaucoup de peine à les déloger, et ce ne fut qu'après un combat très-opiniâtre que l'ancien maître put rentrer chez lui. Les jaguars aiment à se retirer dans les masures délaissées, et je pense qu'il est généralement plus prudent pour un voyageur isolé de camper à la belle étoile, entre deux feux, que de chercher de l'abri dans des cabanes inhabitées.

En quittant l'île de Panumana, nous aperçûmes, sur la rive occidentale du fleuve, les feux d'un campement de Guahibos sauvages; le missionnaire qui nous accompagnoit fit tirer quelques coups de fusil en l'air : « C'étoit, disoit-il, pour les intimider, et pour leur prouver que nous étions en état de nous défendre. » Les sauvages étoient sans doute dépourvus de canots, et ils n'avoient aucune envie de nous importuner au milieu du fleuve. Au lever du soleil, nous passâmes l'embouchure du Rio Anaveni, qui descend des montagnes de l'est. Aujourd'hui ses rives sont désertes; du temps des jésuites, le père Olmos y avoit établi un petit village d'Indiens Japuins [1] ou Jaruros. La chaleur du jour étoit si forte que nous nous arrêtâmes long-temps dans un endroit boisé pour pêcher à la ligne. Nous eûmes de la peine à emporter tout le poisson qui avoit été pris. Nous n'arrivâmes que très-tard au pied de la Grande Cataracte, dans une anse appelée le *port inférieur*[2], et nous suivîmes, non sans quelque difficulté, par une nuit obscure, le sentier étroit qui conduit à la mission d'Aturès, éloignée d'une lieue du bord du fleuve. On traverse une plaine couverte de gros blocs de granite.

Le petit village de *San Juan Nepomuceno de*

---

[1] *Gili*, Tom. 1, p. 36.
[2] *Puerto de abaxo.*

los Atures a été fondé, par le père jésuite Francisco Gonzalez[1], en 1748. En remontant le fleuve, c'est le dernier des établissemens chrétiens qui doivent leur origine à l'ordre de Saint-Ignace. Les établissemens plus méridionaux, ceux de l'Atabapo, du Cassiquiare et du Rio Negro, ont été formés par les Pères de l'Observance de Saint-François. L'Orénoque paroît avoir coulé jadis là où se trouve aujourd'hui le village d'Aturès; et la savane, extrêmement unie, qui entoure le village, a sans doute fait partie du lit du fleuve. J'ai vu, à l'est de la mission, une suite de rochers qui semblent avoir été l'ancien rivage de l'Orénoque. Dans la suite des siècles, le fleuve s'est jeté vers le couchant à cause des attérissemens qui sont plus fréquens du côté des montagnes orientales, sillonnées par des torrens. La cataracte porte, comme nous l'avons indiqué plus haut, le nom de *Mapara*[2],

---

[1] Et non par le père *Olmos*, comme dit *Caulin* dans sa *Chorographie*; le père *Olmos* se trouvoit à Aturès lors de l'*expédition des limites*, à laquelle il rendit de grands services.

[2] J'ignore l'étymologie de ce mot, que je crois désigner simplement une *chute d'eau*. Gili traduit, en

tandis que le nom du village dérive de celui de la nation des Atures, que l'on croit éteinte aujourd'hui. Je trouve, sur les cartes du dix-septième siècle, *île et cataracte d'Athule;* c'est le mot *Atures*, écrit d'après la prononciation des Tamanaques qui confondent, comme tant d'autres peuples, les consonnes *l* et *r*. Même jusqu'au milieu du dix-huitième siècle, cette région montagneuse étoit si peu connue en Europe, que d'Anville, dans une première édition de son *Amérique méridionale*, fait sortir de l'Orénoque, près du *Salto de los*

maypure, petite cascade (*raudalito*) par *uccamatisi mapara canacapatirri* (Tom. 1, p. xxxix). Devroit-on écrire *matpara*, car *mat* est une racine de la langue maypure et signifie *mauvais* (*Hervas, Saggio, n.* 29). Le radical *par* (*para*) se retrouve chez des peuplades américaines éloignées les unes des autres de plus de 500 lieues, chez les Caribes, les Maypures, les Brasiliens et les Péruviens, dans les mots *mer, pluie, eau, lac*. Il ne faut pas confondre *mapara* avec *mapaja* qui signifie, en maypure et en tamanaque, le papayer ou arbre à melon, sans doute à cause de la douceur de son fruit; car *mapa* indique, en maypure comme en péruvien et en omagua, le miel d'abeilles. Les Tamanaques appellent généralement une cascade ou raudal, *uatapurutpe;* les Maypures, *uca*.

Atures, un bras qui se jette dans l'Amazone, et auquel il donne le nom de Rio Negro.

Les anciennes cartes, de même que l'ouvrage du père Gumilla, placent la mission par 1° 30' de latitude; l'abbé Gili lui donne 3° 50'. J'ai trouvé[1], par des hauteurs méridiennes de Canopus et de α de la Croix du sud 5° 38' 4" de latitude, et par le transport du temps 4^h 41' 17" de longitude occidentale du méridien de Paris. L'inclinaison de l'aiguille aimantée étoit, le 16 avril, de 32°,25 (division centésimale). L'intensité des forces étoit exprimée par 223 oscillations en 10' de temps, quand à Paris elle l'étoit par 245 oscillations.

---

[1] *Obs. astr.* Tom. 1, p. 226. J'ai observé près de la petite église de la mission. Don José Solano, le cosmographe de *l'expédition des limites*, avoit trouvé en 1756 (sans doute avec des quarts de cercle non rectifiés par le retournement ou sans observer des étoiles au nord et au sud) 5° 35' (*Caulin*, p. 71). Le père Gili (Tom. 1, p. xxxii) pense que les *commissaires des limites* s'arrêtoient à 4° 18' 22". Comme il place Cabruta (dont la latitude conclue de celle du Capuchino me paroît 7° 40') par les 5°, on ne peut supposer qu'il ait voulu écrire 5° 18' pour 4° 18'. N'a-t-il pas plutôt conclu Cabruta de la fausse position d'Atures?

CHAPITRE XX. 15

Nous trouvâmes la petite mission dans l'état le plus déplorable. A l'époque de l'expédition de Solano, appelée communément *expédition des limites*, elle renfermoit encore 520 Indiens. A notre passage par les cataractes, ce nombre avoit diminué jusqu'à 47 ; et le missionnaire nous assuroit que cette diminution devenoit d'année en année plus sensible. Il nous montra que, dans l'espace de 32 mois, il n'y avoit eu qu'un seul mariage porté sur les registres de la paroisse. Deux autres avoient été contractés par des indigènes non catéchisés, et célébrés devant le *governador* indien pour constater, comme nous disons en Europe, l'état civil. A la première fondation de la mission, on y avoit réuni des Indiens Atures, Maypures, Meyepures, Abanis et Quirupas. Au lieu de ces tribus, nous ne trouvâmes que des Guahibos et quelques familles de la nation des Macos. Les Atures [1] ont presque entière-

---

[1] « Déjà de mon temps (1767), dit le missionnaire Gili, il n'existoit pas une vingtaine d'Indiens Atures dans le *raudal* de ce nom. Nous crûmes cette nation presque éteinte, car il n'y en avoit plus dans les bois. Depuis cette époque, les militaires de l'*expédition des limites* prétendoient avoir découvert une tribu d'Atures,

ment disparu; on ne les connoît plus que par les tombeaux de la caverne d'Ataruipe, qui rappelle les sépultures des Guanches à Ténériffe. Nous avons appris sur les lieux que les Atures appartenoient, avec les Quaquas et les Macos ou Piaroas, à la grande souche des nations *Salivas*, tandis que les Maypures, les Abanis, les Parenis et les Guaypunaves, forment une même race avec les *Cabres* ou Caveres, célèbres par leurs longues guerres avec les Caribes. Dans ce dédale de petites nations, divisées entre elles comme l'étoient jadis les nations du Latium, de l'Asie-Mineure et de la Sogdiane, on ne peut saisir quelques rapports généraux qu'en suivant l'analogie des langues. Ce sont les seuls monumens qui, du premier âge du monde, soient parvenus jusqu'à nous; ce sont les seuls aussi qui, sans être fixés au sol, mobiles et durables à la fois, ont traversé, pour ainsi dire, le temps et l'espace. Ils doivent leur durée et l'étendue qu'ils occupent, bien moins à des peuples conquérans et policés

---

à l'est de l'Esmeralda, entre les fleuves Padamo et Ocamu.» (*Gili*, Tom. 1, p. 334. Voyez aussi la carte de Surville pour l'ouvrage du père Caulin.)

qu'à ces tribus errantes et à demi-sauvages qui, fuyant devant un ennemi puissant, n'emportent avec elles, dans leur misère profonde, que leurs femmes, leurs enfans et l'idiome de leurs ancêtres.

Entre les 4° et 8° de latitude, l'Orénoque ne sépare pas seulement la grande forêt de la Parime des savanes nues de l'Apure, du Meta et du Guaviare; il forme aussi la limite entre des hordes de mœurs très-différentes. A l'ouest, errent, dans des plaines dépourvues d'arbres, les Guahibos, les Chiricoas et les Guamos, peuples sales, dégoûtans, fiers de leur sauvage indépendance, qu'il est difficile de fixer au sol et d'habituer à des travaux réguliers. Les missionnaires espagnols les caractérisent très-bien par le nom de *Indios andantes* (Indiens qui marchent continuellement, Indiens vagabonds). A l'est de l'Orénoque, entre les sources rappochées du Caura, du Cataniapo et du Ventuari, vivent les Macos, les Salivas, les Curacicanas, les Parecas et les Maquiritares, peuples doux, tranquilles, adonnés à l'agriculture, faciles à soumettre à la discipline des missions. L'*Indien des plaines* diffère de l'*Indien des forêts* par le langage comme par les mœurs et les dispositions intellectuelles ; l'un et l'autre ont un idiome qui abonde en tours vifs et hardis ; mais, chez le premier, le langage est plus âpre, plus concis, plus passionné ; chez le second, il est plus doux, plus diffus, plus rempli d'expressions détournées.

La mission d'Aturès, comme la plupart des missions de l'Orénoque, située entre les bouches de l'Apure et de l'Atabapo, se compose à la fois des deux classes de peuplades que nous venons de décrire ; on y trouve les Indiens des forêts et les Indiens jadis nomades[1] (*Indios monteros* et *Indios llaneros* ou *andantes*). Nous visitâmes, avec le missionnaire, les cabanes des Macos, que les Espagnols appellent Piraoas, et celles de Guahibos. Les premières annoncent plus d'esprit d'ordre, plus de propreté et d'aisance. Les Macos indépendans (je ne voudrois pas les

---

[1] J'emploie le mot *nomade* comme synonyme d'*errant* et non dans sa signification primitive. Les peuples errans de l'Amérique (ceux de race indigène s'entend) ne sont jamais pasteurs : ils vivent de la pêche, de la chasse, de quelques fruits d'arbre, de la moelle farineuse des palmiers, etc.

désigner par le nom de sauvages) ont leurs *rochelas* ou habitations fixes deux ou trois journées à l'est d'Aturès, vers les sources de la petite rivière Cataniapo. Ils sont très-nombreux, cultivent, comme la plupart des indigènes des bois, non le maïs, mais le manioc, et vivent dans une grande harmonie avec les Indiens chrétiens de la mission. Cette harmonie a été établie et sagement entretenue par le père franciscain Bernardo Zea. L'alcade des *Macos réduits* abandonnoit, tous les ans, pour quelques mois, mais avec la permission du missionnaire, le village d'Aturès pour vivre dans les plantations qu'il possède au milieu des forêts, près du hameau des Macos *indépendans*. A la suite de ces communications paisibles, plusieurs de ces *Indios monteros* vinrent s'établir, il y a quelque temps, dans la mission. Ils demandèrent avec instance des couteaux, des hameçons, et de ces perles de verre coloré qui, malgré la défense expresse des religieux, sont employées non comme colliers, mais comme ornement du *guayuco*[1].
Après avoir acquis ce qu'ils désiroient, ils

---

[1] *Perizoma*.

retournèrent dans les bois, ennuyés du régime de la mission. Des fièvres épidémiques, qui règnent avec violence à l'entrée de la saison des pluies, contribuèrent beaucoup à cette fuite inattendue. En 1799, la mortalité fut très-grande à Carichana, sur les bords du Meta et dans le Raudal d'Aturès. L'Indien des forêts prend en horreur la vie de l'homme civilisé dès qu'il arrive à sa famille, établie dans la mission, je ne dis pas un malheur, mais seulement quelque accident fâcheux et inattendu. On a vu des indigènes néophytes déserter pour toujours les établissemens chrétiens à cause d'une grande sécheresse; comme si cette calamitié n'auroit pas dû frapper également leurs plantations s'ils fussent restés dans leur primitime indépendance!

Quelles sont les causes de ces fièvres qui règnent, pendant une grande partie de l'année, dans les villages d'Aturès et de Maypurès, autour des deux Grandes Cataractes de l'Orénoque, et qui rendent ces lieux si redoutables au voyageur européen? Ce sont la réunion d'une forte chaleur à une humidité excessive de l'air, la mauvaise nourriture, et, s'il faut en croire les indigènes, des exhalai-

CHAPITRE XX.

sons vénéneuses qui s'élèvent des rochers nus des *Raudales*. Ces fièvres de l'Orénoque nous ont paru ressembler entièrement à celles dont on souffre, tous les ans, entre Nueva-Barcelona, la Guayra et Porto-Cabello, dans la proximité de la mer ; elles dégénèrent souvent en fièvres adynamiques. «Je n'ai ma petite fièvre (*mi calenturita*) que depuis huit mois,» disoit le bon missionnaire d'Aturès, qui nous accompagnoit au Rio Negro. Il en parloit comme d'un mal habituel et facile à supporter. Les accès étoient violens, mais de peu de durée ; il s'en trouva saisi, tantôt étendu dans la pirogue, sur un treillis de branches d'arbre, tantôt exposé aux rayons brûlans du soleil, sur une plage ouverte. Ces fièvres tierces sont accompagnées d'une grande débilité dans le système musculaire ; cependant on voit à l'Orénoque de pauvres religieux qui résistent, pendant plusieurs années, à des *calenturitas* ou *tercianas* : les effets en sont moins funestes que ceux qu'on éprouve, sous les climats tempérés, dans des fièvres d'une moindre durée.

Je viens de faire mention de l'influence nuisible que les indigènes, et même les missionnaires, attribuent aux rochers nus sur la salubrité de l'atmosphère. Cette opinion mérite d'autant plus d'attention, qu'elle a rapport à un phénomène physique qu'on vient d'observer en différentes parties du globe, et qui n'a point encore été suffisamment expliqué. Dans les cataractes, et partout où l'Orénoque, entre les missions de Carichana et de Santa Barbara, baigne périodiquement les rochers granitiques, ceux-ci sont lisses, noirs, et comme enduits de plombagine. La matière colorante ne pénètre pas dans la pierre, qui est un granite à gros grains renfermant quelques cristaux isolés d'amphibole. En considérant en grand la formation primitive d'Aturès, on reconnoît que, semblable au granite de Syène en Egypte, c'est un *granite avec amphibole* et non une véritable formation de syénite. Beaucoup de couches sont entièrement dépourvues d'amphibole. L'enduit noir a $\frac{5}{10}$ de ligne d'épaisseur; il se trouve de préférence sur les parties quarzeuses : les cristaux de feldspath ont conservé quequefois au-dehors leur couleur blanc-rougeâtre, et s'élèvent au-dessus de la croûte noire. En cassant la roche avec le marteau, on trouve l'intérieur intact, blanc, sans trace de décomposition. Ces énormes masses pierreuses se présentent tantôt en rhombes, tantôt sous ces formes hémisphériques qui sont propres aux rochers de granite lorsqu'ils se séparent en blocs. Elles donnent au paysage un aspect singulièrement lugubre ; leur couleur contrastant avec celle de l'écume du fleuve qui les couvre et de la végétation qui les environne. Les Indiens disent que ces roches sont « brûlées ou charbonnées par les rayons du soleil. » Nous les avons vues, non seulement dans le lit de l'Orénoque, mais sur quelques points, jusqu'à 500 toises de distance du rivage actuel, à des hauteurs où les eaux ne parviennent plus aujourd'hui dans leurs grandes crues.

Qu'est-ce que cette croûte noire-brunâtre, qui donne à ces rochers, lorsqu'ils ont la forme globuleuse, l'aspect de pierres météoriques? Comment doit-on concevoir cette action de l'eau qui produit un dépôt ou un changement de couleur si extraordinaire? Remarquons d'abord que ce phénomène n'appartient pas aux cataractes seules de l'Orénoque, mais qu'on le retrouve dans les deux hémisphères. Lorsqu'à mon retour du Mexique, en 1807, je montrai les granites d'Aturès et de Maypurès à M. Rozière, qui a parcouru la vallée de l'Égypte, les côtes de la mer Rouge et le mont Sinaï, ce savant géologue me fit voir que les roches primitives des petites cataractes de Syène offrent, comme les roches de l'Orénoque, une surface lustrée, gris-noirâtre, presque plombée; dans quelques fragmens, on les diroit enduites de goudron. Récemment encore, dans la malheureuse expédition du capitaine Tuckey, des naturalistes anglois ont été frappés du même aspect dans les *Yellalas* (rapides et écueils) qui obstruent la rivière Congo ou Zaïre. Le docteur König a placé, dans le Musée britannique, à côté des syénites du Congo, des granites d'Aturès tirés d'une suite de roches, que nous avions offerte, M. Bonpland et moi, à l'illustre président de la Société royale de Londres. « Ces fragmens, dit M. König [1], ressemblent également à des pierres météoriques; dans les deux roches, celles de l'Orénoque et d'Afrique, la croûte noire est composée, selon l'analyse de M. Children, d'oxide de fer et de manganèse. »

[1] *Voyage to the River Congo*, p. 488.

CHAPITRE XX.

Quelques expériences faites à Mexico, conjointement avec M. del Rio, m'avoient porté à croire que les roches d'Aturès, qui teignent en noir le papier [1] dans lequel on les tient enveloppées, renferment, outre l'oxide de manganèse, du carbone et du fer surcarboné. A l'Orénoque, des masses granitiques, de 40 à 50 pieds d'épaisseur, sont uniformément enduites de ces oxides; et, quelque minces que paroissent ces croûtes, elles n'en renferment pas moins des quantités de fer et de manganèse assez considérables, puisqu'elles occupent l'espace de plus d'une lieue carrée.

Il faut remarquer que tous ces phénomènes de coloration ne se sont offerts jusqu'à présent que sous la zone torride, dans des rivières qui ont des crues périodiques, dont la température habituelle est de 24 à 28 degrés centésimaux, et qui coulent, non sur des grès ou des roches calcaires, mais sur des granites,

---

[1] Des grains caverneux de platine de 1-2 lignes de long, recueillis aux lavages du Taddò dans la province du Choco, m'ont offert le même phénomène. Enveloppés dans du papier pendant plusieurs mois de voyage, ces grains l'avoient teint en noir, comme de la plombagine ou du per-carbure de fer.

des gneis et des roches amphiboliques [1]. Le quarz et le feldspath contiennent à peine 5 à 6 millièmes d'oxide de fer et de manganèse; mais, dans le mica et dans l'amphibole, ces oxides, et surtout celui de fer, s'élèvent, d'après Klaproth et Herrmann, jusqu'à 15 et 20 centièmes. L'amphibole renferme en outre du carbone [2], de même que la pierre lydienne et le *kieselschiefer*. Or, si ces croûtes noires se formoient par une décomposition lente de la roche granitique, sous la double influence de l'humidité et du soleil des tropiques, comment concevoir que les oxides se répandent si uniformément sur toute la surface des masses pierreuses, qu'ils ne sont pas plus abondans autour d'un cristal de mica et d'amphibole que sur le feldspath et le quarz laiteux? Les grès ferrugineux, les granites, les marbres, qui deviennent cendrés, quelquefois bruns, à l'air humide, offrent un aspect tout différent. En réfléchissant sur le lustre et l'épaisseur égale des croûtes, on incline plutôt à croire que la matière est déposée par l'Orénoque, et

[1] *Hornblendegestein.*
[2] *Hoffmann und Breithaupt, Minéralogie,* 1815. Bz. Abth. 2, p. 120 et 151.

que l'eau a pénétré jusque dans les fentes des rochers. En adoptant cette hypothèse, on se demande si le fleuve tient les oxides suspendus comme du sable et d'autres substances terreuses, ou s'ils se trouvent dans un état de dissolution chimique. La première supposition est moins admissible à cause de l'homogénéité des croûtes qui ne renferment ni grains de sable, ni paillettes de mica, mêlés aux oxides. Il faut donc recourir à l'idée d'une dissolution chimique, et cette idée n'est aucunement contraire aux phénomènes que nous observons journellement dans nos laboratoires. Les eaux des grandes rivières contiennent de l'acide carbonique; et, fussent-elles même entièrement pures, elles seroient pourtant susceptibles de dissoudre, en de très-grands volumes, quelques parcelles d'oxide ou des hydrates métalliques, regardées comme les moins solubles. Le limon du Nil, qui est le dépôt des matières que le fleuve tient suspendues, est dépourvu de manganèse; mais il renferme, selon l'analyse de M. Regnault, 6 centièmes d'oxide de fer, et sa couleur, d'abord noire, change en brun-jaunâtre par dessiccation et au contact de l'air[1]. Ce limon n'est par conséquent pas la cause des croûtes noires sur les roches de Syène. A ma prière, M. Berzelius a bien voulu examiner ces croûtes : il a reconnu, comme dans celles des granites de l'Orénoque et du Rio Congo, la réunion du fer et du manganèse. Ce chimiste célèbre pense que les fleuves n'arrachent pas les oxides au sol sur lequel ils coulent, mais qu'ils les tirent de leurs sources souterraines et les déposent sur les roches, comme par cémentation, par un jeu d'affinités particulières, peut-être par l'action de la potasse du feldspath. Un long séjour aux cataractes de l'Orénoque, du Nil et du Rio Congo, un examen des circonstances qui accompagnent ce phénomène de coloration, pourront seuls conduire à la solution complète du problème que nous venons de dis-

---

[1] Le limon du Nil contient 11 parties d'eau, 9 de carbone, 6 d'oxide de fer, 4 de silice, 4 de carbonate de magnésie, 18 de carbonate de chaux et 48 d'alumine. *Observations sur la vallée d'Egypte, par M. Girard*, p. 64. J'ai filtré l'eau de l'Orénoque à Aturés; je n'y ai trouvé que du sable quarzeux et beaucoup de paillettes de mica.

cuter. Ce phénomène est-il indépendant de la nature des roches? Je me contenterai de faire observer en général que ni les masses granitiques éloignées du lit ancien de l'Orénoque, mais exposées, dans la saison des pluies, à des alternatives de chaleur et d'humidité, ni les roches granitiques baignées par les eaux brunâtres du Rio Negro, ne prennent un aspect de pierres météoriques. Les Indiens disent « que les roches ne sont noires que là où les eaux sont blanches. » Ils devroient peut-être ajouter : « là où les eaux ont acquis une grande vitesse, et exercent un choc contre les rochers du rivage. » La cémentation semble expliquer pourquoi les croûtes augmentent si peu d'épaisseur.

J'ignore si c'est à tort que l'on considère, dans les missions de l'Orénoque, le voisinage des roches nues, et surtout celle des masses qui ont des croûtes de carbone, d'oxide de fer et de manganèse, comme nuisible à la santé. Sous la zone torride plus encore que sous d'autres zones, le peuple multiplie à son gré les causes pathogéniques. On y craint de dormir en plein air dès qu'on est forcé d'avoir le visage exposé aux rayons de la pleine lune.

On pense de même qu'il est dangereux de se coucher sur les granites voisins du fleuve; et l'on cite beaucoup d'exemples de personnes qui, après avoir passé la nuit sur ces rochers noirs et nus, se sont réveillées le matin dans un fort accès de fièvre. Sans ajouter entièrement foi à cette assertion des missionnaires et des indigènes, nous avons généralement évité les *laxas negras*, et nous nous sommes étendus sur les plages couvertes de sable blanc, lorsque nous ne trouvions pas d'arbre pour suspendre nos hamacs. A Carichana, on veut détruire le village et le changer de place, simplement pour l'éloigner des *roches noires*, d'un terrain, où, sur un espace de plus de 10,000 toises carrées, des bancs de granite nus forment la surface du sol. Par des motifs semblables, et qui doivent paroître bien chimériques aux physiciens de l'Europe, les pères jésuites Olmo, Forneri et Mellis, ont transporté un village de Jaruros, dans trois sites différens, entre le Raudal de Tabajé et le Rio Anaveni. J'ai cru devoir rapporter ces faits tels qu'ils sont venus à ma connoissance, parce que nous ignorons presque entièrement ce que c'est que ces mélanges gazeux qui causent l'insalubrité de l'atmosphère. Peut-on admettre que, sous l'influence d'une chaleur excessive et d'une constante humidité, les croûtes noires des rochers granitiques puissent agir sur l'air ambiant, et produire des miasmes à triple base de carbone, d'azote et d'hydrogène? j'en doute. Les granites de l'Orénoque contiennent, il est vrai, souvent de l'amphibole; et ceux qui sont accoutumés aux travaux pratiques des mines n'ignorent pas que les moffètes les plus nuisibles naissent dans les galeries creusées à travers des roches syénitiques[1] et amphiboliques. Mais, dans une atmosphère qui se renouvelle à chaque instant par l'action des petits courans d'air, l'effet ne peut être le même que dans une mine.

Il n'est probablement dangereux de dormir sur les *laxas negras* que parce que ces rochers conservent pendant la nuit une température extrêmement élevée. J'ai trouvé cette température, le jour, de 48°, l'air étant, à l'ombre, de 29°,7; pendant la nuit, le thermo-

[1] Par exemple à Scharfenberg, près de Meissen en Saxe. Voyez *Lampadius, Samml. pract. chem. Abhandl. B.* p. 181.

mètre, appuyé au rocher, marquoit 36°, l'air étant à 26°. Quand l'accumulation de la chaleur dans les masses pierreuses est arrivée à un degré stationnaire, ces masses reviennent, aux même heures, à peu près aux mêmes températures. Ce qu'elles acquièrent de plus le jour, elles le perdent la nuit par le rayonnement, dont la force dépend de l'état de la surface du corps rayonnant, de l'arrangement intérieur de ses molécules, et surtout de la pureté du ciel, c'est-à-dire de la transparence de l'atmosphère et de l'absence des nuages. Lorsque le déclinaison du soleil varie très-peu, cet astre ajoute journellement à peu près les mêmes quantités de chaleur, et les roches ne se trouvent pas plus chaudes à la fin qu'au milieu de l'été. Il y a un certain *maximum* qu'elles ne sauroient dépasser, parce qu'elles n'ont changé ni l'état de leur surface, ni leur densité, ni leur *capacité* pour le calorique. Lorsque, sur les rives de l'Orénoque, on descend, pendant la nuit, de son hamac, et que l'on touche de ses pieds nus la surface rocheuse du sol, on est singulièrement frappé de la sensation de chaleur qu'on éprouve. J'ai observé assez constamment, en mettant la boule du thermomètre en contact avec des bancs de rochers nus, que les *laxas negras* sont plus chauds pendant le jour que les granites blanc-rougeâtre éloignés de la rivière, mais que ces derniers se refroidissent, pendant la nuit, moins rapidement que les premiers. On conçoit aisément que l'émission et la déperdition du calorique est plus rapide dans les masses à croûtes noires que dans celles qui abondent en lames de mica argenté. Lorsque, entre 1 et 3 heures de l'après-midi, on se promène à Carichana, à Aturès ou à Maypurès, au milieu de ces blocs de rochers dépourvus de terre végétale, et entassés à de grandes hauteurs, on est suffoqué comme si on se trouvoit devant l'ouverture d'une fournaise. Les vents (si jamais on les sent dans ces contrées boisées), loin de porter la fraîcheur, paroissent plus embrasés, lorsqu'ils ont passé sur des lits de pierres et des boules de granite amoncelées. Cette augmentation de chaleur ajoute à l'insalubrité du climat.

Je n'ai pas compté parmi les causes du dépeuplement des *Raudales* la petite vérole, maladie qui, sur d'autres points de l'Amérique, fait de si cruels ravages que les indigènes[1], saisis d'épouvante, brûlent leurs cabanes, tuent leurs enfans, et renoncent à toute espèce d'association. Ce fléau est presque inconnu sur les bords du Haut-Orénoque; et s'il parvenoit à y pénétrer, on peut espérer que ses effets seroient immédiatement contrebalancés par la vaccine, dont les bienfaits se font sentir journellement le long des côtes de la Terre-Ferme. Ce qui dépeuple les établissemens chrétiens, c'est la répugnance des Indiens pour le régime des missions, c'est l'insalubrité d'un climat à la fois chaud et humide, la mauvaise nourriture, le manque de soin dans les maladies des enfans, et la coupable habitude des mères d'empêcher leur grossesse par l'emploi d'herbes vénéneuses. Chez les peuples barbares de la Guyane, comme chez les habitans à demi-civilisés des îles de la Mer du Sud, beaucoup de jeunes femmes ne veulent pas être mères. Si elles ont des enfans, ceux-ci sont exposés non seulement aux dangers de la vie sauvage, mais encore à d'autres

[1] Par exemple les Indiens Mahas dans les plaines de Missoury, d'après le récit des voyageurs américains Clark et Lewis.

dangers qui naissent des préjugés populaires les plus bizarres. Les enfans sont-ils frères jumeaux, de fausses idées de convenance et l'honneur de la famille exigent qu'on fasse périr un d'eux. « Mettre au monde des jumeaux, c'est s'exposer à la risée publique, c'est ressembler aux rats, aux sarigues, aux plus vils animaux, qui mettent bas un grand nombre de petits à la fois. » Il y a plus encore : « deux enfans nés d'un même accouchement ne peuvent appartenir à un même père. » C'est là un axiome de la physiologie des Indiens Salivas ; et, sous toutes les zones, dans les différens états de la société, lorsque le peuple s'empare d'un axiome, il y tient plus que les hommes instruits qui l'ont hasardé les premiers. Pour ne pas troubler la tranquillité du ménage, les vieilles parentes de la mère ou les *mure japoic-nei* (sages-femmes) se chargent de faire disparoître un des jumeaux. Le nouveau-né, sans être enfant jumeau, a-t-il quelque difformité physique, le père le tue sur-le-champ. On ne veut que des enfans bien faits et robustes, car les difformités indiquent quelque influence du mauvais esprit *Ioloquiamo* ou de l'oiseau *Tikitiki*, ennemi du genre humain. Quelquefois les enfans d'une constitution très-foible subissent le même sort. Demandez au père ce qu'est devenu un de ses fils, il feindra de l'avoir perdu par une mort naturelle. Il désavouera une action qui lui paroît blâmable, mais non criminelle. « Le pauvre *mure*[1], vous dira-t-il, ne pouvoit nous suivre : il auroit fallu l'attendre à chaque instant; on ne l'a pas revu, il n'est pas venu coucher où nous passâmes la nuit. » Telles sont la candeur et la simplicité des mœurs; tel est le bonheur si vanté de l'homme dans son *état de nature !* On tue son fils, pour échapper au ridicule d'avoir des jumeaux, pour ne pas voyager plus lentement, pour ne pas s'imposer une légère privation.

Ces actes de cruauté, je l'avoue, sont moins fréquens qu'on ne le pense ; cependant on les observe jusque dans les missions pendant les temps où les Indiens quittent le village pour se retirer dans les *conucos* des forêts voisines. On auroit tort de les attribuer à l'état de polygamie dans lequel vivent les indigènes non catéchisés. La polygamie diminue sans doute le bonheur domestique

---

[1] Eu tamanaque, *mure,* enfant; *emuru,* fils.

CHAPITRE XX.

et l'union intérieure des familles; mais cet usage, sanctionné par l'ismaélisme, n'empêche pas les Orientaux d'aimer tendrement leurs enfans. Chez les Indiens de l'Orénoque, le père ne rentre chez lui que pour manger et pour se coucher dans son hamac; il ne prodigue de caresses ni à ses enfans en bas âge, ni à ses femmes destinées à le servir. L'affection paternelle ne commence à se montrer que lorsque le fils est devenu assez fort pour prendre part à la chasse, à la pêche et aux travaux agricoles dans les plantations.

Si la funeste habitude de prendre des breuvages qui font avorter diminue le nombre des naissances, ces breuvages n'altèrent pas assez la santé pour empêcher les jeunes femmes d'être mères à un âge plus avancé. Ce phénomène, bien remarquable sous le rapport physiologique, a frappé depuis longtemps les moines missionnaires. Le jésuite Gili, qui a confessé, pendant quinze ans, les Indiens de l'Orénoque, et qui se vante « de connoître *i segreti delle donne maritate*, » s'exprime sur ce point avec une étrange naïveté : « En Europe, dit-il, les femmes mariées craignent d'avoir des enfans, parce qu'elles ne savent comment les nourrir, les vêtir, les doter. Toutes ces craintes sont inconnues aux femmes de l'Orénoque. Elles choisissent le temps où elles veulent être mères, d'après deux systèmes diamétralement opposés, selon les idées qu'elles se forment des moyens de conserver la fraîcheur et la beauté. Les unes prétendent, et cette opinion est la plus générale, qu'il vaut mieux commencer tard à avoir des enfans pour pouvoir se livrer sans distraction, dans les premières années du mariage, aux travaux domestiques et agricoles. D'autres pensent au contraire qu'elles fortifient leur santé et parviennent à une vieillesse plus heureuse, lorsqu'elles sont devenues mères très-jeunes. Selon que les Indiens adoptent l'un ou l'autre de ces systèmes, les médicamens abortifs sont administrés à des époques différentes. » En réfléchissant sur ces calculs de l'égoïsme parmi les sauvages, on croit devoir féliciter les peuples civilisés de l'Europe de ne pas avoir eu connoissance jusqu'ici d'*ecboliques*, en apparence si peu nuisibles à la santé. L'introduction de ces breuvages augmenteroit peut-être la dépravation des mœurs dans des villes où un quart des enfans ne voient le jour que pour être abandonnés de leurs parens. Cependant il seroit possible aussi que, dans nos climats, les nouveaux abortifs offrissent le même danger que l'usage de la sabine, de l'aloès et des huiles essentielles de cannelle et de girofle. La constitution robuste du sauvage, dans lequel les différens systèmes sont plus indépendans les uns des autres, résiste mieux et plus long-temps à l'excès des stimulans et à l'emploi des agens délétères que la constitution foible de l'homme civilisé. J'ai cru devoir entrer dans des détails pathologiques si peu agréables, parce qu'ils font connoître une partie des causes qui, dans un grand abrutissement de notre espèce comme dans un haut degré de civilisation, rendent les progrès de la population presque insensibles.

Aux causes que nous venons de signaler s'en réunissent d'autres d'une nature bien différente. On a observé, dans le collége des missions de Piritu, établi à Nueva-Barcelona, qu'en comparant les villages indiens situés sur le bord des fleuves à ceux qui ont été construits dans des lieux très-secs, on trouve constamment un excès de naissances dans les derniers. L'habitude des femmes indiennes de se baigner plusieurs fois par jour, avant le lever du soleil et après son coucher, au moment où l'air est le plus froid, paroît affoiblir leur constitution[1].

[1] L'accroissement de la population est d'une rapidité extraordinaire dans les anciennes missions de Piritu éloignées de l'Orénoque. On verra avec satisfaction les résultats que je citerai dans cette note, d'après les registres manuscrits que je possède pour l'année 1799. Je choisirai les villages les plus considérables.

NOMS DES MISSIONS.	POPULATION TOTALE.	NAISSANCES.	QUOTIENT.	DÉCÈS.	QUOTIENT.
La Pur. Concepcion de Piritu........	1285	120	$\frac{1}{10}$	64	$\frac{1}{20}$
Nuestra Segnora del Pilar...........	2119	204	$\frac{1}{10}$	108	$\frac{1}{19}$
San Antonio de Clarines.........	1156	115	$\frac{1}{10}$	93	$\frac{1}{16}$
San Jose de Caigua.	1843	118	$\frac{1}{15}$	50	$\frac{1}{36}$
San Pablo Apostolo de Huere...	948	101	$\frac{1}{9}$	68	$\frac{1}{13}$
Santa Rosa de Ocopi..........	1089	104	$\frac{1}{10}$	47	$\frac{1}{23}$

Les quotiens offrent de grandes différences, parce

CHAPITRE XX. 41

Le père gardien des Observantins, effrayé de la dépopulation rapide des deux villages situés près des cataractes, avoit proposé, il y a quelques années, au gouverneur de la province qui réside a l'Angostura, de remplacer les Indiens par des nègres. Il est connu que la race africaine résiste merveilleusement

qu'ils sont tirés d'une seule année. Comme, d'après le calcul des probabilités, la précision des résultats augmente avec la grandeur du dénombrement, j'ajouterai encore que trente-huit villages m'ont donné, sur une population totale de 24,778 ames, 1934 naissances et 961 décès. Les rapports des naissances et des décès, à la population totale, ont par conséquent été de 12:1 et de 25:1. En France, ces rapports sont 28:1 et 30:1. Les trente-huit villages des missions de Piritu avoient donc augmenté, dans une seule année, de 4 pour cent ou de $\frac{1}{24}$ de population; tandis que, près du fleuve de l'Orénoque, l'accroissement ne s'élevoit pas à $1\frac{1}{5}$ pour cent ou à $\frac{1}{85}$. Il est presque inutile de répéter ici que la diversité de ces résultats tient à des causes physiques et morales extrêmement complexes. Il m'a paru en général que la population, dans les missions de Piritu rapprochées de la côte, augmente, en dix ans, de 30 pour cent. Dans la Grande-Bretagne, cette augmentation a été, de 1801 à 1811, de 14; aux Etats-Unis, de 36 pour cent. (*Seybert's Statistical Annals*, 1818, p. 27.)

aux climats ardens et humides. Une colonie de nègres libres a parfaitement réussi sur les rives malsaines du Caura, dans la mission de San-Luis Guaraguaraico, où ils font les plus riches récoltes de maïs. Le père gardien voulut transplanter aux cataractes de l'Orénoque une partie de ces colons noirs, ou acheter des esclaves aux îles Antilles, en y réunissant, comme on a fait au Rio Caura, des nègres fugitifs d'Esquibo. Il est probable que ce projet auroit eu d'heureux résultats. Il rappeloit en petit les institutions de Sierra Leone; et, en promettant d'améliorer la condition des noirs, il sembloit ramener le christianisme à son but primitif, celui de favoriser le bonheur et la liberté des dernières classes du peuple. Une pitié malentendue a fait échouer ce projet. Le gouverneur répondit aux moines « que, puis-« qu'on ne pouvoit pas plus assurer la vie des « nègres que celle des Indiens, il n'étoit pas « juste de forcer les premiers d'habiter les « villages des cataractes. » Aujourd'hui la conservation de ces missions repose, pour ainsi dire, sur deux familles de Guahibos et de Macos, les seules qui offrent quelques traces de civilisation et qui aiment la vie sédentaire. Si ces familles viennent à s'éteindre, les autres Indiens, déjà impatiens du régime des missions, abandonneront le père Zéa; et, sur un point que l'on peut regarder comme la clef de l'Orénoque, les voyageurs ne trouveront aucun secours, aucun pilote qui puisse passer les canots à travers les rapides. La communication entre le fortin du Rio Negro et la capitale de l'Angostura sera, sinon interrompue, du moins rendue très-difficile. Il faut une connoissance intime des localités pour se hasarder dans le labyrinthe d'écueils et de petits rochers qui obstruent le lit de la rivière, près d'Aturès et de Maypurès.

Pendant que l'on travailloit à décharger notre pirogue, nous examinâmes de près, partout où le rivage est abordable, le spectacle effrayant d'une grande rivière encaissée et comme réduite en écume. J'essaierai de dépeindre, non les sensations que nous éprouvâmes, mais l'aspect d'un lieu qui est si célèbre parmi les sites du Nouveau-Monde. Plus les objets sont imposans et majestueux, plus il est essentiel de les saisir dans leurs moindres détails, de bien arrêter les contours du tableau que l'on veut offrir à l'imagination du lecteur, de décrire avec simplicité ce qui caractérise les grands et impérissables monumens de la nature.

Depuis son embouchure jusqu'au confluent de l'Anaveni, sur une étendue de 260 lieues, la navigation de l'Orénoque n'est point entravée. Il y a des écueils et des tournoiemens d'eau près de Muitaco, dans une anse qui porte le nom de *Bouche de l'Enfer*[1]. On trouve des rapides (*Raudalitos*) près de Carichana et de San Borja[2]; mais dans tous ces endroits la rivière n'est jamais barrée en entier, il reste un canal par lequel les bateaux peuvent descendre et remonter.

Dans toute cette navigation du Bas-Orénoque, les voyageurs ne connoissent d'autre danger que les radeaux naturels formés par des arbres que le fleuve déracine et entraîne dans ses grandes crues. Malheur aux pirogues qui donnent de nuit contre ces treillis de bois et de lianes entrelacés! Couverts de plantes aquatiques, ils ressemblent ici, comme dans

[1] *Boca del Infierno.*
[2] Les trois raudales de Marimara, de Cariven et de Tabajé que nous avons décrits, tom. VI, p. 375, 379 et 390.

le Mississipi, à des prairies flottantes, aux *chinampas*[1] des lacs du Mexique. Les Indiens, lorsqu'ils veulent surprendre quelques hordes ennemies, réunissent plusieurs canots, les attachent par des cordes et les couvrent d'herbes et de branches pour imiter ces assemblages de troncs que l'Orénoque entraîne dans son *thalweg* ou courant du milieu. On accuse les Caribes d'avoir excellé autrefois dans l'emploi de cet artifice; aujourd'hui, dans les environs de l'Angostura, les contrebandiers espagnols se servent de la même ruse pour tromper la vigilance des douaniers.

C'est après avoir remonté l'Orénoque au-delà du Rio Anaveni, qu'entre les montagnes d'Uniana et de Sipapu[2], on rencontre les Grandes Cataractes de Mapara et de Quittuna, ou, comme disent plus communément les missionnaires, les Raudales d'Aturès et de Maypurès. Ces barrages qui s'étendent d'une rive à l'autre offrent en général un aspect à peu près semblable; ce sont des îles sans nombre, des digues rocheuses, des blocs de

---

[1] Jardins flottans.

[2] D'après la prononciation indienne, *Tipapu*.

granite entassés et couverts de palmiers, entre lesquels se brise en écume un des plus grands fleuves du Nouveau-Monde. Cependant, malgré cette uniformité d'aspects, chacune des cataractes offre un caractère individuel. La première, la plus septentrionale, est plus facile à traverser lorsque les eaux sont basses. Dans la seconde, celle de Maypurès, les Indiens préfèrent l'époque des grandes crues. Au-delà de Maypurès et de l'embouchure du Caño Cameji, l'Orénoque est de nouveau libre d'obstacles sur une longueur de plus de 167 lieues, jusque près de ses sources, c'est-à-dire jusqu'au *Raudalito* des Guaharibos, à l'est du Caño Chiguire et des hautes montagnes de Yumariquin.

Ayant visité les bassins des deux rivières de l'Orénoque et de l'Amazone, j'ai été singulièrement frappé des différences qu'elles offrent dans leur cours inégalement étendu. L'Amazone, qui a près de 980 lieues [1] marines

[1] En évaluant les sinuosités, comme pour l'Orénoque, à un tiers du cours, selon l'habitude des hydrographes, M. de la Condamine donne à l'Amazone 1100, à l'Ucayale 500 lieues de cours. (*Voyage à l'Equateur*, p. 189.) Je trouve, pour l'Ucayale, en rectifiant les longitudes des

(de 20 au degré) de long, présente ses grandes chutes assez près de ses sources, dans le premier sixième de sa longueur totale. Cinq sixièmes de son cours sont entièrement libres. A l'Orénoque, nous trouvons les grandes chutes sur un point beaucoup plus défavorable à la navigation, sinon à la moitié, du moins bien au-delà du premier tiers de sa longueur. Dans les deux rivières, ce ne sont ni les montagnes, ni les différens biefs des plateaux superposés où elles prennent leur origine, qui causent les cataractes; ce sont d'autres montagnes, d'autres biefs superposés, que les rivières ont à franchir après un cours long et paisible, en se précipitant de gradin en gradin.

L'Amazone ne se fraie pas un chemin à travers la chaîne principale des Andes, comme

sources de l'Apurimae, 360 lieues. Tout ce qui est rapporté dans les ouvrages géographiques, sur les longueurs relatives des cours des rivières, est extrêmement inexact, parce que l'on répète des évaluations faites d'après d'anciennes cartes, et parce que l'on a calculé les sinuosités (le chemin que parcourt un canot entraîné par le courant du milieu) d'après des méthodes très différentes.

on l'a affirmé à une époque où l'on supposoit gratuitement que, partout où les montagnes sont divisées en chaînes parallèles, le chaînon intermédiaire ou central doit être plus élevé que les autres. Ce grand fleuve prend naissance (et ce point est assez important pour la géologie) à l'est de la chaîne occidentale, la seule qui, sous cette latitude, mérite la dénomination de haute chaîne des Andes. Il se forme par la réunion de la rivière d'Aguamiros et du Rio Chavinillo, qui sort du lac de Llauricocha, dans une vallée longitudinale limitée par la chaîne occidentale et la chaîne intermédiaire des Andes. Pour bien saisir ces rapports hydrographiques, il faut se rappeler qu'une division en trois chaînons a lieu dans le groupe colossal ou *nœud* des montagnes de Pasco et de Huanuco. Le chaînon occidental, qui est le plus élevé et qui prend le nom de *Cordillera real de Nieve*, se dirige (entre Huary et Caxatambo, Guamachuco et Lucma, Micuipampa et Guangamarca [1]) par les *Nevados* de la Viuda, de Pelaga-

[1] Dans les *Partidos* ou provinces de Conchucos, Guamachuco et Caxamarca, appartenant aux intendances de Tarma et de Truxillo.

tos, de Moyopata et de Huaylillas, et par les *Paramos* de Guamani et de Guaringa, vers la ville de Loxa. Le chaînon intermédiaire sépare les eaux du Haut-Maragnon de celles du Guallaga, et n'atteint pendant long-temps que la petite élévation de mille toises; il n'entre dans la limite des neiges perpétuelles qu'au sud de Huanuco dans la Cordillère de Sasaguanca. Il se prolonge d'abord vers le nord par Huacrachuco, Chachapoyas, Moyobamba, et le *Paramo* de Piscoguañuna; puis il s'abaisse progressivement vers la Peca, Copallin et la mission de San Yago, à l'extrémité orientale de la province de Jaen de Bracamoros. Le troisième chaînon, le plus oriental, longe la rive droite du Rio Guallaga, et se perd par les 7° de latitude. Aussi long-temps que l'Amazone court du sud au nord dans la vallée longitudinale, entre deux chaînons d'inégale hauteur (c'est-à-dire depuis les métairies de Quivilla et de Guancaybamba, où l'on passe la rivière sur des ponts de bois, jusqu'au confluent du Rio Chinchipe), il n'y a ni barrages, ni obstacle quelconque à la navigation en canot. Les chutes d'eau ne commencent que là où l'Amazone tourne vers

Relat. histor. Tom. 7.   4

l'est, en traversant le chaînon intermédiaire des Andes qui s'élargit considérablement vers le nord. Elle rencontre les premiers rochers de grès rouge ou de conglomérat ancien entre Tambillo et le *Pongo* de Rentema, près duquel j'ai mesuré la largeur, la profondeur et la vitesse des eaux; elle abandonne les rochers de grès rouge à l'est du fameux détroit de Manseriche, près du *Pongo* de Tayuchuc où les collines ne sont plus élevées que de 40 ou 60 toises au-dessus du niveau de l'Amazone [1]. La rivière n'atteint pas le

---

[1] Les renseignemens que je consigne ici sur le Haut-Maragnon et sur la direction de la chaîne intermédiaire des Andes qui se lie à la chaine principale ou occidentale par les montagnes de Zamora et le Paramo de l'Assuay, diffèrent assez de ce qui a été publié par M. de la Condamine, dans des ouvrages et des mémoires d'ailleurs très-estimables. Ils se fondent sur des notions que j'ai eu occasion d'acquérir pendant mon séjour à Loxa, dans le royaume de Quito, à Tomependa, sur les bords de l'Amazone; et au Pérou, à Micuipampa, à Caxamarca et à Truxillo. Il suffit de rappeler ici que, depuis le Chili jusqu'au royaume de la Nouvelle-Grenade, les Cordillères offrent cinq *nœuds de montagnes* : ceux de Porco, du Cuzco, de Pasco, de l'Assuay et de Los Pastos. Les nœuds naissent

chaînon le plus oriental, qui borde les Pampas del Sacramento. Depuis les collines de Tayuchuc jusqu'au Grand-Pará, sur plus de 750 lieues de cours, elle est libre d'entraves pour la navigation. Il résulte de cet aperçu rapide que, si le Maragnon n'avoit pas à franchir le pays montueux entre San Yago et Tomépenda, qui appartient au chaînon central des Andes, il seroit navigable depuis son embouchure jusqu'à Pumpo, près de Piscobamba, dans la province de Conchucos, 43 lieues au nord de sa source.

Nous venons de voir que, dans l'Orénoque, de même que dans l'Amazone, ce n'est pas près de l'origine que l'on trouve les Grandes Cataractes. Après un cours tranquille de plus de 160 lieues, depuis le petit Raudal des Guaharibos, à l'est de l'Esmeralda, jusqu'aux montagnes de Sipapu, la rivière agrandie des eaux du Jao, du Ventuari, de l'Atabapo et du Guaviare, change tout-à-coup sa direction primitive de l'est à l'ouest, en une autre direction

de la réunion de plusieurs chaînons, et c'est la connoissance exacte de ces nœuds qui nous révèle la structure, ou charpente des Andes, comme je le ferai voir dans un chapitre particulier.

du sud au nord, et rencontre, en traversant le *détroit terrestre* [1] dans les plaines du Meta, les contreforts avancés de la Cordillère de la Parime. Cette rencontre est la cause de cataractes beaucoup plus considérables et plus nuisibles à la navigation que tous les *Pongos* du Haut-Maragnon, puisqu'elles sont, comme nous l'avons exposé plus haut, proportionnellement plus rapprochées de l'embouchure du fleuve. Je suis entré dans ces détails géographiques, pour prouver, par l'exemple des plus grandes rivières [2] du Nouveau-Monde, 1.° que l'on ne peut indiquer, d'une manière absolue, un certain nombre de toises, une certaine hauteur au-dessus du niveau de la mer, au-delà de laquelle les rivières ne sont point encore navigables; 2.° que les rapides n'appartiennent pas toujours, comme on l'affirme dans plusieurs traités de Topographie générale, aux revers de ces mêmes seuils, à

---

[1] Ce détroit, dont nous avons parlé plusieurs fois, est formé par les Cordillères des Andes de la Nouvelle-Grenade, et la Cordillère de la Parime. *Voyez* T. VI, pag. 62 et 260.

[2] On peut ajouter les exemples de l'Ohio et du Dniéper.

ces premières lignes de faites que les eaux ont à franchir près de leurs sources.

Parmi les Grandes Cataractes de l'Orénoque, la plus septentrionale est la seule qui soit bordée des deux côtés de hautes montagnes. La rive gauche du fleuve est généralement plus basse, mais elle fait partie d'un plan qui se relève à l'ouest d'Aturès, vers le pic d'Uniana, pyramide de près de trois mille pieds de hauteur et placée sur un mur de rocher à pentes abruptes. La position de ce pic isolé dans la plaine contribue à rendre son aspect plus imposant et plus majestueux. Près de la mission, dans le terrain qui avoisine la cataracte, l'aspect du paysage varie à chaque pas. On y trouve réuni, dans un petit espace, ce que la nature a de plus âpre et de plus sombre, et des campagnes ouvertes, des sites rians et champêtres. Dans le monde physique, comme dans le monde moral, l'opposition des effets, le rapprochement de ce qui est fort et menaçant et de ce qui est doux et paisible, devient une source feconde de nos jouissances et de nos émotions.

Je vais rappeler ici quelques traits épars d'un tableau que j'ai tracé dans un autre ouvrage, peu de temps après mon retour en Europe[1]. Les savanes d'Aturès, couvertes d'herbes fines et de graminées[2], sont de véritables prairies semblables à nos prairies d'Europe; elles ne sont jamais inondées par le fleuve, et elles paroissent attendre la main de l'homme pour les défricher. Malgré leur étendue, elles n'offrent point la monotonie de nos plaines. Elles entourent des groupes de rochers, des blocs amoncelés de granite. Sur le bord même de ces plaines, de ces campagnes ouvertes, on rencontre des gorges à peine éclairées par les rayons du soleil couchant, des ravins où le sol humide, surchargé d'Arum, d'Héliconia et de lianes, manifeste à chaque pas la sauvage fécondité de la nature. Partout s'étendent, à fleur de terre, ces bancs de granite entièrement nus

---

[1] *Ansichten der Natur.*, P. I, p. 170.

[2] Panicum *rottboelloides*, P. *monostachyum*, P. *glutinosum*, P. *aturense*, Oplismenus Burmanni (commun à l'Amérique et aux Grandes-Indes), Thrasia *paspaloides*, Chœtospora *pterocarpa*, Juncus *platycaulos*, Aristida *spadicea*, Polypogon *interruptus*, Cyperus *cuspidatus*, C. *sesleroides*, Isolepis *lanata*, J. *dichotoma*.

CHAPITRE XX. 55

que j'ai décrits à Carichana, et que, nulle part dans l'Ancien-Monde, je n'ai vus d'une si prodigieuse largeur que dans la vallée de l'Orénoque. Là où des sources jaillissent du sein de ces rochers, des Verrucaria, des Psores et des lichens se sont fixés sur le granite décomposé; ils y ont accumulé du terreau. De petites Euphorbes, des Peperomia et d'autres plantes grasses ont remplacé les plantes cryptogames; et aujourd'hui des arbustes toujours verts, des Rhexia, des Melastomes à fleurs pourprées, forment des îlots de verdure au milieu de plaines désertes et rocheuses. On ne se lasse pas de le répéter : la disposition de ces lieux, ces bosquets de petits arbres à feuilles coriaces et luisantes qui sont épars dans les savanes, ces ruisseaux limpides qui se creusent un lit à travers le rocher et qui serpentent tour à tour dans des plaines fertiles et sur de bancs nus de granite, tout rappelle ici ce que nos jardins et nos plantations renferment de plus pittoresque et de plus attrayant. On croit reconnoître l'industrie de l'homme et des traces de culture au milieu de ces sites agrestes.

Mais ce n'est pas seulement le terrain qui

avoisine immédiatement la mission d'Aturès, dont les accidens donnent au paysage une physionomie si remarquable : les hautes montagnes qui bordent l'horizon de toutes parts y contribuent par leur forme et la nature de leur végétation. Ces montagnes n'ont généralement que sept ou huit cents pieds d'élévation au-dessus des plaines environnantes. Leur sommet est arrondi, comme dans la plupart des montagnes granitiques, et couvert d'une épaisse forêt de Laurinées. Des bouquets de palmiers [1], dont les feuilles, frisées comme des panaches, s'élèvent majestueusement sous un angle de 70 degrés, sont dispersés au milieu d'arbres à branches horizontales; leurs troncs nus, semblables à des colonnes de cent ou cent vingt pieds de long, s'élancent dans les airs et se projettent sur la voûte azurée du ciel, « comme une forêt plantée sur une autre forêt. » Lorsque, au coucher de la lune, vers les montagnes d'Uniana, le disque rougeâtre de la planète se cachoit derrière le feuillage penné des palmiers, et qu'il reparoissoit une seconde fois dans la zone aérienne qui sépare les deux forêts, je me

[1] *El Cucurito.*

croyois transporté, pour quelques instans, dans l'ermitage du vieillard que M. Bernardin de Saint-Pierre a décrit comme un des sites les plus délicieux de l'île de Bourbon ; je sentois combien le port des végétaux et leur agroupement se ressemblent dans les deux mondes. En décrivant un petit coin de terre dans une île de l'océan indien, l'inimitable auteur de Paul et Virginie a esquissé le vaste tableau du paysage des tropiques. Il a su peindre la nature, non parce qu'il la connoissoit en physicien, mais parce qu'il la sentoit dans tous ses rapports harmonieux de formes, de couleurs et de forces intérieures.

A l'est d'Aturès, près de ces montagnes arrondies, couronnées de deux forêts superposées de Laurinées et de palmiers, s'élèvent d'autres montagnes d'un aspect très-différent. Leur croupe est hérissée de rochers dentelés qui dominent, en forme de piliers, le sommet des arbres et des arbustes. Ces accidens sont communs à tous les plateaux granitiques, au Harz, dans les Montagnes Métallifères de la Bohème, en Galice, sur la lisière des deux Castilles, partout où, à de petites hauteurs [1], un granite de nouvelle formation vient au jour. Les rochers, placés de distance en distance, sont ou composés de blocs entassés ou divisés en assises régulières et horizontales. Lorsqu'ils sont très-rapprochés de l'Orénoque, les Flamands, les *Soldados* [2] et d'autres oiseaux pêcheurs se perchent sur leur cime et paroissent comme des hommes postés en sentinelle. Cette ressemblance est quelquefois si grande, qu'au récit de plusieurs témoins oculaires, les habitans de l'Angostura, peu après la fondation de leur ville, furent un jour cruellement alarmés par la subite apparition de hérons, de *Soldados* et de *Garzas* sur une montagne placée vers le sud. Ils se crurent menacés d'une attaque d'*Indios monteros* (Indiens sauvages); et, malgré l'avis de quelques hommes accoutumés à ce genre d'illusion, le peuple ne fut entièrement rassuré que lorsque les oiseaux s'élevèrent dans les airs pour continuer leur migration vers les bouches de l'Orénoque.

[1] A 400-800 toises d'élévation, au-dessus du niveau de l'océan.
[2] Espèce de grands hérons.

CHAPITRE XX.

La belle végétation des montagnes s'est répandue dans les plaines[1], partout où la roche est couverte de terreau. Généralement on voit que ce terreau noir, mêlé de parties fibreuses végétales, est séparé de la roche granitique par une couche de sable blanc. Le missionnaire nous assura qu'il règne une fraîcheur perpétuelle de verdure dans les environs des cataractes, à cause de la quantité de vapeurs que répand dans l'air le fleuve divisé en torrens et en cascades sur une longueur de trois à quatre mille toises.

A peine avoit-on entendu gronder une ou deux fois le tonnerre à Aturès, et déjà la

---

[1] Nous avons trouvé près d'Aturès : Sipania *glomerata*, S. *dichotoma*, Utricularia *fimbriata*, Matuschskea *hispida*, Coutoubea *minor*, Solanum platyphyllum, Schwenkia *americana*, *Platycarpum orinocense* (bel arbre, figuré par M. Bonpland, dans le premier volume de nos *Plantes équinoxiales*), Convolvulus *aturensis*, Podostemum *rupioides*, Abolboda *pulchella*, Phyllanthus *piscatorum*, Myrtus *philliroides*, beaucoup de Plumeria, de Melastomes, de Cuphea, de Jussiæa, etc. On assure que le père Olmo a découvert, en 1747, près d'Aturès, dans le pays des Piraoas, l'*Uarimacu*, ou le canelier sauvage, qui est sans doute le Laurus cinnamomoides de Mutis.

végétation offroit partout cet aspect de vigueur, cet éclat de couleur que l'on ne trouve sur les côtes qu'à la fin de la saison des pluies. Les vieux arbres étoient garnis de superbes Orchidées [1], de Bannisteria jaunes, de Bignoniacées à fleurs bleues, de Peperomia, d'Arum et de Pothos. Un seul tronc offroit des formes végétales plus variées que n'en renferme dans nos climats un espace de terrain très-étendu. A côte de ces plantes parasites propres aux climats brûlans, nous observâmes ici, non sans quelque surprise, au centre de la zone torride, et presque au niveau de la mer [2], des mousses qui ressembloient en tout aux mousses d'Europe. C'est près de la Grande Cataracte d'Aturès que nous avons recueilli cette belle espèce de Grimmia [3] à feuilles de Fontinalis, qui a tant

---

[1] Cymbidium *violaceum*, Habenaria *angustifolia*, etc.

[2] *Voyez* Tom. III, p. 93.

[3] Grimmia *fontinaloides*. *Voyez* Hooker, *Musci exotici Humboldtiani* 1818, *Tab. II*. Le savant auteur de la Monographie des Jungermania, M. Jackson-Hooker, a bien voulu se charger de publier, à Londres, à ses frais, avec un noble désintéressement, toute la

fixé l'attention des botanistes. Elle est suspendue aux branches des arbres les plus élevés. Parmi les phanérogames, les familles qui dominent dans les endroits boisés sont les Mimosacées, les Ficus et les Laurinées[1]. Ce fait est d'autant plus caractéristique que, d'après l'observation récente de M. Brown, les Laurinées paroissent manquer presque entièrement sur le continent opposé, dans l'Afrique équinoxiale. Les plantes qui aiment l'humidité, ornent les environs de la cataracte. On y trouve dans les plaines des groupes d'Héliconia et d'autres Scitaminées à feuilles larges et lustrées, des Bambousiers, les trois palmiers *Murichi*, *Jagua* et *Vadgiai* qui forment chacun des groupes séparés. Le *Murichi*

collection des plantes cryptogames que nous avons rapportées, M. Bonpland et moi, des régions équinoxiales de l'Amérique.

[1] Les Laurinées de la région basse et chaude de l'Amérique équinoxiale sont des Ocotea (par exemple, entre Carichana et San Fernando de Atabapo, Ocotea *lineata*, Ocotea *cymbarum*, Ocotea *javitonsis*). D'autres Laurinées, les Persea et les Litsea, paroissent appartenir à la région subalpine et tempérée qui s'élève de plus de 500-800 toises au-dessus du niveau de la mer. *Voyez* nos *Nov. Gen.*, Tom. II, pag. 157 et 169.

ou *Mauritia* à fruits écailleux est le fameux sagoutier des Indiens Guaraons; c'est une véritable plante sociale [1]. Elle a les feuilles palmées et ne se mêle pas aux palmiers à feuilles pennées et frisées, au *Jagua* qui paroît une espèce de cocotier, et au *Vadgiai* [2] ou *Cucurito* que l'on peut rapprocher du beau genre Oreodoxa. Le *Cucurito*, qui est le palmier le plus répandu dans les cataractes d'Atures et de Maypurès, est remarquable par son port. Ses feuilles, ou plutôt ses palmes, surmontent un tronc de 80 à 100 pieds de haut; leur direction est presque perpendiculaire dans leur jeunesse comme dans leur entier développement; les pointes seules sont recourbées sur elles-mêmes. Ce sont de véritables panaches du vert le plus tendre et le plus frais. Le *Cucurito*, le *Seje* dont le fruit ressemble à l'abricot, l'Oreodoxa regia ou *Palma real* de l'île de Cuba et le Ceroxylon des hautes Andes offrent les formes les plus majestueuses que nous ayons vues parmi les palmiers du Nouveau-Monde. A mesure qu'on

[1] *Voyez* Tom. VI, pag. 91; et Tom. III, pag. 345.
[2] Ou *Vadschäi* en langue pareque. *Voyez* nos *Nova Genera et Species pl.*, Tom. I, pag. 315.

avancé vers la zone tempérée, les plantes de cette famille diminuent de grandeur et de beauté. Quelle différence entre les espèces que nous venons de citer et le dattier de l'orient qui, pour les peintres paysagistes de l'Europe, est devenu malheureusement le type du groupe des palmiers !

Il ne faut point être surpris que ceux qui ont voyagé seulement dans le nord de l'Afrique, en Sicile ou en Murcie, ne puissent concevoir que, de toutes les formes des grands arbres, la forme des palmiers est la plus imposante et la plus belle. Des analogies incomplètes empêchent les Européens de se faire une juste idée de l'aspect de la zone torride. Tout le monde sait, par exemple, que cette zone est embellie par le contraste qu'offre le feuillage des arbres, surtout par le grand nombre de plantes à *feuilles pennées* [1]. Le frêne, le sorbier, l'Inga, l'Acacia des États-Unis, le Gleditsia, le tamarin, les Mimoses, les Desmanthus ont tous des feuilles pennées à folioles plus ou moins grandes, minces, coriaces et

---

[1] *Foliis pinnatis.* On a rangé les formes depuis le frêne jusqu'au Desmanthus, selon que les folioles deviennent de plus en plus petites.

luisantes. Or un groupe de frênes, de sorbiers ou de sumac peut-il rappeler à notre imagination l'effet pittoresque que produit l'ombrage des tamarins ou des Mimoses, lorsque l'azur du ciel paroît à travers leurs feuilles petites, minces et délicatement pennées? Ces considérations sont plus importantes qu'elles ne le paroissent au premier abord. Les formes des végétaux déterminent la physionomie de la nature, et cette physionomie influe sur les dispositions morales des peuples. Chaque type embrasse des espèces qui, conformes entre elles dans le port général, diffèrent par le développement varié des mêmes organes. Les palmiers, les Scitaminées, les Malvacées, les arbres à feuilles pennées, ne présentent pas tous les mêmes beautés pittoresques; et généralement dans les plantes comme dans les animaux, les espèces les plus belles de chaque type appartiennent à la zone équinoxiale.

Les Proteacées[1], les Crotons, les Agaves, et la grande tribu des cierges (Cactus) qui habite exclusivement le Nouveau-Monde, disparoissent peu à peu lorsqu'on remonte

[1] Des *Rhopala* qui caractérisent la végétation des Llanos.

l'Orénoque au-dessus des bouches de l'Apure et du Meta. Cependant ce sont plutôt l'ombre et l'humidité que la distance des côtes qui s'opposent aux migrations des Cactus vers le sud. Nous en avons trouvé de véritables forêts mêlées de Croton, couvrant un grand espace de terrains arides à l'est des Andes, dans la province de Bracamoros, vers le Haut-Maragnon. Les fougères en arbre semblent manquer entièrement près des cataractes de l'Orénoque; nous n'en avons trouvé aucune espèce jusqu'à San Fernando de Atabapo, c'est-à-dire jusqu'au confluent de l'Orénoque et du Guaviare.

Nous venons d'examiner les environs d'Aturès; il me reste à parler des rapides même qui se trouvent dans une partie de la vallée, où le lit de la rivière, profondément encaissé, a les bords presque inaccessibles. C'est seulement sur un très-petit nombre de points que nous avons pu entrer dans l'Orénoque pour nous baigner entre deux cataractes, dans des anses où l'eau tournoie avec lenteur. Les personnes qui ont séjourné dans les Alpes, dans les Pyrénées, même dans les Cordillères si célèbres par les déchiremens et les vestiges de destruction qu'elles offrent à chaque pas, auroient de la peine à se figurer, d'après un simple récit, l'état du lit de la rivière. Sur une étendue de plus de cinq milles, elle est traversée par d'innombrables digues de rochers; ce sont autant de batardeaux naturels, autant de *se uils* semblables à ceux du Dniéper, que les anciens, désignoient par le nom de *phragmoi*. L'espace entre les digues rocheuses de l'Orénoque est rempli d'îles de différentes grandeurs : les unes, montueuses, divisées en plusieurs mamelons, et de deux à trois cents toises de longueur; les autres, petites et basses comme de simples écueils. Ces îles divisent le fleuve en nombreux torrens qui bouillonnent en se brisant contre les rochers; toutes sont garnies de *Jagua* et de *Cucurito* à feuilles panachées, c'est un massif de palmiers qui s'élève au milieu de la surface écumeuse des eaux. Les

---

[1] *Constant. Porphyrog. de administrando imperio*, chap. 52. On est parvenu à rendre navigables les rapides du Dniéper, depuis le village de Staroi-Kaidak jusqu'à l'embouchure de l'Ossiborowka. *Voyez* Jules de Klaproth, dans le *Magasin encyclopédique*, 1817. Sept., pag. 139.

Indiens, auxquels on confie les pirogues pour les passer vides à travers les Raudales, distinguent chaque gradin, chaque roche par un nom particulier. En entrant du côté du sud, on trouve d'abord le saut du Toucan, *Salto del Piapoco;* entre les îles Avaguri et Javariveni, on rencontre le *Raudal de Javariveni*: c'est là qu'à notre retour du Rio Negro, nous avons passé quelques heures au milieu des rapides pour attendre notre canot. Une grande partie de la rivière paroît à sec. Des blocs de granite sont entassés comme dans les *morraines* que les glaciers de la Suisse poussent devant eux. Partout la rivière s'engouffre dans les cavernes; dans une de ces cavernes, nous entendîmes rouler l'eau à la fois au-dessus de nos têtes et sous nos pieds. L'Orénoque est comme partagé en une multitude de bras ou torrens qui cherchent chacun à se frayer un passage à travers les rochers. On est frappé du peu d'eau qu'on voit dans le lit du fleuve, de la fréquence des chutes souterraines, du fracas des eaux qui se brisent en écumant sur les rochers.

Cuncta fremunt undis : ac multo murmure montis
Spumeus invictis canescit fluctibus amnis [1].

[1] *Pharsal.*, Lib. X, v. 132.

Après avoir passé le *Raudal de Javariveni* (je ne nomme ici que les chutes principales), on rencontre le *Raudal de Canucari*, formé par un banc de roches qui unit les îles de Surupamana et d'Uirapuri. Lorsque les digues ou batardeaux naturels n'ont que deux à trois pieds d'élévation, les Indiens se hasardent à les descendre en canot. En remontant le fleuve, ils nagent en avant, parviennent, après bien des efforts inutiles, à fixer une corde à une des pointes des rochers qui surmontent la digue, et, au moyen de cette corde, ils tirent la barque vers le haut du Raudal. La barque, pendant ce travail pénible, se remplit souvent d'eau; d'autres fois elle est brisée contre les rochers, et les Indiens, le corps meurtri et sanglant, se dégagent avec peine des tourbillons pour atteindre à la nage l'île la plus voisine. Lorsque les degrés ou seuils rocheux sont très-élevés et qu'ils barrent entièrement le fleuve, alors les embarcations légères sont portées à terre, et, à l'aide de branches d'arbres qu'on place dessous en guise de rouleaux, on les traîne [1] jusqu'au point où le

---

[1] *Arastrando la piragua.* C'est de ce mot *arastrar*, tirer sur le sol, que dérive la dénomination espagnole *arastradero*, portage.

fleuve devient de nouveau navigable. Cette opération est rarement nécessaire dans les hautes eaux. On ne peut parler des cataractes de l'Orénoque sans se rappeler la manière qui étoit jadis en usage pour descendre les cataractes du Nil, et dont Sénèque[1] nous a laissé une description vraisemblablement plus poétique qu'exacte. Je ne citerai que le passage qui retrace avec fidélité ce que l'on peut voir tous les jours à Aturès, à Maypurès et dans quelques *Pongos* de l'Amazone. « Deux hommes s'embarquent dans une nacelle; un d'eux la gouverne, et l'autre la vide à mesure qu'elle se remplit d'eau; long-temps ballottés par les rapides, les remous et les courans contraires, ils passent par les canaux les plus étroits, évitent les écueils et se précipitent avec le fleuve entier en guidant la nacelle dans sa chute accélérée. »

On confond généralement dans les descriptions hydrographiques des pays, sous les noms vagues de *cataractes, cascades, chutes* et *rapides (Saltos, Chorros, Pongos, Cachoeiras* et *Raudales)*, des mouvemens tumultueux

[1] *Nat. Quæst., Lib.* 4, *cap.* 2. (*édition Elsev.,* Tom. II, pag. 609.)

de l'eau qui naissent de dispositions de terrain très-différentes. Quelquefois toute une rivière, se précipitant d'une grande hauteur et par une seule chute, rend toute navigation impossible. Telle est la superbe chute du Rio Tequendama, que j'ai figurée dans mes *Vues des Cordillères;* telles sont les chutes du Niagara et du Rhin, beaucoup moins remarquables par leur élévation que par la masse d'eau qu'elles renferment. D'autres fois, des digues pierreuses peu élevées se suivent à de grandes distances, et forment des chutes distinctes ; telles sont les *Cachoeiras* du Rio Negro et du Rio de la Madeira, les *Saltos* du Rio Cauca, et la plupart des *Pongos* que l'on trouve dans le Haut-Maragnon, depuis le confluent du Chinchipe jusqu'au village de San Borja. Le plus élevé, le plus formidable de ces *Pongos* que l'on descend en radeaux, celui de Mayasi, n'a cependant que trois pieds de hauteur. D'autres fois encore, de petites digues rocheuses sont si rapprochées, qu'elles forment, à des distances de plusieurs milles, une suite non interrompue de cascades et de tournoiemens, *chorros* et *remolinos;* c'est là, proprement, ce que l'on appelle *rapides*,

Raudales. Telles sont les *Yellalas*, ou rapides du Rio Zaire[1] ou Congo, que le capitaine Tuckey nous a fait connoître récemment; les rapides de la rivière Orange, en Afrique, au-dessus de Pella, et les chutes du Missoury qui ont quatre lieues de long, là où la rivière sort des Montagnes Rocheuses. Telles sont aussi les cataractes d'Aturès et de Maypurès, les seules qui, situées dans la région équinoxiale du Nouveau-Monde, soient ornées d'une superbe végétation de palmiers. Dans toutes les saisons elles offrent l'aspect de véritables cascades et mettent les plus grands obstacles à la navigation de l'Oré-

[1] *Voyage to explore the River Zaire*, 1818, p. 152, 327, 340.—On appelle *Yellala*, dans le Rio Congo, ce que les habitans de la Haute-Égypte et de Nubie appellent *Chellâl* dans le lit du Nil. Cette analogie de mots qui désignent des rapides est assez frappante à cause de l'énorme distance des Yellalas du Congo, aux Chellâl et Djenadel du Nil. Le mot Chellâl a-t-il pénétré avec les Maures dans l'ouest de l'Afrique? Si, avec M. Burckardt, nous le regardons comme d'origine arabe (*Travels in Nubia* 1819, p. 84), il faut le dériver de la racine *challa* (disperser), d'où dérive *chelil*, eau qui se précipite par un canal étroit.

noque, tandis que les rapides de l'Ohio [1] et de la Haute-Egypte sont à peine visibles à l'époque des grandes eaux. Une cataracte isolée, comme le Niagara ou la cascade de Terni, offre un tableau admirable mais unique; il ne varie qu'autant que l'observateur change de place. Les rapides, au contraire, surtout lorsqu'elles sont garnies de grands arbres, embellissent un paysage sur plusieurs lieues de longueur. Quelquefois le mouvement tumultueux des eaux n'est causé que par d'énormes rétrécissemens dans le lit des rivières. Telle est l'Angostura de Carare, dans la rivière de la Madeleine, détroit qui entrave la communication entre Santa-Fe de Bogota et la côte de Carthagène; tel est le *Pongo* de Manferiche du Haut-Maragnon, que M. de la Condamine a cru beaucoup plus dangereux qu'il ne l'est effectivement, et que le curé de San Borja doit remonter chaque fois qu'il exerce son ministère au village de San Yago.

L'Orénoque, le Rio Negro et presque tous les affluens d'Amazone ou Maragnon ont des

---

[1] *Le Tort's rapids* et les *falls* de *Louisville*.

chutes ou rapides, soit parce qu'ils traversent les montagnes où ils naissent, soit parce qu'ils rencontrent d'autres montagnes dans la partie mitoyenne de leurs cours. Si, comme nous l'avons remarqué plus haut, l'Amazone, depuis le *Pongo* de Manseriche (ou, pour parler avec plus de précision, depuis le *Pongo* de Tayuchuc) jusqu'à son embouchure, sur plus de 750 lieues, n'offre aucun mouvement tumultueux des eaux; cette rivière doit cet immense avantage à la direction constante de son cours. Elle coule de l'ouest à l'est, dans une vaste plaine qui forme comme une vallée longitudinale, entre le groupe des montagnes de la Parime et le grand massif des montagnes du Brésil.

J'ai été surpris d'apprendre, par des mesures directes, que les Rapides de l'Orénoque, dont le fracas s'entend à plus d'une lieue de distance, et qui sont si éminemment pittoresques par la distribution variée des eaux, des palmiers et des rochers, n'ont vraisemblablement, sur toute leur longueur, pas au-delà de 28 pieds de hauteur perpendiculaire. En y réfléchissant, on trouve que c'est beaucoup pour des Rapides, tandis que ce seroit très-peu pour une cataracte isolée. Les *Yellalas* du Rio Congo, dans l'étranglement du fleuve, depuis Banza Noki jusqu'à Banza Inga, offrent, entre les biefs supérieurs et inférieurs, une différence de niveau beaucoup plus considérable; mais M. Barrow observe que, parmi le grand nombre de ces Rapides, il y a une chute qui elle seule a 30 pieds de haut. D'un autre côté, les fameux *Pongos* de la rivière des Amazones, si dangereux à remonter, les chutes de Rentema, d'Escurrebragas et de Mayasi n'ont aussi que quelques pieds de hauteur perpendiculaire. Ceux qui s'occupent de constructions hydrauliques, connoissent l'effet que produit dans une grande rivière un barrage de 18 à 20 pouces. Partout le tournoiement des eaux et leur mouvement tumultueux ne dépendent pas uniquement de la grandeur des chutes partielles ; ce qui en détermine la force et l'impétuosité, c'est le rapprochement de ces chutes, c'est la pente des digues rocheuses, ce sont les *lames de réflexion*[1] qui s'entre-choquent et se superposent, la forme des îlots et des écueils, la direction

---

[1] Bremontier, *Recherches sur le mouvement des ondes*, 1809, § 6.

CHAPITRE XX.

des contre-courans, l'étranglement et la sinuosité des canaux par lesquels les eaux se forcent un passage entre deux biefs superposés. De deux rivières également larges, celle qui a des chutes moins élevées peut quelquefois offrir les dangers les plus grands, les mouvemens les plus impétueux.

J'ai donné, en hésitant, mon opinion sur la hauteur perpendiculaire des *Raudales* de l'Orénoque, et je n'ai fixé qu'un *nombre limite*. J'ai porté le baromètre dans la petite plaine qui entoure la mission d'Aturès et les cataractes; mais je n'ai pu obtenir des différences constantes. On sait combien un nivellement barométrique est délicat, lorsqu'il s'agit de très-petites hauteurs. Il auroit fallu un instrument dans lequel le point zéro ne fût pas déterminé par un écoulement constant. De petites irrégularités de la variation horaire (irrégularités qui portent plus sur la quantité de la variation que sur l'époque) rendent les résultats incertains, quand on n'a pas deux baromètres aux deux stations, et qu'on doit déterminer des différences d'une demi-ligne de pression atmosphérique.

Il est probable que la rivière perd du volume de ses eaux dans les cataractes, non seulement à cause de l'évaporation augmentée par la dispersion des gouttelettes dans l'atmosphère, mais surtout à cause des filtrations dans des cavités souterraines. Ces pertes, cependant, ne sont pas très-sensibles lorsqu'on compare la masse d'eau qui entre dans le *Raudal* à celle qui en sort près de l'embouchure du Rio Anaveni. C'est par une comparaison semblable que l'on a reconnu l'existence de cavités souterraines dans les *Yellalas* ou Rapides du Rio Congo. Le *Pongo* de Manseriche, qu'on devroit plutôt nommer un détroit qu'une chute, engloutit, d'une manière qui n'a pas encore été suffisamment explorée, une partie des eaux et tout le bois flottant du Haut-Maragnon.

Lorsqu'on est assis sur le bord de l'Orénoque, et que l'on fixe ses regards sur ces digues rocheuses contre lesquelles le fleuve se brise avec fracas, on se demande si, dans le cours des siècles, les chutes changent de forme et de hauteur. Je suis peu porté à croire à ces effets du choc de l'eau contre des blocs de granite et à l'érosion de matières siliceuses. Les trous rétrécis vers le fond, les entonnoirs

CHAPITRE XX. 77

que l'on découvre dans les *Raudales*, comme près de tant d'autres cascades en Europe, ne sont dus qu'au frottement du sable et au mouvement des galets quarzeux. Nous avons vu de ces galets que le courant fait tournoyer perpétuellement au fond des entonnoirs et qui contribuent à les agrandir dans tous les sens. Les *Pongos* de la rivière des Amazones sont très-destructibles, parce que les digues rocheuses ne sont pas du granite, mais une brèche, un grès rouge à gros fragmens. Une partie du *Pongo* de Rentema s'est écroulée il y a 80 ans; et, le cours des eaux ayant été interrompu par un nouveau barrage, le lit du fleuve est resté à sec pour quelques heures, au grand étonnement des habitans du village de Puyaya, situé à sept lieues de distance au-dessous du *Pongo* écroulé. Les Indiens d'A-turès assurent (et en ceci leur témoignage est contraire à l'opinion[1] du père Caulin) que les

[1] *Historia corographica*, p. 72. L'auteur paroît croire que les *Raudales* sont devenus plus faciles à passer depuis le temps du père Gumilla, parce qu'en 1743 l'expédition des limites, sous les ordres de D. Jose Solano, fit remonter neuf grands bateaux (*champanes*) par les *Raudales*, tandis que Gumilla assure que *no*

rochers du *Raudal* conservent le même aspect, mais que les torrens partiels dans lesquels se divise le grand fleuve, en passant à travers les blocs amoncelés de granite, changent de direction, et portent tantôt plus, tantôt moins d'eau vers l'une ou l'autre rive. Les causes de ces changemens peuvent être très-éloignées des cataractes ; car, dans les fleuves qui répandent la vie sur la surface du globe, comme les artères la répandent dans les corps organisés, tous les mouvemens se propagent à de grandes distances. Des oscillations, qui ne paroissent d'abord que partielles, réagissent sur toute la masse liquide contenue dans le tronc et ses nombreux embranchemens.

Je n'ignore pas qu'en comparant l'état actuel des Rapides de Syène, dont les degrés

---

hai otro arbitrio en el Raudal de Atures que llevar las embarcaciones por tierra. Le père jésuite n'a certainement pas voulu dire que l'on transportait les canots par terre tout le long des Rapides. On m'a affirmé sur les lieux que les pilotes indiens ont fait remonter les *champanes* de l'expédition royale de la même manière que de tout temps on a fait passer par les cataractes les petits canots des voyageurs.

partiels ont à peine six pouces de chute[1], aux descriptions pompeuses des anciens, on s'est plu à reconnoître dans le lit du Nil les effets de ces érosions, de cette action des eaux courantes par lesquelles la géologie a cru expliquer long-temps avec succès la formation des vallées et les déchiremens des Cordillères. L'inspection des lieux ne favorise guère cette opinion. Nous ne nierons pas l'action des rivières et des eaux courantes, lorsqu'elles sillonnent des terrains friables, couverts de formations secondaires. Mais les roches granitiques d'Éléphantine n'ont probablement, depuis des milliers d'années, pas plus changé de hauteur absolue que les cimes du Mont-Blanc et du Canigou. Lorsqu'on a vu de près les grandes scènes de la nature sous les climats divers, il est impossible de ne pas admettre que ces crevasses profondes, ces couches redressées, ces blocs épars, ces traces d'un bouleversement général, sont les résul-

---

[1] Le *Chellâl*, entre Philæ et Syène, offre dix gradins qui forment ensemble 5 ou 7 pieds de chute, selon que les eaux du Nil sont hautes ou basses. La longueur de la cataracte est de 500 toises.

tats de causes extraordinaires, très-différentes de celles qui agissent lentement sur la surface du globe, dans son état actuel de calme et de repos. Ce que les eaux enlèvent au granite par érosion, ce que l'atmosphère humide détruit par son contact avec les roches dures et non décomposées, échappe presque entièrement à nos sens; et je ne puis croire, comme l'admettent quelques géologues, que les cimes granitiques des Alpes et des Pyrénées s'abaissent, par cela même que les galets s'accumulent dans les ravins au pied des montagnes. Dans le Nil comme dans l'Orénoque, les Rapides peuvent diminuer de chute sans que les digues rocheuses s'altèrent sensiblement. La hauteur relative des chutes peut changer par les dépôts d'atterrissement qui se forment au-dessous des Rapides. Les lits des rivières, à cause de l'action des courans, tendent sans cesse vers un certain état de courbure, duquel dépend ce que l'on appelle la *stabilité du lit*; et cette stabilité ne peut être atteinte que par le transport des matières friables que les eaux enlèvent et déposent continuellement là où elles perdent de leur vitesse.

Si ces réflexions jettent quelque jour sur le

phénomène intéressant des cataractes, elles ne suffisent pas, je l'avoue, pour expliquer les récits exagérés que les anciens[1] nous ont laissés des Rapides de Syène. N'auroient-ils pas attribué à cette chute inférieure ce qu'ils avoient vaguement appris des chutes supérieures du fleuve, de celles de la Nubie et du Dongola, qui sont plus nombreuses et plus formidables[2]? Syène étoit placé aux limites

---

[1] Il faut excepter Strabon, dont la description est aussi simple que précise. Selon cet auteur, la rapidité et la direction des courans ont changé depuis le premier siècle avant l'ère vulgaire. Alors on remontoit le *Chellâl* des deux côtés. Aujourd'hui il n'y a de canal navigable que d'un seul côté. La cataracte est donc plutôt devenue d'un passage moins facile. *Strab., Lib. XVII*, p. 817. (traduction de M. Letronne. Vol. V, pag. 428).

[2] *Voyez* Jomard, dans la *Description de l'Égypte ancienne, Syène,* p. 17 et 28. MM. Burkhardt, Banks, Lord Belmore et Salt ont récemment visité ces cataractes supérieures. Celles de Sùkkoy, situées au-dessus d'Ebsambal, sur la limite des zones de grès et de granite, se fait entendre à deux milles de distance. Au sud de ce grand *Djenadel*, dans le désert de Batn el Hadjar, suivent beaucoup de rapides peu considérables. La cataracte la plus méridionale du Nil, ou plutôt des

de l'empire romain [1], presque à celles du monde connu, et, dans l'espace, comme dans les conceptions de l'entendement humain, on se crée des images fantastiques là où finissent les notions positives.

Les habitans d'Aturès et de Maypurès, quoi qu'en aient dit les missionnaires dans leurs ouvrages, ne sont pas plus frappés de surdité par le bruit des Grandes Cataractes que les Catadupes du Nil. Quand on entend ce bruit dans la plaine qui environne la mission, à plus d'une lieue de distance, on croit être près d'une côte bordée de récifs et de brisans. Le bruit est trois fois plus fort de nuit que de jour, et donne un charme inexprimable à ces lieux solitaires. Quelle peut être la cause de cet accroissement d'intensité dans un désert

---

deux Nils réunis, est celle de Koke, près de Napata. (*Voyez* le savant article *Égypte* du docteur Thomas Young, dans le 4.° Vol. de l'*Encyclop. Britannica*.) Les anciens avoient-ils une notion confuse des grandes cataractes du Nil oriental ou Nil bleu, qui ont plus de 200 pieds d'élévation entre Fazuclo et Alata? (*Bruce, Trav.*, Tom. V, p. 105, 316.)

[1] *Claustra imperii romani*, dit Tacite. Dans le nom de l'île de *Philæ* on reconnoît le mot copte *phe-lakh*, l'extrémité (fin de l'Égypte).

où rien ne semble interrompre le silence de la nature? La vitesse de la propagation du son, loin d'augmenter, décroît avec l'abaissement de la température. L'intensité diminue dans un air agité par un vent qui est opposé à la direction du son : elle diminue aussi par la dilatation de l'air; elle est plus foible dans les hautes régions de l'atmosphère, que dans les régions basses où le nombre des molécules d'air ébranlé est plus grand dans un même rayon. L'intensité est la même dans un air sec et dans un air mêlé de vapeurs; mais elle est plus foible dans le gaz acide carbonique, que dans des mélanges d'azote et d'oxygène. D'après ces faits (les seuls que nous connoissions avec quelque certitude), il est difficile d'expliquer un phénomène que l'on observe près de chaque cascade en Europe, et qui, long-temps avant notre arrivée dans le village d'Aturès, avoit frappé le missionnaire et les Indiens. La température nocturne de l'atmosphère est plus petite de 3° que la température du jour; en même temps l'humidité apparente augmente de nuit, et la brume qui couvre les cataractes devient plus dense. Nous venons de voir que l'état hygroscopique de l'air n'influe en rien sur la propagation du son, et que le refroidissement de l'air en diminue la vitesse.

On pourroit croire que, même dans les lieux qui ne sont pas habités par les hommes, le bourdonnement des insectes, le chant des oiseaux, le frémissement des feuilles agitées par les vents les plus foibles, causent, de jour, un bruit confus dont nous nous apercevons d'autant moins, qu'il est uniforme, et que nos oreilles en sont constamment frappées. Or, ce bruit, quelque peu sensible qu'il soit, peut diminuer l'intensité d'un bruit plus fort; et cette diminution peut cesser si, pendant le calme de la nuit, le chant des oiseaux, le bourdonnement des insectes et l'action du vent sur les feuilles se trouvent interrompus. Mais ce raisonnement, même en admettant sa justesse, ne s'applique guère aux forêts de l'Orénoque, où l'air est constamment rempli d'une innombrable quantité de moustiques, où le bourdonnement des insectes est beaucoup plus fort de nuit que de jour, et où la brise, si jamais elle se fait sentir, ne souffle qu'après le coucher du soleil.

Je pense plutôt que la présence du soleil agit

sur la propagation et l'intensité du son, par les obstacles que leur opposent les courans d'air de densité différente, les ondulations partielles de l'atmosphère causées par l'inégal échauffement des différentes parties du sol. Dans un air tranquille, qu'il soit sec ou mêlé de vapeurs vésiculaires également distribuées, l'*onde sonore* se propage sans difficulté. Mais, lorsque cet air est traversé en tous sens par de petits courans d'un air plus chaud, l'onde sonore se partage en deux ondes, là où la densité du milieu change brusquement ; il se forme des échos partiels qui affoiblissent le son, parce qu'une des ondes revient sur elle-même : il se fait de ces partages des ondes, dont M. Poisson a récemment développé la théorie avec beaucoup de sagacité[1]. Ce n'est donc pas le mouvement de translation des molécules d'air de bas en haut dans le courant ascendant, ce ne sont pas les petits courans obliques que nous considérons comme s'opposant, par un choc, à la propagation des ondes sonores. Un choc, imprimé à la surface d'un liquide, formera des cercles autour du

---

[1] *Ann. de chimie*, Tom. VII, p. 293.

centre d'ébranlement, lors même que le liquide est agité. Plusieurs sortes d'ondes peuvent se croiser dans l'eau comme dans l'air, sans se troubler dans leur propagation; de petits mouvemens se *superposent*, et la véritable cause de la moindre intensité du son, pendant le jour, paroît être l'interruption d'homogénéité dans le milieu élastique. Il y a, pendant le jour, interruption brusque de densité partout où de petits filets d'air, d'une haute température, s'élèvent sur des parties du sol inégalement échauffées. Les ondes sonores se partagent comme les rayons de lumière se réfractent, et forment le *mirage* partout où des couches d'air, de densité inégale, sont contiguës. La propagation du son est altérée, lorsqu'on fait monter, dans un tube fermé à une des extrémités, une couche de gaz hydrogène, au-dessus d'une couche d'air atmosphérique; et M. Biot a expliqué très-bien, par l'interposition des bulles de gaz acide carbonique, pourquoi un verre rempli de vin de Champagne est peu sonore, aussi long-temps que le gaz se développe et traverse les couches du liquide.

En énonçant ces idées, je pourrois presque

CHAPITRE XX. 87

m'appuyer sur l'autorité d'un philosophe que les physiciens continuent à traiter avec dédain, quoique les zoologistes les plus distingués aient rendu, depuis long-temps, une éclatante justice à la sagacité de ses observations. « Pourquoi, dit Aristote dans le livre curieux des *Problémes*, pourquoi le son se fait-il mieux entendre de nuit ? C'est qu'il y a plus de repos, à cause de l'absence du calorique (*du plus chaud* [1]). Cette absence rend tout plus calme

---

[1] J'ai mis en parenthèses les expressions rendues plus littéralement. Théodore de Gaze, dans sa traduction latine, exprime en forme de doute ce qu'Aristote dit positivement. Je remarquerai à cette occasion que, malgré l'état d'imperfection de la physique des anciens, les ouvrages du philosophe de Stagire renferment plus d'observations fines que ceux des autres philosophes. On cherche en vain dans Aristoxène (*Lib. de musica*), dans Théophylacte Simocatta (*de quæstionibus physicis*), dans le Livre V des *Quest. nat.* de Sénèque, des explications de l'accroissement nocturne du son. Une personne très-versée dans la connoissance des anciens, M. Laurencit, m'a communiqué un passage de Plutarque (*éd. Par.*, 1624, Tom. II, p. 721. D.) qui vient à l'appui de celui d'Aristote. Je le citerai d'après la version naïve d'Amyot. « Boethus, le premier interlocuteur, prétend que la froideur de la nuit fige et condense l'air, et que l'on entend mal

(*plus compassé*), car le soleil est le principe de tout mouvement. » Aristote a eu sans doute un pressentiment vague de la cause du phénomène ; mais il attribue au mouvement de l'atmosphère, au choc des molécules d'air, le son pendant le jour, parce qu'il y a moins de vide. Ammonius, le second interloculeur, rejette les vides de Boethus, et admet, avec Anaxagore, que, de jour, le soleil remue l'air d'un mouvement tremblant et plein de battement; que l'on entend mal le jour à cause de la poussière qui volette dans l'air, qui siffle et qui murmure, mais que, la nuit, le branlement cesse, et par conséquent le sifflement de la poussière. Boethus se justifie de vouloir corriger Anaxagore; mais il pense qu'il faut renoncer aux sons des petits corps, et qu'il suffit d'admettre le branlement et le mouvement d'iceux. L'air étant la substance propre à la voix, s'il est rassis, donne voie toute droite, unie et continue aux petites parcelles et au mouvement de la voix de tout loin. La bonace tranquille est résonnante; au contraire, la tourmente est sourde. L'agitation de l'air ne permet pas que la forme de la voix, bien expresse et articulée, arrive jusqu'au sentiment, mais toujours en ôte et emporte quelque chose de la force et de la grandeur. Le soleil, ce grand gouverneur et capitaine du ciel, remue jusqu'aux moindres parcelles de l'air; et, tout aussitôt qu'il se montre, il excite et remue toute chose. » (*Œuvres de Plutarque, par Amyot, éd. de Broter*, 1802, Tom. VIII, p. 385.)

ce qui semble plutôt dû aux changemens brusques de densité dans des lames d'air contiguës.

Le 16 avril, vers le soir, nous reçûmes la nouvelle qu'en moins de 6 heures, notre pirogue avoit passé les Rapides, et qu'elle étoit arrivée en bon état dans une anse appelée *el Puerto de arriba* [1], ou *Port de l'Expédition*. « Votre pirogue ne se brisera point, parce que vous ne portez pas de marchandises et que vous voyagez avec le moine des Raudales, » nous avoit dit avec malice, au campement de Pararuma, un petit homme brun, que son accent nous fit reconnoître pour Catalan. C'étoit un marchand d'huile de tortue, qui trafiquoit avec les Indiens des missions et n'étoit guère ami des missionnaires. « Les embarcations fragiles, ajoutoit-il, sont celles des *Catalans*, si, munis d'une licence du gouverneur de la Guyane, et non d'une permission du président des missions, ils veulent tenter le commerce au-delà d'Atures et de Maypurès. Après nous avoir fait perdre nos pirogues dans les *Raudales* qui sont la clef des missions du Haut-Orénoque, du

---

[1] *Port d'en haut.*

Cassiquiare et du Rio Negro, on nous fait reconduire par les Indiens d'Aturès à Carichana, et on nous oblige de renoncer à nos spéculations mercantiles. » Historien impartial des pays que j'ai parcourus, je n'adopte pas une opinion, avancée peut-être avec trop de légèreté. Le missionnaire actuel des *Raudales* est incapable d'exercer les vexations dont se plaignent les petits marchands Catalans; mais on se demande quelle est la source de cette haine profonde du régime des missions, même dans les colonies espagnoles? Si l'on ne calomnioit que les riches, les missionnaires du Haut-Orénoque devroient échapper aux traits de la malignité. Ils ne possèdent pas un cheval, pas une chèvre, à peine une vache, tandis que leurs confrères, les capucins des missions du Carony en ont des troupeaux de 40,000. Ce n'est donc pas contre l'aisance des Observantins qu'est dirigé le ressentiment de la classe industrieuse des colons, c'est contre les principes exclusifs de leur gouvernement, contre cette tendance obstinée à fermer leur territoire aux hommes blancs, contre les entraves qu'ils mettent à l'échange des productions. Partout le peuple s'irrite contre les monopoles, non seulement contre ceux qui influent sur le

CHAPITRE XX.

commerce et sur les besoins matériels de la vie, mais encore contre le droit que s'arroge une caste ou une partie de la société, d'élever seule la jeunesse ou de gouverner, pour ne pas dire civiliser, les sauvages.

On nous montra, dans la petite église d'Aturès, quelques restes de l'ancienne aisance des jésuites. Une lampe d'argent, d'un poids considérable, étoit couchée sur le sol, à demi-enterrée dans le sable. Un tel objet, il est vrai, ne tenteroit nulle part la cupidité du sauvage; cependant je dois rappeler ici, à l'honneur des indigènes de l'Orénoque, qu'ils ne sont pas voleurs, comme les peuplades bien moins sauvages des îles de la mer du Sud. Les premiers ont beaucoup de respect pour la propriété; ils ne cherchent pas même à dérober des comestibles, des hameçons ou des haches. A Maypurès et à Aturès, on ne connoît pas les serrures aux portes; on les introduira, lorsque les blancs et les hommes de race mixte s'établiront dans les missions.

Les Indiens d'Aturès sont doux, modérés, accoutumés, par l'effet de leur paresse, aux plus grandes privations. Excités jadis au travail par les jésuites, ils ne manquoient point de nourriture. Les Pères cultivoient du maïs, des féves (*frisoles*), et d'autres légumes d'Europe; ils plantoient, autour du village, jusqu'à des orangers à fruits doux et des tamarins : ils possédoient, dans les savanes d'Aturès et de Carichana, vingt à trente mille têtes de chevaux et de vaches. Ils avoient à leur service un grand nombre d'esclaves et de valets (*peones*) pour soigner les troupeaux. Aujourd'hui on ne cultive rien qu'un peu de manioc et des bananes. La fertilité du sol est cependant telle, que j'ai compté, à Aturès, sur un seul régime de Musa, jusqu'à 108 fruits, dont 4 ou 5 suffisent presque à la nourriture journalière d'un homme. La culture du maïs est entièrement négligée; les chevaux et les vaches ont disparu. Près du *Raudal*, une partie du rivage porte encore le nom de *Passo del ganado* (gué du bétail), tandis que les descendans de ces mêmes Indiens, que les jésuites ont réunis en mission, parlent d'une bête à cornes comme d'un animal d'une race perdue. En remontant l'Orénoque, vers San Carlos del Rio Negro, nous avons vu la dernière vache à Carichana. Les Pères de l'Observance, qui gouvernent actuellement ces vastes contrées, ne succédèrent pas immédiatement aux jésuites. Pendant un interrègne de dix-huit ans, les missions n'ont été visitées que de temps en temps, et par des religieux Capucins. Des agens du gouvernement séculier ont administré, sous le nom de *commissaires du roi*, avec une négligence coupable, les *hâtes* ou fermes de jésuites. On a tué le bétail pour en vendre la peau; beaucoup de génisses ont été mangées par les tigres : un plus grand nombre a péri à la suite des blessures faites par les chauve-souris des *Raudales* qui sont plus petites de taille, mais beaucoup plus courageuses que les chauve-souris des *Llanos*. Du temps de l'expédition des limites, on a transporté des chevaux de l'Encaramada, de Carichana et d'Aturès, jusqu'à San Jose de Maravitanos, où, sur les bords du Rio Negro, les Portugais ne pouvoient s'en procurer qu'après un long trajet et d'une qualité très-inférieure par la rivière des Amazones et le Grand-Pará. Depuis l'année 1795, le bétail des jésuites a entièrement disparu; il ne reste aujourd'hui, comme témoin de l'ancienne culture de ces contrées et de l'activité industrieuse des premiers missionnaires, que des troncs d'orangers et de tamarins isolés dans les savanes, entourés d'arbres sauvages.

Les tigres ou jaguars, qui sont moins dangereux pour les troupeaux que les chauve-souris, viennent à Aturès jusque dans le village manger les cochons des pauvres Indiens. Le missionnaire nous cita un exemple frappant de la familiarité de ces animaux d'ailleurs si féroces. Quelques mois avant notre arrivée, un jaguar, qu'on croyoit jeune, quoiqu'il fût d'une grande taille, avoit blessé un enfant en jouant avec lui; je me sers avec assurance d'une expression, qui doit paroître étrange, ayant pu vérifier, sur les lieux, des faits qui ne sont pas sans intérêt pour l'histoire des mœurs des animaux. Deux enfans indiens, un garcon et une fille, de 8 à 9 ans, étoient assis dans l'herbe, près du village d'Aturès, au milieu d'une savane que nous avons souvent traversée. Il étoit deux heures après midi; un jaguar sort de la forêt, il s'approche des enfans en bondissant autour d'eux; tantôt il se cache dans les hautes graminées, tantot il s'élance le dos courbé, la tête baissée, à la manière de nos chats. Le petit garçon ignore le danger dans lequel il se trouve; il ne semble le connoître qu'au moment où le jaguar, d'une de ses pattes, lui donne des

CHAPITRE XX.

coups sur la tête. Ces coups, d'abord légers, deviennent de plus en plus rudes ; les ongles du jaguar blessent l'enfant, et le sang ruisselle avec force. Alors la petite fille prend une branche d'arbre, et frappe l'animal, qui fuit devant elle. Les Indiens accourent aux cris des enfans, et ils voient le jaguar qui se retire en bondissant, sans faire mine de se mettre en défense.

On nous amena le petit garçon, qui sembloit vif et intelligent. La griffe du jaguar lui avoit enlevé la peau du bas du front. Il avoit une seconde cicatrice au sommet de la tête. Qu'est-ce que cet accès de gaîté dans un animal qui n'est pas difficile à dompter dans nos ménageries, mais qui, à l'état sauvage, se montre toujours farouche et cruel? Si l'on veut admettre que, sûr de sa proie, il a joué avec le petit Indien comme nos chats jouent avec les oiseaux auxquels on a coupé les ailes, comment expliquer la patience d'un jaguar de grande taille qui se voit poursuivi par une petite fille? Si le jaguar n'étoit pas pressé par la faim, pourquoi le vit-on s'approcher des enfans? Il y a des choses mystérieuses dans les affections et les haines des animaux.

Nous avons vu des lions tuer trois ou quatre chiens qu'on mettoit dans leur cage, et en caresser, au premier abord, un cinquième qui, moins timide, prenoit le roi des animaux par la crinière. Voilà de ces instincts dont les hommes ne connoissent pas le secret. On diroit que la foiblesse inspire d'autant plus d'intérêt qu'elle se montre plus confiante.

Nous venons de parler des cochons domestiques attaqués par les jaguars. Outre les cochons communs de race européenne, il y a, dans ces contrées, diverses espèces de Pecaris ou cochons à glandes lombaires, dont deux seulement sont connues aux naturalistes de l'Europe. Les Indiens appellent, en langue maypure, le petit Pecari (*Dicotiles torquatus, Cuv.*) *Chacharo* [1], tandis qu'ils nomment *Apida* [2] un cochon qu'ils prétendent être sans

---

[1] Ou *Paquira* en tamanaque, d'où dérive le mot créole *Baquira*.

[2] *Gili*, Tom. I, p. 252. *Gaulin*, *Hist. corogr.*, p. 37; *Gumilla*, Tom. I, p. 295. L'Apida est probablement le grand Pecari de nos cabinets, ou Dicotiles labiatus. Il se peut que les glandes lombaires ne soient pas également apparentes dans les trois espèces de l'Orénoque, le Puinke, l'Apida ou Tirigua, et le Chacharo ou Potiche.

poche, qui est plus grand, brun-noirâtre, à mâchoire inférieure et zone abdominale blanches. Le *Chacharo*, élevé dans les maisons, s'apprivoise comme nos moutons et nos chevreuils. Il rappelle, par la douceur de ses mœurs, les rapports curieux que les anatomistes ont observés entre les Pecaris et les Ruminans. L'Apida, qui partage la domesticité de nos cochons d'Europe, marche en grands troupeaux composés de plusieurs centaines d'individus. Ces troupeaux s'annoncent de loin, non seulement par leurs cris sourds et rauques, mais surtout par l'impétuosité avec laquelle ils brisent les arbustes qu'ils rencontrent. M. Bonpland, averti, dans une herborisation, par son guide indien, de se cacher derrière un tronc d'arbre, a vu passer ces Pecaris (*cochinos* ou *puercos del monte*) tout près de lui. Le troupeau marchoit en bande serrée, les mâles en avant, et chaque truie accompagnée de ses petits. Les *Chacharos* ont la chair mollasse et peu agréable : ils offrent cependant une nourriture abondante aux indigènes, qui les tuent avec de petites lances attachées à des cordes. On nous a assuré à Aturès que le tigre craint d'être

Relat. histor. Tom. 7.

enveloppé dans les forêts par ces troupeaux de cochons sauvages, et que, pour ne pas être étouffé, il tâche de se sauver sur un arbre. Est-ce là un conte de chasseurs ou l'énoncé d'un fait bien observé? Nous verrons bientôt que, dans plusieurs parties de l'Amérique, les chasseurs croient à l'existence d'un *Javali*, ou sanglier indigène à défenses recourbées [1] par dehors. Je n'en ai jamais vu: cependant il se trouve indiqué dans les ouvrages des missionnaires espagnols, source trop négligée par les zoologistes, et qui renferment, au milieu des exagérations les plus grossières, des observations locales très-curieuses.

Parmi les singes que nous vîmes à la mission d'Aturès, nous en trouvâmes une nouvelle espèce de la tribu des *Saïs* et *Sajous*, que les Espagnols-Américains appellent vulgairement *Machis*. C'est l'*Ouavapavi* à pelage gris et à face bleuâtre. Il a les orbites et le front blancs de neige; ce qui le distingue, au premier

[1] M. Cortès assure avoir tiré aux bords de la Magdalena un sanglier, *Puercomana*, à défenses recourbées et bandes longitudinales le long du dos. Y a-t-il dans ce pays des cochons d'Europe redevenus sauvages.

abord, du *Simia capucina*, du *Simia apella*, du *Simia trepida*, et des autres singes pleureurs si confusément décrits jusqu'ici [1]. Ce petit animal est aussi doux qu'il est laid. Il saisissoit, tous les jours, dans la cour du missionnaire, un cochon sur lequel il restoit monté, du matin au soir, en parcourant les savanes. Nous l'avons vu aussi sur le dos d'un gros chat qui avoit été élevé avec lui dans la maison du père Zea.

C'est dans les cataractes que nous avons commencé à entendre parler de cet homme velu des bois, appelé *Salvaje*, qui enlève des femmes, construit des cabanes et mange quelquefois de la chair humaine. Les Tamanaques l'appellent *Achi* [2], les Maypures *Vasitri* ou *Grand Diable*. Les indigènes et les missionnaires ne doutent pas de l'existence de ce singe anthropomorphe, qu'ils redoutent sin-

---

[1] *Voyez* ma Monographie des singes de l'Orénoque, dans le *Rec. d'obs. zool.*, Tom. I, p. 324 et 563 (éd. in-4°). L'*Ouavapavi* (mot de la langue guareken) est mon *Simia albifrons*, ex albo cinerascens, vertice nigro, facie cærulea, fronte et orbitis niveis, cruribus et brachiis fuscescentibus.

[2] Prononcez *Atschi*.

7*

gulièrement. Le pere Gili[1] raconte gravement l'histoire d'une dame de la ville de San Carlos[2] qui se loua beaucoup de la douceur de caractère et des attentions de l'homme des bois. Elle vécut plusieurs années en bon ménage avec lui, et n'invita des chasseurs à la ramener au sein de sa famille « que parce qu'elle étoit lasse, elle et ses enfans (un peu velus aussi), de rester loin de l'Église et des sacremens. » Malgré sa crédulité, le même auteur avoue qu'il n'a pu trouver d'Indien qui ait dit positivement avoir vu le *Salvaje* de ses propres yeux. Cette fable, que les missionnaires, les colons européens et les nègres d'Afrique ont sans doute embellie de plusieurs traits tirés de la description des mœurs de l'Orang-outang[3], du Gibbon, du Joko ou

---

[1] Saggio, Tom. I, pag. 248, 315.

[2] Dans les *Llanos* de Venezuela.

[3] Simia satyrus. Il ne faut pas croire, quoi qu'en disent les ouvrages de zoologie, que le mot *Orang-outang* soit appliqué exclusivement dans la langue malaye au Simia satyrus de Bornéo; il désigne au contraire tout grand singe, qui, par son port, ressemble à l'homme. (*Marsden.*, *Hist. of Sumatra*, 3 éd., p. 117.) Les zoologistes modernes ont fixé arbitrairement des noms provinciaux à telle ou telle espèce; et, en continuant

Chimpansé, et du Pongo, nous a poursuivis pendant cinq ans de l'hémisphère boréal à l'hémisphère austral ; partout nous avons été blâmés, chez la classe la plus cultivée de la société, de ce que, seuls, nous osions douter de l'existence d'un grand singe anthropomorphe de l'Amérique. Nous remarquerons d'abord qu'il y a de certaines régions où cette croyance est particulièrement répandue parmi le peuple : tels sont les bords du Haut-Orénoque [1], la vallée d'Upar près du lac de Maracaybo, les montagnes de Sainte-Marthe et de Mrida, les provinces de Quixos et les rives de l'Amazone près de Tomependa. Dans tous ces lieux, si éloignés les uns des autres, on répète que le *Salvaje* se reconnoît facilement par les traces de ses pieds qui ont les doigts tournés en arrière. Mais s'il existe

---

de donner la préférence à ces noms, étrangement défigurés par l'orthographe, sur les noms latins systématiques, on augmente la confusion de la terminologie.

[1] Près du Rio Paruasi, une montagne porte le nom d'*Achi-tipuiri* ; ce qui veut dire, en tamanaque, *Montagne de l'homme des bois.*

quelque singe d'une grande taille dans le Nouveau-Continent, comment, depuis trois siècles, aucun homme digne de foi n'est-il parvenu à s'en procurer la peau? Plusieurs hypothèses se présentent à l'esprit pour expliquer la source d'une erreur ou d'une croyance si ancienne. Le fameux singe *Capucin* de l'Esmeralda [1], dont les dents canines ont plus de six lignes et demie de long, qui a la physionomie bien plus anthropomorphe [2] que l'Orang-outang, qui se frotte la barbe avec la main lorsqu'on l'irrite, auroit-il donné lieu à la fable du *Salvaje*? Il est moins grand, il est vrai, que le Coaïta (*Simia paniscus*); mais lorsqu'on le voit au haut d'un arbre, et qu'on n'en découvre que la tête, on le prendroit facilement pour un être humain. Il se pourroit aussi (et cette opinion me paroît la plus probable) que l'homme des bois fût un de ces ours de grande taille, dont la trace ressemble à celle de l'homme, et que, dans tous les pays, on croit attaquer les femmes? L'animal tué de

[1] Simia chiropotes. *Voyez* mes *Obs. de zool.*, Tom. I, p. 312 (éd. in-4º).

[2] L'ensemble des traits, l'expression de la physionomie, non le front.

mon temps au pied des montagnes de Merida, et envoyé, sous le nom de *Salvaje*, au colonel Ungaro, gouverneur de la province de Varinas, n'étoit en effet qu'un ours à pelage noir et lisse. Notre compagnon de voyage, Don Nicolas Sotto, l'a examiné de près. L'idée bizarre d'un animal plantigrade, dont les doigts sont placés comme s'il marchoit à reculons, auroit-elle pris son origine dans l'habitude qu'ont les véritables sauvages des bois, les Indiens des tribus les plus foibles et les plus timides, de tromper leurs ennemis lorsqu'ils entrent dans la forêt ou qu'ils traversent une plage, en couvrant de sable les traces de leurs pieds ou en marchant à reculons?

Je viens d'exposer mes doutes sur l'existence de quelque espèce inconnue de grands singes dans un continent qui paroît entièrement dépourvu de quadrumanes de la famille des Orangs, des Cynocéphales, des Mandrils et des Pongos. N'oublions pas que toutes les croyances populaires, même les plus absurdes en apparence, reposent sur des faits réels, mais mal observés. En les traitant avec dédain, on peut perdre la trace d'une découverte en physique comme en zoologie. Nous n'admettrons donc pas, avec un auteur espagnol, que la fable de l'homme des bois a été inventée par la ruse des femmes indiennes qui se disent enlevées lorsqu'elles ont fait une longue absence à l'insu de leurs maris; nous invitons plutôt les voyageurs qui visiteront après nous les missions de l'Orénoque à continuer nos recherches sur le *Salvaje* ou *Grand Diable* des forêts, et à examiner si c'est quelque espèce inconnue d'ours ou quelque singe très-rare, analogue au Simia chiropotes ou Simia Satanas, qui ont pu donner lieu à des contes si étranges.

Après avoir passé deux jours près de la cataracte d'Aturès, nous fûmes bien satisfaits de pouvoir faire recharger notre pirogue et de quitter un lieu où la température de l'air étoit généralement, le jour, de 29°, la nuit, de 26° du thermomètre centigrade. Cette température nous paroissoit beaucoup plus élevée encore d'après le sentiment de chaleur que nous éprouvions. Le manque de concordance entre les instrumens et les sensations doit être attribué à l'irritation continue que les mousquites excitent sur la peau. Une atmosphère remplie d'insectes venimeux paroît tou-

CHAPITRE XX. 105

jours plus embrasée qu'elle ne l'est en effet. L'hygromètre de Saussure, observé, comme toujours, à l'ombre, marquoit [1], le jour, au *minimum* (à 3 heures après midi), 78°,2; la nuit, au *maximum*, 81°,5. Ce degré d'humidité est de 5° moindre que l'humidité moyenne des côtes de Cumana; mais il est de 10° supérieur à l'humidité moyenne des *Llanos* ou plaines dépourvues d'arbres. Les cataractes et l'épaisseur des forêts contribuent à augmenter la quantité de vapeurs contenue dans l'air. Nous étions horriblement tourmentés le jour par les *mosquitos* et le *jèjen*, petites mouches ou *Simulies* vénéneuses; la nuit, par les *zancudos*, espèce de grands cousins qui sont redoutés même par les indigènes. Nous commencions à avoir les mains très-enflées, et cette enflure augmenta de jour en jour jus-

---

[1] De 42° à 45° de l'hygromètre à baleine. (*Voyez* Tom. VI, pag. 81 et 177). Le baromètre s'élevoit, le 15 avril, au *puerto de arriba de Atures* (à 10 heures du matin), à 336,5 lignes; dans le village situé au milieu d'un petit plateau, le 16 avril, à 11 heures du matin, à 334,3 lignes. Le thermomètre centigrade se soutenoit, à midi, à l'ombre, à 27°,2; au soleil, à 31°,9; force apparente du soleil 4°,7.

qu'à notre arrivée sur les bords du Temi. Les moyens par lesquels on tente d'échapper à ces petits animaux sont très-extraordinaires. Le bon missionnaire Bernardo Zea, qui passe sa vie dans les tourmens des *mosquitos*, s'étoit construit, près de l'Église, sur un échafaudage en troncs de palmiers, un petit appartement dans lequel on respiroit plus librement. Nous y montâmes le soir, au moyen d'une échelle, pour y sécher nos plantes et pour y rédiger notre journal. Le missionnaire avoit observé avec justesse que les insectes abondent surtout dans la couche la plus basse de l'atmosphère, dans celle qui avoisine le sol, jusqu'à 12 ou 15 pieds de hauteur. A Maypurès, les Indiens quittent de nuit le village pour aller dormir sur de petits îlots au milieu des cataractes. Ils y jouissent de quelque repos; les *mosquitos* paroissent fuir un air surchargé de vapeurs. Partout nous en avons trouvé moins au milieu du fleuve que vers ses bords : aussi l'on ne souffre pas autant en descendant l'Orénoque que lorsqu'on le remonte en bateau.

Des personnes qui n'ont pas navigué sur les grandes rivières de l'Amérique équinoxiale, par exemple sur l'Orénoque ou sur le Rio de la Magdalena, ne sauroient concevoir comment, sans interruption, à chaque instant de la vie, on peut être tourmenté par les insectes qui voltigent dans l'air, comment la multitude de ces petits animaux peut rendre de vastes régions presque inhabitables. Quelque accoutumé que l'on soit à endurer la douleur sans se plaindre, quelque vif intérêt que l'on prenne aux objets de ses recherches, il est impossible qu'on n'en soit constamment distrait par les *mosquitos*, les *zancudos*, les *jèjen* et les *tempraneros*, qui vous couvrent les mains et le visage, qui traversent les vêtemens de leur suçoir alongé en forme d'aiguillon, et qui, en s'introduisant dans les narines et dans la bouche, vous font tousser et éternuer dès que vous parlez en plein air. Aussi dans les missions de l'Orénoque, dans ces villages placés sur les bords du fleuve, entourés d'immenses forêts, la *plaga de las moscas*, le *tourment des mouches*, offre une matière inépuisable de conversation. Lorsque deux personnes se rencontrent le matin, les premières questions qu'elles s'adressent sont celles-ci [1] : « Comment avez-vous trouvé les *zancudos* pendant la nuit ? Où en sommes-nous aujourd'hui des *mosquitos* ?» Ces questions rappellent une formule de politesse chinoise qui indique l'ancien état sauvage du pays où elle a pris naissance. On se saluoit jadis, dans le *céleste empire*, par les mots suivans [2] : «*vou-to-hou*, avez-vous été incommodé la nuit par les serpens ?» Nous verrons bientôt que, sur les rives du Tuamini, dans la rivière de la Madeleine, et surtout au Choco, le pays de l'or et du platine, on pourroit ajouter le compliment chinois sur les serpens à celui des *mosquitos*.

C'est ici le lieu de parler de la *distribution géographique* de ces insectes *tipulaires* qui offre des phénomènes assez remarquables. Elle ne paroît pas dépendre uniquement de la chaleur du climat, de l'excès d'humidité ou de l'épaisseur des forêts, mais de circonstances locales difficiles à caractériser. On

---

[1] *Que le han parecido los zancudos de noche? como stamos hoy de mosquitos?*

[2] Deguignes, *Dict. chinois*, pag. 26.

CHAPITRE XX.

peut dire d'abord que le tourment des *mosquitos* et *zancudos* n'est pas aussi général sous la zone torride qu'on le croit communément. Sur les plateaux élevés de plus de 400 toises au-dessus du niveau de l'Océan, dans les plaines très-sèches éloignées du lit des grandes rivières, par exemple à Cumana et à Calabozo, il n'y a pas sensiblement plus de maringouins que dans la partie la plus habitée de l'Europe. On les voit augmenter énormément à Nueva-Barcelona, et, plus à l'ouest, sur la côte qui s'étend vers le cap Codera. Entre le petit port de l'Higuerote et à l'embouchure du Rio Unare, les malheureux habitans ont la coutume de s'étendre sur le sol, et de passer la nuit enfouis dans le sable, à trois ou quatre pouces de profondeur, en ne laissant dehors que la tête qu'ils couvrent d'un mouchoir. On souffre de la piqûre des insectes, mais d'une manière facile à supporter, en descendant l'Orénoque, de Cabruta vers l'Angostura, et, en le remontant, de Cabruta vers Uruana, entre les 7° et 8° de latitude. Mais au-delà de l'embouchure du Rio Arauca, lorsqu'on passe le détroit de Baraguan, la scène change tout-à-coup; à partir de ce point, il n'y a plus de repos pour le voyageur. S'il a quelques souvenirs poétiques du Dante, il se croira entré dans la *città dolente*, il croira lire sur les rochers de granite du Baraguan ces vers mémorables du troisième chant[1]:

> Noi sem venuti al luogo, ov'i' t'ho detto
> Che tu vedrai le genti dolorose.

Les basses couches de l'air, depuis le sol jusqu'à 15 ou 20 pieds de hauteur, sont remplies d'insectes venimeux comme d'une vapeur condensée. Lorsqu'on se place dans un lieu obscur, par exemple dans les grottes des cataractes formées par des blocs de granite superposés, et que l'on dirige ses yeux vers l'ouverture éclairée par le soleil, on voit des nuages de *mosquitos* qui sont plus ou moins épais, selon que ces petits animaux, dans leurs mouvemens lents et cadencés, s'agroupent ou se dispersent. A la mission de San Borja, on souffre déjà plus des *mosquitos* qu'à Carichana: mais dans les *Raudales*, à Aturès, et surtout à Maypurès, cette souffrance atteint

[1] *Inf. Canto III*, 16.

pour ainsi dire son *maximum*. Je doute qu'il y ait un pays de la terre où l'homme soit exposé à de plus cruels tourmens dans la saison des pluies. En dépassant le 5.ᵉ degré de latitude, on est un peu moins piqué; mais, dans le Haut-Orénoque, les piqûres sont plus cuisantes, parce que la chaleur et le manque absolu de vent rendent l'air plus embrasé, plus irritant à son contact avec la peau.

« Qu'on doit être bien dans la lune, disoit au père Gumilla un Indien Saliva; à la voir si belle et si claire, elle doit être libre de moustiques. » Ces mots, qui expriment la première enfance d'un peuple, sont très-remarquables. Partout, le satellite de la terre est, pour le sauvage américain, le séjour des bienheureux, le pays de l'abondance. L'Esquimau qui compte parmi ses richesses une planche, un tronc d'arbre jeté par les courans sur une côte dépourvue de végétation, voit dans la lune des plaines couvertes de forêts; l'Indien des forêts de l'Orénoque y voit des savanes nues dont les habitans ne sont jamais piqués par les moustiques.

Arrivés plus loin, vers le sud, là où commence le système des eaux brun-jaunâtre, qu'on appelle généralement *eaux noires*, *aguas negras*, sur les bords de l'Atabapo, du Temi, du Tuamini et du Rio Negro, nous jouîmes d'un repos, j'aurois presque dit d'un bonheur inattendu. Ces rivières traversent, comme l'Orénoque, d'épaisses forêts; mais les insectes *tipulaires*, de même que les crocodiles, fuient la proximité des *eaux noires*. Ces eaux, un peu plus froides, et chimiquement différentes des eaux blanches, sont-elles contraires aux larves et aux nymphes des *tipulaires* des cousins, qu'on peut considérer comme de vrais animaux aquatiques? Quelques petites rivières, dont la couleur est, ou bleu-foncé, ou brun-jaunâtre, le Toparo, le Mataveni et le Zama, font exception à la règle assez générale de l'absence des *mosquitos* au-dessus des *eaux noires*. Ces trois rivières en fourmillent, et les Indiens même ont fixé notre attention sur les causes problématiques de ce phénomène. En descendant le Rio Negro, nous respirâmes librement à Maroa, à Davipe et à San Carlos, villages situés sur les limites du Brésil. Mais cette amélioration de notre position fut de peu de durée; nos souffrances recommencèrent dès que nous entrâmes dans le Cassiquiare. A l'Esmeralda, à l'extrémité orientale du Haut-Orénoque, où finit le monde connu des Espagnols, les nuées de *mosquitos* sont presque aussi épaisses que dans les Grandes Cataractes. A Mandavaca nous trouvâmes un vieux missionnaire qui nous disoit, avec un air de tristesse, qu'il avoit passé *ses vingt années de mosquitos* [1] en Amérique. Il nous recommanda de bien regarder ses jambes, pour que nous pussions dire un jour «*por allà* (au-delà des mers) ce que souffrent les pauvres moines dans les forêts du Cassiquiare.» Comme chaque piqûre laisse un petit point brun-noirâtre, ses jambes étoient tellement tigrées, qu'on avoit de la peine à reconnoître la blancheur de sa peau à travers les taches de sang coagulé. Si les insectes du genre *Simulium* abondent dans le Cassiquiare, qui a des *eaux blanches*, les Culex ou *zancudos* y sont d'autant plus rares; on n'en rencontre presque pas, tandis que, dans les rivières qui ont des *eaux noires*, dans l'Atabapo et le Rio Negro, il y a généralement quelques *zancudos* et pas de *mosquitos*. Nous

---

[1] « Ya tengo mis vente anos de mosquitos. »

avons rapporté plus haut que, dans les petites révolutions qui agitent de temps en temps l'ordre de l'Observance de Saint-François, lorsque le père gardien veut exercer sa vengeance contre un frère lai, il l'envoie à l'Esmeralda ; c'est un exil, ou, comme disent assez gaîment les religieux, c'est le *condamner aux mosquitos*.

Je viens de montrer, d'après mes propres observations, combien la distribution géographique des insectes venimeux est variée dans ce dédale des rivières à eaux blanches et noires. Il seroit à désirer qu'un savant entomologiste pût étudier sur les lieux les différences spécifiques de ces insectes malfaisans[1] qui jouent, sous la zone torride, malgré leur petitesse, un rôle bien important dans l'économie de la nature. Ce qui nous a paru très-remarquable, et ce qui est un fait connu de tous les missionnaires, c'est que les différentes espèces ne s'associent pas, et qu'à différentes heures du jour, on est piqué par

[1] Les *mosquitos bovos* ou *tenbiguai*, les *meleros* qui se placent toujours sur les yeux, les *tempraneros* ou *putchiki*, les *jejenes*, le cousin *rivaù*, les grands *zancudos* ou *matchaki*, les *cafafi*, etc.

CHAPITRE XX. 115

des espèces distinctes. Chaque fois que la scène change, et que, d'après l'expression naïve des missionnaires, d'autres insectes « montent la garde », on a quelques minutes, souvent un quart d'heure de repos. Les insectes qui disparoissent ne sont pas de suite remplacés, à nombre égal, par ceux qui leur succèdent. Depuis 6 heures et demie du matin jusqu'à 5 heures du soir, l'air est rempli de *mosquitos* qui n'ont pas, comme on le trouve rapporté dans quelques voyages[1], la forme de nos cousins[2], mais celle d'une petite mouche. Ce sont les *Simulies* de la famille des Nemocères, du système de M. Latreille; leur piqûre est douloureuse comme celle des *Stomoxes*[3]. Elle laisse un petit point brun-rougeâtre, qui est du sang extravasé et coagulé là où la trompe a percé la peau. Une

---

[1] *Kalm, Reise in Nord-America*, Tom. II, p. 268.
[2] *Culex pipiens*. Cette différence entre *mosquito* (petite mouche, Simulium) et *zancudo* (cousin, Cudex) existe dans toutes les colonies espagnoles. Le mot *zancudo* signifie *longipes, que tiene las zancas largas*. Les *mosquitos* de l'Orénoque sont les moustiques; les *zancudos* sont les maringouins des voyageurs françois.
[3] *Conops calcitrans*.

8*

heure avant le coucher du soleil, les *mosquitos* sont remplacés par une espèce de petits cousins appelés *tempraneros* [1], parce qu'ils paroissent aussi au lever du soleil; leur présence dure à peine une heure et demie : ils disparoissent entre les 6 et 7 heures du soir, ou, comme on dit ici, après l'*Angelus* (*a la oracion*). Après quelques minutes de repos, on se sent piqué par les *zancudos*, autre espèce de cousin (*Culex*) à pieds très-longs. [2]. Le *zancudo*, dont la trompe renferme un suçoir piquant, cause les douleurs les plus vives et des enflures qui durent plusieurs semaines; son bourdonnement est semblable à celui de nos cousins d'Europe, mais plus fort et plus prolongé. Les Indiens prétendent reconnoître

[1] *Qui se montrent de bonne heure* (*temprano*). Quelques personnes prétendent que le *zancudo* est le même *tempranero* qui revient de nuit, après s'être caché pendant quelque temps. Je doute de cette identité d'espèce. La douleur causée par la piqûre des deux insectes m'a paru assez différente.

[2] Les *zancudos* de l'Orénoque, que les Indiens Maypures appellent *aniù*, ont le corselet vert-brunâtre annulé de blanc, les pieds bruns noirâtres à extrémités blanches.

« par le chant » les *zancudos* et les *tempraneros*; ceux-ci sont de vrais *insectes crépusculaires*, tandis que les *zancudos* sont le plus souvent des *insectes nocturnes* qui disparoissent vers l elever du soleil.

Dans le voyage de Carthagène à Santa-Fe de Bogota, nous avons observé qu'entre Mompox et Honda, dans la vallée du Rio Grande de la Magdalena, les *zancudos* obscurcissent l'air depuis 8 heures du soir jusqu'à minuit; que vers minuit ils diminuent et se cachent pendant trois ou quatre heures, et qu'enfin ils reviennent en foule, et avec un appétit dévorant, vers les quatre heures du matin. Quelle est la cause de ces alternatives de mouvement et de repos? ces animaux se fatiguent-ils par un vol prolongé? Il est très-rare de voir à l'Orénoque de véritables cousins de jour, tandis qu'à la rivière de la Madeleine on en est piqué nuit et jour, excepté de midi à deux heures. Les *zancudos* des deux rivières sont sans doute des espèces différentes; les yeux composés de l'une de ces espèces sont-ils plus affectés par l'éclat de la lumière solaire, que les yeux de l'autre espèce?

Nous venons de voir que partout les insectes des tropiques suivent un certain type dans les époques auxquelles ils arrivent et disparoissent tour à tour. C'est à des heures fixes et invariables que, dans la même saison et sous une même latitude, l'air se peuple de nouveaux habitans; et, sous une zone où le baromètre devient une horloge[1], où tout se succède avec une si admirable régularité, on devineroit presque, les yeux bandés, l'heure du jour et de la nuit, par le bourdonnement des insectes et par les piqûres dont la douleur diffère selon la nature du poison que chaque insecte dépose dans la blessure.

A une époque où l'on n'avoit point encore étudié la géographie des animaux et des plantes, on confondoit souvent les espèces analogues des différens climats. On croyoit trouver au Japon, sur le dos des Andes et au détroit de Magellan, les pins et les renoncules, les cerfs, les rats et les insectes tipulaires du nord de l'Europe. Des naturalistes, justement célèbres, ont pensé que le maringouin de la zone torride

---

[1] Par l'extrême régularité des variations horaires de la pression atmosphérique.

étoit le cousin de nos marais, devenu plus vigoureux, plus vorace, plus nuisible sous l'influence d'un climat brûlant. Cette opinion est très-erronée. J'ai examiné et décrit avec soin, sur les lieux, les *zancudos* dont on est le plus tourmenté. Dans les seules rivières de la Madeleine et de Guayaquil, il y en a cinq espèces très-distinctes. M. Latreille, le premier entomologiste du siècle, a bien voulu revoir la description détaillée de ces petits animaux que je donnerai dans une note [1].

[1] Voici les diagnoses de cinq espèces nouvelles :

1 CULEX CYANOPENNIS, *abdomine fusco, piloso, annulis sex albis; alis cœruleis, tarsis albo annulatis.*
Thorax fusco-ater, pilosus. Abdomen supra fusco-cærulescens, hirtum, annulis sex albis. Alæ cæruleæ, splendore semi-metallico, viridenti-venosæ, sæpe pulverulentæ, margine externo ciliato. Pedes fusci, tibiis hirtis, tarsis nigrioribus, annulis quatuor niveis. Antennæ maris pectinatæ.
Habitat locis paludosis ad ripam Magdalenæ fluminis, prope Teneriffe; Mompox, Chilloa, Tamalameque cæt. (Regno Novogranatensi.)

2. CULEX LINEATUS, *violaceo-fuscescens; thorace fusco, utrinque linea longitudinali maculisque inferis argenteis; alis virescentibus; abdomine annulis*

Les *Culex* de l'Amérique méridionale ont généralement les ailes, le corselet et les pieds

sex argenteis; pedibus atro-fuscis; posticorum tibiis apicibusque albis.

Habitat ad confluentem Tamalamequen in ripa Magdalenæ fluminis. (Regno Novogranatensi.)

3. CULEX FEROX, *supra cœruleo aureoque varius, annulis quinque albis inferis; alis virescentibus; pedibus nigricanti-cœruleis, metallico-splendentibus; posticis longissimis, basi apiceque niveis.* Omnium maximus differt 1 a *C. hœmorrhoidali* Fab. cui pedes quoque cærulei, thorace superne cæruleo et auro maculato; 2 a *C. cianopenni* corpore superne cæruleo, pedibus haud annulatis, haud fuscis. An Nhatin Maregr., p. 257 ?

Habitat ad ripam inundatam fluminis Guayaquilensis, prope San Borondon. (Regno Quitensi.)

4. CULEX CHLOROPTERUS, *viridis, annulis quinque albis; alis virescentibus, pedibus fuscis ad basim subtus albis.*

Habitat cum præcedente.

5. CULEX MACULATUS, *viridi-fuscescens, annulis octo albis, alis virescentibus, maculis tribus anticis, atro-cœruleis, auro immixtis; pedibus fuscis, basi alba.*

Habitat cum *C. feroce* et *C. chloroptero* in ripa fluminis Rio de Guayaquil propter *las Bodegas de Babaoyo.*

azurés, annelés, chatoyans par le mélange de taches à éclat métallique. Ici, comme en Europe, les mâles, qui se distinguent par leurs antennes plumeuses, sont extrêmement rares; on n'est presque piqué que par des femelles. La prépondérance de ce sexe explique l'immense accroissement de l'espèce, chaque femelle pondant plusieurs centaines d'œufs. En remontant une des grandes rivières de l'Amérique, on observe que l'apparition d'une nouvelle espèce de *Culex* annonce la proximité d'un nouvel affluent. Je vais citer un exemple de ce phénomène curieux : Le *Culex lineatus*, qui appartient au *Cano* de Tamalamèque, ne s'observe, dans la vallée du Rio Grande de la Magdalena, qu'à une lieue au nord de la jonction des deux fleuves; il remonte, mais il ne descend presque pas le Rio Grande; c'est ainsi que, sur un filon principal, l'apparition d'une nouvelle substance, dans la masse de la guangue, indique au mineur le voisinage d'un filon secondaire qui se réunit au premier.

En récapitulant les observations que nous venons de consigner ici, nous voyons que, sous les tropiques, les *moustiques* et les *ma-*

ringouins ne s'élèvent pas, sur la pente des Cordillères[1], vers la région tempérée, où la chaleur moyenne est au-dessous de 19° à 20° centigrades[2]; qu'à peu d'exceptions près, ils fuient les *eaux noires* et les endroits secs et déboisés[3]. Dans le Haut-Orénoque, l'atmos-

[1] Le *Culex pipiens* de l'Europe ne fuit pas, comme les *Culex* de la zone torride de l'Amérique, les pays montagneux. M. Giesecke en a souffert en Goënland, à Disco, par les 70° de latitude. En Laponie, on le trouve, en été, jusqu'à trois et quatre cents toises de hauteur par une température moyenne de 11° à 12° cent. Il donne à la region alpine un caractère de mouvement et de vie que M. Wahlenberg semble regretter de ne pas trouver dans les Alpes de la Suisse, « *ubi culices apesque nullas choreas agunt.* » *Voyez* l'ouvrage de ce voyageur, *de vegetatione et clim. Helvet.* Sept., p. xxxv.

[2] Au-dessous de 15°,2 et 16° Réaumur. (C'est la température moyenne de Montpellier et de Rome.)

[3] Souvent de petites modifications dans les eaux et dans l'air paroissent contrarier le développement des moustiques. M. Bowdich observe qu'il n'y en a pas à Coomassie, dans le royaume des Ashanties, quoique la ville soit entourée de marais (*Mission to Ashantie*, 1819, p. 321), et que le thermomètre se soutienne, dans cette partie de l'Afrique, jour et nuit, entre 17° et 28° centésimaux (13°,6 et 22°,4 Réaumur).

phère en fourmille bien plus que dans le Bas-Orénoque, parce que, dans le premier, le fleuve est environné d'épaisses forêts sur ses bords, et que la lisière des forêts n'est pas séparée du fleuve par des plages arides et étendues. Avec la diminution de l'eau et la destruction des bois, les *mosquitos* diminuent dans le Nouveau-Continent; mais les effets de ces changemens sont aussi lents que les progrès de la culture. Les villes d'Angostura, de Nueva-Barcelona et de Mompox, où, par un défaut de police, les rues, les grandes places et l'intérieur des cours se trouvent couverts de broussailles [1], sont tristement célèbres par l'abondance des *zancudos*.

Les hommes nés dans le pays, qu'ils soient blancs, mulâtres, nègres ou Indiens, souffrent tous de la piqûre des insectes. Cependant, de même que le froid ne rend pas inhabitable le nord de l'Europe, les *mosquitos* n'empêchent pas les hommes de s'établir dans des pays qui en abondent, si ces pays, par leur situation et leur gouvernement, offrent des ressources

---

[1] De Iatropha gossypifolia, de Scoparia, de Cleome, de Croton et de Cassia.

à l'agriculture et à l'industrie. Les habitans passent leur vie à se plaindre *de la plaga , del insufrible tormento de las moscas ;* cependant, malgré ces plaintes continuelles, ils ne recherchent pas moins, et même avec une espèce de prédilection, les villes commerçantes de Mompox, de Santa Marta et de Rio la Hacha. Telle est la force de l'habitude dans des maux dont on souffre à chaque heure du jour, que les trois missions de San Borja, d'Aturès et de l'Esmeralda, où, pour me servir de l'expression hyperbolique des moines, il y a moins d'air que de moustiques [1], deviendroient, à n'en pas douter, des villes florissantes, si l'Orénoque offroit aux colons les mêmes avantages pour l'échange des productions, que l'Ohio et le Bas-Mississipi. L'abondance des insectes venimeux ralentit, mais n'arrête pas entièrement les progrès de la population; elle n'empêche les blancs de s'établir que là où l'état commercial et politique du pays ne promet aucun avantage réel.

J'ai indiqué dans un autre endroit de cet ouvrage le fait curieux, que les blancs nés

---

[1] *Mas moscas que ayre.*

sous la zone torride se promènent impunément pieds nus dans le même appartement, dans lequel un Européen, récemment débarqué, est exposé à l'attaque des *ningas* ou *chiques (Pulex penetrans)*. Ces animaux, presque invisibles à l'œil, s'introduisent sous les ongles des pieds, et y acquièrent la grosseur d'un petit poids par le prompt accroissement des œufs placés dans un sac particulier, sous le ventre de l'insecte. La *nigua* distingue donc, ce que l'analyse chimique la plus délicate ne sauroit distinguer, le tissu cellulaire et le sang de l'Européen de ceux d'un blanc-créole. Il n'en est point ainsi des moustiques. Ces insectes, quoi qu'on en dise, sur les côtes de l'Amérique méridionale, attaquent également les indigènes et les Européens; il n'y a que les effets de la piqûre qui soient différens dans les deux races d'hommes. La même liqueur vénéneuse, déposée dans la peau d'un homme cuivré de race indienne et dans celle d'un homme blanc nouvellement débarqué, ne cause pas d'enflure au premier, tandis qu'elle produit chez le second des ampoules dures, fortement enflammées, et douloureuses pendant plusieurs jours; tant est différente l'action du système dermoïde, selon les divers degrés d'irritabilité des organes dans telle ou telle race, dans tel ou tel individu!

Je rappellerai plusieurs faits qui prouvent incontestablement qu'au moment de la piqûre, les Indiens et en général tous les gens de couleur souffrent, comme les blancs, quoique peut-être avec une moindre intensité de douleur. De jour, même en travaillant à la rame, les indigènes se donnent sans cesse, pour chasser les insectes, de grands coups du plat de la main. Brusques dans tous leurs mouvemens, ils se frappent machinalement eux et leurs camarades pendant le sommeil. A la violence de leurs coups, on se rappelle le conte persan[1] de l'ours qui essaie de tuer de sa patte les mouches sur le front de son maître endormi. Près de Maypurès, nous avons vu de jeunes Indiens assis en cercle et se frottant cruellement le dos les uns aux autres avec des écorces d'arbres séchées au feu. Des femmes indiennes étoient occupées, avec une patience dont la race cuivrée seule est capable, à extirper, au moyen d'un os pointu, cette petite masse de

---

[1] *Anvary Soheily*, Liv. I, fol. 64 (*Calcutta*, 1815).

sang coagulé qui forme le centre de chaque piqûre et qui donne à la peau une apparence tigrée. Une des nations les plus barbares de l'Orénoque, celle des Otomaques, connoît l'usage des cousinières (*mosquiteros*) tissées des fibres de palmier *murichi*. Nous avons vu tantôt qu'à l'Higuerote, sur les côtes de Caracas, les gens de couleur dorment enterrés dans le sable. Dans les villages du Rio de la Magdalena, les Indiens nous ont souvent invités à nous étendre avec eux sur des cuirs de bœufs, près de l'église, au milieu de la *plaza grande* où l'on avoit réuni toutes les vaches des environs. La proximité du bétail donne quelque repos à l'homme. Les Indiens du Haut-Orénoque et du Cassiquiare, voyant que M. Bonpland ne pouvoit préparer ses herbiers à cause du tourment continuel des *mosquitos*, l'engagèrent d'entrer dans leurs fours (*hornitos*). C'est ainsi qu'ils appellent de petites chambres dépourvues de portes et de fenêtres, dans lesquelles on se glisse sur le ventre à travers une ouverture très-basse. Lorsque, par un feu de broussailles humides qui donnent beaucoup de fumée, on est parvenu à chasser les insectes, on bouche l'ouverture du four. L'absence des *mosquitos* est achetée assez cher par l'excessive chaleur d'un air stagnant et par la fumée d'une torche de *copal* qui éclaire le four pendant qu'on y séjourne. M. Bonpland a séché, avec un courage et une patience bien dignes d'éloge, des centaines de plantes, enfermé dans ces *hornitos* des Indiens.

Les soins que prennent les indigènes pour être moins incommodés par les insectes, prouvent suffisamment que, malgré la différente organisation du système dermoïde, l'homme cuivré est sensible aux piqûres des moustiques comme l'homme blanc; mais, nous le répétons ici, chez le premier, la douleur paroît moins vive, et la piqûre n'est pas suivie de ces enflures qui se succèdent sans interruption pendant plusieurs semaines, qui exaltent l'irritabilité de la peau et mettent les personnes, dont la complexion est délicate, dans cet état fiévreux qui accompagne toujours les maladies d'éruptions. Les blancs nés dans l'Amerique équinoxiale, les Européens qui ont séjourné très-long-temps dans les missions sur les bords des forêts et des grandes rivières, souffrent bien plus que les Indiens, mais infiniment moins que les Européens récemment débarqués. Ce n'est donc pas, comme disent quelques voyageurs, l'épaisseur de la peau qui rend la piqûre plus ou moins douloureuse au moment où on la reçoit, ce n'est pas à cause de l'organisation particulière des tégumens que chez les Indiens elle est moins suivie d'enflures et de symptômes inflammatoires; c'est de l'irritabilité nerveuse du système dermoïde que dépendent la vivacité et la durée de la douleur. Cette irritabilité est augmentée par des vêtemens très-chauds, par l'usage des liqueurs alcoholiques, par l'habitude de gratter les plaies; enfin, et cette observation physiologique est le résultat de ma propre expérience, par des bains pris à de trop courts intervalles. Dans des endroits où l'absence des crocodiles permet d'entrer dans la rivière, nous avons observé, M. Bonpland et moi, que l'usage immodéré des bains, tout en calmant la douleur des anciennes piqûres des *zancudos*, nous rendoit beaucoup plus sensibles aux piqûres nouvelles. En se baignant plus de deux fois par jour, on met la peau dans un état d'irritabilité nerveuse dont on ne peut se former une idée en Europe. On diroit que tout le sentiment se porte vers les intégumens.

Comme les moustiques et les maringouins passent les deux tiers de leur vie dans l'eau, il ne faut point être surpris que, dans les forêts traversées par de grandes rivières, ces insectes malfaisans deviennent plus rares à mesure qu'on s'éloigne du rivage. Ils semblent préférer les endroits où leur métamorphose a eu lieu et où ils vont déposer leurs œufs. En effet, les Indiens sauvages (*Indios monteros*) s'accoutument d'autant plus difficilement à la vie des missions que, dans les établissemens chrétiens, ils éprouvent un tourment qu'ils ne connoissent presque pas chez eux dans l'intérieur des terres. On a vu, à Maypurès, à Aturès, à l'Esmeralda, les indigènes s'enfuir *al monte*[1], par la seule crainte des moustiques. Malheureusement toutes les missions de l'Orénoque, dès leur origine, ont été trop rapprochées des bords du fleuve. A l'Esmeralda, les habitans nous ont assuré que, si l'on plaçoit le village dans une de ces belles plaines qui entourent les hautes montagnes de

« Dans les bois. »

Duida et de Maraguaca, ils y respireroient librement et jouiroient de quelque repos. Le *gros nuage de mosquitos*[1], c'est l'expression des moines, ne repose que sur l'Orénoque et ses affluens; ce nuage se dissipe à mesure que l'on s'éloigne des rivières, et l'on se formeroit une idée peu exacte de la Guyane et du Brésil, si l'on jugeoit de cette grande forêt de 400 lieues de large, renfermée entre les sources de la Madeira et le Bas-Orénoque, d'après les vallées des fleuves qui la traversent.

J'ai appris que les petits insectes de la famille des Némocères font de temps en temps des migrations, comme les singes Alouattes qui vivent en société. On voit paroître, dans de certains lieux, au commencement de la saison des pluies, des espèces dont on n'avoit point encore senti la piqûre. Nous avons été informés, dans le Rio de la Magdalena, qu'à Simiti on ne connoissoit jadis d'autre *Culex* que le *jejen*[2]. On y passoit tranquillement la nuit, car le *jejen* n'est pas un insecte nocturne.

---

[1] *La nube de moscas.*

[2] Ou *xexen.*

Depuis l'année 1801, le grand cousin à ailes bleues (*Culex cyanopterus*) s'est montré en telle abondance que les pauvres habitans de Simitù ne savent comment se procurer un sommeil paisible. Dans les canaux marécageux (*esteros*) de l'île de Barù, près de Carthagène des Indes, il y a une petite mouche blanchâtre appelée *cafafi*[1]. Elle est à peine visible à l'œil nu et cause des enflures très-douloureuses. Il faut mouiller les *toldos* ou tissus de coton qui servent de cousinières, pour que le *cafafi* ne puisse pénétrer à travers les interstices que laissent les fils croisés. Cet insecte, heureusement assez rare ailleurs, remonte, en janvier, par le canal ou *dique* de Mahates, jusqu'à Morales. Lorsque nous allâmes dans ce village, au mois de mai, nous y trouvâmes des *Simulies* et des *Zancudos*, mais plus de *jejen*.

De petites modifications de nourriture et de climat paroissent changer, dans les mêmes espèces de moustiques et de maringouins, l'activité du poison que ces animaux distillent de leur suçoir tranchant et dentelé à l'extré-

---

[1] Peut-être de la section des *Tipules culiciformes*.

mité inférieure. A l'Orénoque, les insectes les plus incommodes, ou, comme disent les créoles, les plus *féroces* (*los mas feroces*), sont ceux des Grandes Cataractes, de l'Esmeralda et de Mandavaca. Dans le Rio de la Magdalena, le *Culex cyanopterus* se fait craindre, surtout à Mompox, à Chilloa et à Tamalamèque. C'est dans ces endroits qu'il est plus grand et plus fort; les jambes de l'insecte y sont plus noires. On ne peut s'empêcher de sourire, lorsqu'on entend les missionnaires se disputer sur la taille et la voracité des *mosquitos*, dans les différentes parties d'une même rivière. Au centre d'un pays où l'on ignore ce qui se passe dans le reste du monde, c'est le sujet favori des conversations. « Que je plains votre situation, disoit, à notre départ, le missionnaire des Raudales à celui de Cassiquiare! vous êtes seul, comme moi, dans ce pays de tigres et de singes; le poisson y est encore plus rare; les chaleurs y sont plus fortes aussi; mais, quant à mes mouches (*mis moscas*), je puis me vanter qu'avec une des miennes, j'en battrois trois des vôtres. »

Cette voracité des insectes dans de certains endroits, cet acharnement avec lequel ils attaquent les hommes[1], cette activité du venin, variable dans la même espèce, sont des faits bien remarquables; ils trouvent cependant leur analogie dans les classes des grands animaux. Le crocodile de l'Angostura poursuit les hommes, tandis qu'on se baigne tranquillement à Nueva-Barcelona, dans le Rio Neveri, au milieu de ces reptiles carnassiers. Les jaguars de Maturin, de Cumanacoa et de l'isthme de Panama sont lâches en comparaison de ceux du Haut-Orénoque. Les Indiens savent très-bien que les singes de telle et telle vallée sont faciles à rendre domestiques, tandis que d'autres individus de la même espèce, pris ailleurs, se laissent plutôt mourir de faim que de se soumettre à l'esclavage[2].

[1] On peut être surpris de cette voracité, de cet appétit de sang chez de petits insectes qui se nourrissent de sucs végétaux, qui vivent dans un pays presque entièrement inhabité. « Que mangeroient ces animaux, si nous ne passions pas par ici, » disent souvent les créoles en traversant des lieux où il n'y a que des crocodiles couverts d'un cuir écailleux et des singes velus.

[2] J'aurois pu ajouter l'exemple du scorpion de Cumana qu'il est bien difficile de distinguer de celui de l'île de la Trinité, de la Jamaïque, de Carthagène des

CHAPITRE XX.

Le peuple, en Amérique, s'est fait des systèmes sur la salubrité des climats et les phénomènes pathologiques, tout comme les savans de l'Europe; et ces systèmes, encore comme chez nous, sont diamétralement opposés les uns aux autres, selon les provinces dans lesquelles se divise le Nouveau-Continent. Au Rio de la Magdalena, on regarde la fréquence des *mosquitos* comme incommode, mais très-salutaire. « Ces animaux, disent les habitans, nous font de petites saignées, et nous préservent, dans un pays excessivement chaud, du *tabardillo*, de la fièvre scarlatine et d'autres maladies inflammatoires. » A l'Orénoque, dont les rives sont très-dangereuses pour la santé, les malades accusent les *mos-*

Indes et de Guayaquil; cependant le premier n'est pas plus à craindre que le *Scorpio europœus* (du midi de la France), tandis que le second produit des accidens bien autrement alarmans que le *Scorpio occitanus* (de l'Espagne et de la Barbarie). A Carthagène des Indes et à Guayaquil, la piqûre du scorpion (*alacran*) fait perdre instantanément l'usage de la parole. On remarque quelquefois, pendant quinze ou seize heures, une torpeur singulière de la langue. Le malade, piqué aux jambes, balbutie comme s'il avoit été frappé d'apoplexie.

quitos de tous les maux qu'ils éprouvent. » Ces insectes naissent de la corruption, et l'augmentent; ils enflamment le sang (*vician y encienden la sangre*). » Il seroit inutile de réfuter ici la croyance populaire, qui considère les *mosquitos* comme agissant salutairement par des saignées locales. En Europe même, les habitans des pays marécageux n'ignorent pas que les insectes irritent le système dermoïde, et en exaltent les fonctions par le venin qu'ils déposent dans les plaies. Loin de diminuer l'état inflammatoire des tégumens, les piqûres l'augmentent.

La fréquence des maringouins et des moustiques ne caractérise les climats malsains, qu'autant que le développement et la multiplication de ces insectes dépendent des mêmes causes qui font naître les miasmes. Ces animaux malfaisans aiment un sol fertile couvert de végétaux, des eaux stagnantes, un air humide et qui n'est jamais agité par le vent; ils préfèrent, aux lieux découverts, ces ombrages, ce demi-jour, ce degré moyen de lumière, de calorique et d'humidité qui, tout en favorisant le jeu des affinités chimiques, accélère la putréfaction des substances organiques. Les *mosquitos* ajoutent-ils eux-mêmes à l'insalubrité de l'atmosphère? Lorsqu'on pense que, jusqu'à 3 ou 4 toises de hauteur, un pied cube d'air est souvent peuplé d'un million d'insectes ailés [1], et qui renferment une liqueur caustique et vénéneuse; lorsqu'on se rappelle que plusieurs espèces de *Culex* [2] ont, de la tête à l'extrémité du corselet (sans compter les jambes), $1\frac{4}{5}$ ligne de longueur; lorsqu'on considère enfin que, dans cet essaim de moustiques et de maringouins, répandu comme une fumée dans l'atmosphère, il y a un grand nombre d'insectes morts, soulevés par la force du courant ascendant ou par celle des courans latéraux qui sont causés par l'inégal échauffement du sol, on se demande si la présence de tant de substances animales dans l'air ne doit pas donner lieu à des miasmes particuliers? Je pense que ces substances agissent autrement sur l'atmosphère que le sable et la poussière; mais il sera prudent de ne rien affirmer à ce

---

[1] Il suffit de rappeler à cette occasion qu'un pied cube renferme 2,985,984 lignes cubes.

[2] Par exemple, l'espèce que j'ai nommée *Culex cyanopterus*.

sujet. La chimie ne nous a encore dévoilé aucun des nombreux mystères de l'insalubrité de l'air; elle nous a appris seulement que nous ignorons beaucoup de choses que nous croyions savoir il y a quinze ans, grâce aux rêves ingénieux de l'ancienne Eudiométrie.

Ce qui est moins incertain, et confirmé, pour ainsi dire, par des expériences journalières, c'est qu'à l'Orénoque, au Cassiquiare, au Rio Caura, et partout où l'air est très-malsain, la piqûre des *mosquitos* augmente la disposition des organes à recevoir l'impression des miasmes. Lorsque, pendant des mois entiers, on est exposé jour et nuit au tourment des insectes, l'irritation continuelle de la peau cause des mouvemens fébriles, et déprime, par l'effet de cet antagonisme si anciennement reconnu entre le système dermoïde et le système gastrique, les fonctions de l'estomac. On commence à digérer avec difficulté; l'inflammation cutanée provoque des sueurs abondantes; on ne peut étancher sa soif; et à cette impatience toujours croissante succède, chez les personnes d'une constitution foible, un abattement de l'ame, pendant lequel toutes les causes *pathogéniques* agissent avec violence.

Aujourd'hui ce ne sont point les dangers de la navigation dans de petits canaux, ce ne sont point les Indiens sauvages ou les serpens, les crocodiles ou les jaguars, qui font redouter aux Espagnols le voyage à l'Orénoque; ce sont, comme ils le disent naïvement, « *el sudar y las moscas* (les sueurs et les mouches). » Espérons que l'homme, en changeant la surface du sol, parviendra peu à peu à changer la constitution de l'atmosphère. Les insectes diminueront lorsque les vieux arbres de la forêt auront disparu, et que l'on verra, dans ces contrées désertes, les fleuves bordés de hameaux, les plaines couvertes de pâturages et de moissons.

Quiconque a vécu long-temps dans les pays infestés par les *mosquitos*, aura éprouvé, comme nous, qu'il n'existe pas de remède radical contre le tourment des insectes. Les Indiens, couverts d'Onoto, de terre bolaire ou de graisse de tortue, se donnent, à chaque instant, du plat de leurs mains, de grands coups sur les épaules, sur le dos et les jambes, à peu près comme s'ils n'avoient pas le corps *peint*. Il est douteux en général que la *peinture* soulage; certainement elle ne garantit pas.

Les Européens, récemment arrivés à l'Orénoque, au Rio de la Magdalena, à la rivière de Guayaquil, ou au Rio Chagre (je nomme les quatre rivières où les insectes sont le plus redoutables), s'enveloppent d'abord le visage et les mains; ils ressentent bientôt une chaleur difficile à supporter, ils s'ennuient d'être condamnés à une inactivité complète, et ils finissent par avoir le visage et les mains découverts. Des personnes qui voudroient renoncer à toute espèce de travail, pendant la navigation sur les fleuves, pourroient porter d'Europe quelque vêtement particulier, en forme de sac, sous lequel elles resteroient cachées, en ne l'ouvrant que de demi-heure en demi-heure; ce sac devroit être soutenu par des cerceaux de baleine, car un simple masque et des gants ne seroient guère supportables. Couchant par terre, sur des cuirs ou dans des hamacs, nous n'aurions pu, à l'Orénoque, nous servir de *cousinières* (*toldos*). Le *toldo* n'est utile que lorsqu'il forme autour de la couchette une tente si bien fermée, qu'il n'y ait pas la moindre ouverture par laquelle un maringouin puisse passer. Cette condition est difficile à remplir, et souvent, lorsqu'on y parvient (par exemple, en remontant le Rio de la Magdalena, où l'on voyage avec quelque commodité), on est forcé, pour ne pas suffoquer de chaleur, de sortir de dessous son *toldo* et de se promener à l'air libre. Un vent foible, la fumée et de fortes odeurs, n'offrent presque pas de soulagement dans des endroits où les insectes sont très-nombreux et très-voraces. On affirme à tort que ces petits animaux fuient l'arome particulier que répand le crocodile. Nous fûmes horriblement piqués à Bataillez, dans le chemin de Carthagène des Indes à Honda, pendant que nous disséquions un crocodile de onze pieds de long, et qui infectoit toute l'atmosphère d'alentour. Les Indiens recommandent beaucoup les exhalaisons de la fiente de vache brûlée. Lorsque le vent est bien fort et accompagné de pluie, les *mosquitos* disparoissent pour quelque temps; ils piquent le plus cruellement à l'approche de l'orage, surtout lorsque les explosions électriques ne sont pas suivies d'averses.

Tout ce qui flotte autour de la tête et des mains contribue à chasser les insectes. « Plus vous vous agiterez et moins vous serez piqué, » disent les missionnaires. Le *zancudo* bourdonne long-temps avant de se poser; mais, lorsqu'il a pris confiance, lorsqu'une fois il a commencé à fixer son suçoir et à se gonfler en suçant, on peut lui toucher les ailes sans qu'il en soit effrayé. Il tient pendant ce temps les deux jambes postérieures en l'air; et si, sans le troubler, on le laisse sucer jusqu'à satiété, on est quitte de toute enflure, on ne ressent aucune douleur. Nous avons souvent répété cette expérience sur nous-mêmes, dans la vallée du Rio de la Magdalena, d'après le conseil des indigènes. L'on se demande si l'insecte ne dépose la liqueur excitante qu'au moment où il s'envole lorsqu'on le chasse, ou s'il repompe la liqueur lorsqu'on le laisse sucer autant qu'il veut. J'inclinerois pour la dernière opinion; car, en présentant tranquillement le dos de la main au *Culex cyanopterus*, j'ai observé que la douleur, très-forte au commencement, diminue à mesure que l'insecte continue de pomper. Elle cesse entièrement au moment où il s'envole de son gré. J'ai essayé aussi de me blesser la peau avec une épingle, et de frotter ces piqûres avec des moustiques écrasées (*mosquitos machucados*); il n'en est résulté aucune enflure. La liqueur

CHAPITRE XX. 143

irritante des Diptères Némocères, dans laquelle les chimistes n'ont point encore reconnu de propriétés acides, est renfermée, comme dans les fourmis et autres insectes hyménoptères, dans des glandes particulières; elle est probablement trop délayée, et par conséquent trop affoiblie, si on se frotte la peau avec tout l'animal écrasé.

J'ai réuni à la fin de ce chapitre tout ce que nous avons appris, pendant le cours de nos voyages, sur des phénomènes que les naturalistes ont singulièrement négligés jusqu'ici, quoiqu'ils exercent une grande influence sur le bien-être des habitans, sur la salubrité des climats et l'établissement de nouvelles colonies le long des fleuves de l'Amérique équinoxiale. Je ne me justifierai pas d'avoir traité cet objet dans un détail qui paroîtroit minutieux s'il ne se rattachoit pas à des vues physiologiques plus générales. Comme notre imagination n'est puissamment frappée que de ce qui est grand, il appartient à la philosophie de la nature de s'arrêter à ce qui est petit. Nous venons de voir que des insectes ailés, réunis en société, cachant dans leur suçoir une liqueur qui irrite la peau, rendent presque inhabitables de vastes contrées. D'autres insectes, également petits, les Termites (*comejen*), mettent des obstacles difficiles à vaincre aux progrès de la civilisation dans plusieurs parties chaudes et tempérées de la zone équinoxiale. Ils dévorent le papier, le carton, le parchemin avec une effrayante rapidité ; ils détruisent les archives et les bibliothèques. Des provinces entières de l'Amérique espagnole n'offrent pas un document écrit qui ait cent ans de date. Quel développement peut prendre la civilisation des peuples, si rien ne lie le présent au passé, s'il faut renouveler plusieurs fois les dépôts des connoissances humaines, si les monumens du génie et de la raison ne peuvent être transmis à la postérité ?

A mesure que l'on s'élève sur le plateau des Andes, ces maux disparoissent. L'homme y respire un air frais et pur. Les insectes ne troublent plus les travaux du jour, le sommeil de la nuit. Des documens peuvent être réunis dans des archives sans qu'on ait à se plaindre de la voracité des Termites. On ne craint plus les moustiques à 200 toises de hauteur. Les Termites, encore très-fréquens à 300 toises d'élévation ¹, deviennent très-rares à Mexico, à Santa Fe de Bogota et à Quito. Dans ces grandes capitales, situées sur le dos des Cordillères, on trouve des bibliothèques et des archives que le zèle éclairé des habitans se plaît à augmenter de jour en jour. Ces circonstances, que je ne fais qu'indiquer ici, se réunissent à d'autres qui assurent à la région alpine une prépondérance morale sur les basses régions de la zone torride. Si l'on admet, d'après les traditions antiques recueillies dans les deux mondes, que, lors des catastrophes qui ont précédé le renouvellement de notre espèce, l'homme est descendu des montagnes dans les plaines, on peut admettre avec plus d'assurance encore que ces montagnes, berceau de tant de peuples divers, resteront à jamais, dans la zone torride, le centre de la civilisation humaine. C'est de leurs plateaux fertiles et tempérés, de ces îlots épars dans l'Océan aérien, que se répandront les lumières et les bienfaits des insti-

---

[1] Il y en a à Popayan (hauteur 910 t.; temp. moy. 18°,7 cent.), mais des espèces qui ne rongent que le bois.

tutions sociales sur ces vastes forêts qui s'étendent au pied des Andes et qui sont habitées de nos jours par des tribus que la richesse même de la nature a maintenues dans l'indolence.

CHAPITRE XXI.

Raudal de Garcita. — Maypurès. — Cataractes de Quittuna.—Embouchure du Vichada et du Zama.—Rocher d'Aricagua. —Siquita.

Nous allâmes rejoindre la pirogue dans le *Puerto de arriba*, au-dessus de la cataracte d'Aturès, vis-à-vis l'embouchure du Rio Cataniapo. Dans le chemin étroit qui conduit à l'*embarcadère*, nous vîmes pour la dernière fois le pic d'Uniana. Il paroissoit comme un nuage qui s'élevoit au-dessus de l'horizon des plaines. Les Indiens Guahibos errent au pied de ces montagnes et étendent leurs courses jusqu'aux rives du Vichada. On nous montra de loin, sur la droite du fleuve, les rochers qui entourent la caverne d'Ataruipe, mais nous n'eûmes pas le temps de visiter ce cimetière de la peuplade détruite des Indiens Atures. Nos regrets étoient d'autant plus vifs, que le père Zea ne se lassoit pas de nous parler des squelettes peints d'Onoto que renferme cette caverne, des grands vases de terre cuite qui semblent réunir les ossemens d'une même famille, et de beaucoup d'autres objets curieux que nous nous proposâmes d'examiner à notre retour du Rio Negro. « Vous aurez de la peine à croire, disoit le missionnaire, que ces squelettes, ces vases peints, ces choses que nous croyions inconnues au reste du monde, m'ont porté malheur à moi et à mon voisin, le missionnaire de Carichana. Vous avez vu la misère dans laquelle je vis dans les *Raudales*. Dévoré par les *mosquitos*, manquant souvent de bananes et de manioc, j'ai trouvé des envieux dans ce pays! Un homme blanc, qui habite les pâturages entre le Meta et l'Apure, m'a dénoncé récemment à l'*Audiencia* de Caracas comme recelant un trésor que j'avois découvert, conjointement avec le missionnaire de Carichana, au milieu des tombeaux des Indiens. On assure que les jésuites de Santa-Fe de Bogota étoient instruits d'avance de la destruction de la Compagnie, et que, pour sauver leurs richesses en argent et en vases précieux, ils les ont envoyées, soit par le Rio Meta, soit par le Vichada, à l'Orénoque, avec ordre de les faire cacher dans des îlots, au milieu des *Raudales*. Ce sont là les trésors que je dois m'être appropriés à l'insu de mes supérieurs. L'*Audiencia* de Caracas a porté plainte près du gouverneur de la Guayane; on nous a ordonné de paroître en personne. Nous avons fait inutilement un chemin de 150 lieues; et, quoique nous ayons déclaré n'avoir trouvé dans les cavernes que des ossemens humains, des fouines et des chauve-souris desséchées, on a nommé gravement des commissaires qui doivent se rendre ici pour inspecter sur les lieux ce qui reste des trésors des jésuites. Ces commissaires, nous les attendrons long-temps. Quand ils auront remonté l'Orénoque jusqu'à San Borja, la crainte des *mosquitos* les empêchera d'aller plus loin. C'est une bonne défense que ce nuage de mouches (*nube de moscas*) qui nous enveloppe dans les *Raudales*. »

Le récit du missionnaire étoit entièrement conforme à ce que nous avons appris plus tard, à l'Angostura, de la bouche du gouverneur. Des circonstances fortuites ont donné lieu aux soupçons les plus étranges. Dans les cavernes où se trouvent les momies et les squelettes de la nation des Atures, même au milieu des cataractes, dans les îlots les plus inaccessibles, les Indiens ont découvert, il y a long-temps, des caisses garnies de fer renfermant divers outils européens, des restes de vêtemens, des rosaires et de la verroterie. On pense que ces objets ont appartenu à des marchands portugais du Rio Negro et du Grand-Parà qui, avant l'établissement des jésuites sur les bords de l'Orénoque, remontoient à Aturès par des portages et des communications intérieures de rivières, pour faire le commerce avec les indigènes. On suppose que ces Portugais succombèrent aux maladies épidémiques si fréquentes dans les *Raudales*, et que leurs malles devinrent la propriété des Indiens, dont les plus aisés ont l'habitude de se faire enterrer avec tout ce qu'ils ont possédé de plus précieux pendant leur vie. C'est sur ces traditions bien incertaines que l'on a forgé le conte d'un trésor caché. De même que dans les Andes de Quito, toute construction ruinée, sans en excepter les fondemens des pyramides que les académiciens françois avoient construites lors de la mesure de la méridienne, est regardée comme *Inga pilca*[1], c'est-à-dire comme ouvrage de l'Inca; à l'Orénoque, tout trésor caché ne peut appartenir qu'à un Ordre qui, sans doute, a mieux gouverné les missions que les Capucins et les frères de l'Observance, mais dont on a exagéré les richesses et les succès dans la civilisation des Indiens. Lorsqu'on mit en état d'arrestation les jésuites de Santa-Fe, on ne trouva point chez eux ces amas de piastres, ces émeraudes de Muzo, ces barres d'or du Choco que les ennemis de la Compagnie leur supposoient. On eut tort de conclure de là que ces trésors n'en existoient pas moins, mais que, confiés à des Indiens fidèles, ils avoient été cachés au milieu des cataractes de l'Orénoque pour les y retrouver un jour au rétablissement de la Compagnie. Je puis citer un témoignage respectable qui prouve incontestablement que le vice-roi de la Nouvelle-Grenade n'avoit pas averti les jésuites

[1] *Pilca* (proprement en qquichua, *pirca*), mur de l'Inca.

de Santa-Fe du danger qui les menaçoit. Don Vicente Orosco, officier de génie au service du roi d'Espagne, m'a rapporté, à l'Angostura, que, chargé, conjointement avec Don Manuel Centurion[1], d'arrêter les missionnaires de Carichana, il rencontra une pirogue indienne qui descendoit le Rio Meta. Comme la pirogue étoit armée d'Indiens qui ne parloient aucune langue du pays, son apparition fit naître des soupçons. Après des recherches inutiles, on découvrit une bouteille renfermant une lettre dans laquelle le supérieur de la Compagnie, résidant à Santa-Fe, donnoit avis aux missionnaires de l'Orénoque des persécutions auxquelles les jésuites étoient exposés dans la Nouvelle-Grenade. Cette lettre ne recommandoit aucune mesure de précaution; elle étoit courte, sans ambiguité, et respectueuse pour le gouvernement, dont les ordres furent exécutés avec une sévérité inutile et déraisonnable.

Huit Indiens d'Aturès avoient conduit notre pirogue à travers les *Raudales*; ils parurent

[1] Le même qui fut gouverneur de la Guayana jusqu'en 1777.

fort contens du modique salaire qu'on leur donna [1]. Ils gagnent peu à ce métier; et, pour qu'on puisse se former une juste idée de la misère et du manque de commerce dans les missions de l'Orénoque, je ferai remarquer ici que, depuis trois ans, le missionnaire n'avoit vu passer par la cataracte, outre les bateaux qu'envoie annuellement à l'Angostura le commandant de San Carlos du Rio Negro pour chercher le prêt des soldats, que cinq pirogues du Haut-Orénoque, destinés à la récolte des œufs de tortues, et huit canots chargés de marchandises.

Le 17 avril. Après trois heures de marche, nous arrivâmes à notre bateau vers les onze heures du matin. Le père Zea fit embarquer avec nos instrumens le peu de provisions qu'on avoit pu se procurer pour le voyage qu'il alloit continuer avec nous; c'étaient quelques régimes de bananes, du manioc et des poules. A l'*embarcadère* même nous passâmes l'embouchure du Cataniapo [2], petite rivière dont les bords, à trois journées de chemin, sont habités par les Macos ou Piaroas

[1] A peine 30 sous par homme.
[2] Cateniapu ou Catiniapo.

qui appartiennent à la grande famille des peuples Salivas. Nous avons eu occasion plus haut de louer leur douceur et leurs bonnes dispositions pour les travaux agricoles [1].

Outre les Piaròas du Cataniapo, qui se percent les oreilles pour y placer des dents de Caïmans et de Pecaris, on connoît encore trois autres tribus de Macos ; l'une, sur le Ventuari, au-dessus du Rio Mariata [2] ; la seconde, sur le Padamo, au nord des montagnes de Maraguaca, et la troisième, près des Guaharibos, vers les sources de l'Orénoque, au-dessus du Rio Gehette. Cette dernière tribu porte le nom de Macos-Macos. J'ai recueilli les mots suivans de la bouche d'un jeune Maco des bords du Cataniapo, que nous rencontrâmes près de *l'embarcadère*, et qui, au lieu d'une défense de Pecari, portoit aux oreilles un grand cylindre de bois [3]. Je consigne ici ces mots, parce qu'ils ne se trouvent point parmi les

---

[1] *Voyez* Chap. XX, pag. 297 (édit. in-4°).

[2] Les Piaróas ou Piraoas du Ventuari ont été visités par le père jésuite Forneri.

[3] Cet usage se retrouve chez les Cabres, les Maypures et les Pevas de l'Amazone. Ces derniers, décrits

CHAPITRE XX. 155

matériaux que j'ai communiqués à M. Vater, le savant auteur du *Mithridate*.

Banane	*Paruru* (en tamanaque aussi, *paruru*).
Manioc	*Elente* (en maco, *cahig*).
Maïs	*Niarne*.
Soleil	*Jama* (en salive, *mumeseque-cocco*).
Lune	*Jama* (en salive, *vexio*).
Eau	*Ahia* (en salive) *cagua*).
Un	*Nianti*.
Deux	*Tajus*.
Trois	*Percotahuja*.
Quatre	*Imontegroa*.

Le jeune homme ne savoit pas compter jusqu'à cinq, ce qui ne prouve certainement pas que le mot *cinq* n'existe point dans la langue des Macos. J'ignore si cette langue n'est qu'un dialecte du saliva, comme on l'assure assez généralement; car les idiomes qui dérivent l'un de l'autre offrent quelquefois, pour les choses les plus usuelles et les plus importantes, des mots entièrement différens[1]. Mais, dans

par M. de la Condamine, alongent leurs oreilles par des poids d'une grosseur considérable.

[1] La grande famille des langues esthes (ou tschoudes) et celle des langues samojèdes présentent des exemples fréquens de ces différences.

les discussions sur les langues mères et les langues dérivées, ce ne sont pas les sons, les racines seules qui décident, ce sont plutôt l'organisation intérieure et les formes grammaticales. Il est assez commun que, dans les idiomes américains, d'ailleurs très-riches, la lune s'appelle *soleil de nuit*, ou même *soleil à dormir* [1]; mais il est bien rare que la lune et le soleil portent le même nom comme chez les Macos. Je n'en connois que quelques exemples dans l'Amérique la plus septentrionale, parmi les Woccons, les Chepewayns, les Muskoghes et les Mokawks [2]. Notre missionnaire prétendoit que *jama*, en maco, indiquoit en même temps l'Être-Suprême et les grands astres du jour et de la nuit, tandis que beaucoup d'autres langues américaines, par exemple le tamanaque et le caraïbe, ont des mots distincts pour désigner Dieu, la lune et le soleil. Nous verrons bientôt combien les missionnaires de l'Orénoque craignent d'employer, dans les traduc-

[1] *Nipia-kisathwa* en shawanno (idiome du Canada), de *nippi*, dormir, et *kisathwa*, soleil.

[2] *Vater und Adelung, Mithridates*, Tom. III, Abth. III, p. 304, 308, 332 et 424. *Philad. litt. Tr.* 1819, Tom. I, pag. 367.

CHAPITRE XXI.

tions qu'ils font des prières de l'église, les mots indigènes qui désignent la Divinité, le Créateur (*Amanene*), le Grand-Esprit qui anime la nature entière. Ils aiment mieux *indianiser* le mot espagnol *Dios*, en le convertissant, selon les différens caractères de prononciation et selon le génie de langues, en *Diosi*, *Tissu* et *Piosu*.

Embarqués de nouveau sur l'Orénoque, nous trouvâmes le fleuve libre d'écueils; après quelques heures, nous passâmes le *Raudál* de Garcita, dont les rapides sont faciles à remonter lorsque les eaux sont très-hautes. A l'est, se présente une petite chaîne de montagnes, celle de Cumadaminari, qui est de gneis et non de granite stratifié. Nous fûmes frappés d'une série de grands trous que l'on aperçoit à plus de 180 pieds de hauteur au-dessus du niveau actuel de l'Orénoque, et qui paroissent cependant les effets de l'érosion des eaux. Nous verrons dans la suite que ce phénomène se répète, presque à la même hauteur, et dans les rochers qui bordent les cataractes de Maypurès, et 50 lieues à l'est, près de l'embouchure du Rio Jao. Nous bivouaquâmes sur la rive gauche du fleuve, au-dessous de l'île de Tomo. La nuit fut belle et sereine; mais la couche de *mosquitos* étoit si épaisse près du sol, que je ne pus parvenir à niveler l'*horizon artificiel*. Je perdis l'observation des étoiles; il m'eût été avantageux, dans ce voyage, d'être muni d'un *horizon de mercure*.

Le 18 avril. Nous partîmes à trois heures du matin pour être plus sûrs d'arriver, avant le déclin du jour, à la cataracte connue sous le nom de *Raudal des Guahibos*. Nous nous arrêtâmes à l'embouchure du Rio Tomo. Les Indiens s'établirent sur le rivage pour préparer leurs alimens et pour prendre quelque repos. Il étoit près de cinq heures du soir lorsque nous parvînmes au pied du *Raudal*. On étoit très-embarrassé pour remonter le courant et pour lutter contre une masse d'eau qui se précipite d'un banc de gneis de plusieurs pieds de hauteur. Un Indien se mit à la nage pour atteindre le rocher qui divise la cataracte en deux parties. On attacha une corde à la pointe de ce rocher; et, lorsque la pirogue fut halée assez près, on débarqua dans le *Raudal* même nos instrumens, nos plantes sèches et le peu de vivres que nous avions pu ramasser à Aturès. Nous remarquâmes avec surprise que le batardeau naturel, au-dessus duquel se précipite le fleuve, offre un espace sec d'une étendue considérable. Nous nous y arrêtâmes pour voir remonter la pirogue.

Le rocher de gneis offre des trous circulaires dont les plus grands ont jusqu'à 4 pieds de profondeur et 18 pouces de large. Ces entonnoirs contiennent des cailloux de quarz, et paroissent formés par le frottement de masses roulées et soumises à l'impulsion des eaux. Notre position, au milieu de la cataracte, étoit assez étrange, quoiqu'elle n'offrît pas le moindre danger. Le missionnaire qui nous accompagnoit avoit son accès de fièvre. Pour étancher la soif qui le tourmentoit, il nous vint l'idée de lui préparer, dans une des excavations de la roche, une boisson rafraîchissante. Nous avions embarqué à Aturès un *mapire* [1] rempli de sucre, de citrons, et de ces grenadilles ou fruits de Passiflores que les Espagnols appellent *Parchas*. Comme nous manquions absolument de grands vases pour contenir et mélanger des liquides, on versa, au moyen d'une *Tutuma* (fruit de *Crescentia*

---

[1] Panier indien.

Cujete), de l'eau du fleuve dans un des trous de la roche. On y ajouta du sucre et le jus des fruits acides. En peu d'instans, nous eûmes une excellente boisson : c'étoit presque un raffinement de luxe dans le lieu sauvage où nous nous trouvions, mais le sentiment du besoin nous rendit de jour en jour plus industrieux.

Après avoir étanché notre soif, nous éprouvâmes un grand désir de nous baigner. En examinant attentivement la digue étroite et rocheuse sur laquelle nous nous étions établis, nous aperçûmes que, dans sa partie supérieure, elle formoit de petites anses où l'eau étoit calme et limpide. Nous eûmes le plaisir de nous baigner tranquillement au milieu du bruit de la cataracte et des cris de nos Indiens. J'entre dans ces détails minutieux, parce que, tout en offrant une vive image de notre manière de voyager, ils rappellent à ceux qui veulent entreprendre des courses lointaines que, dans toutes les situations de la vie, on peut se procurer des jouissances.

Après une heure d'attente, nous vîmes enfin arriver la pirogue au-dessus du *Raudal*. On rembarqua les instrumens et les provisions, et nous nous hâtâmes de quitter le rocher des Guahibos. C'est là que commença une navigation qui ne fut pas exempte de danger. Le fleuve a 800 toises de largeur. Il faut le traverser obliquement, au-dessus de la cataracte, dans un point où les eaux, sollicitées par la pente du lit, se portent avec une force extrême vers le batardeau duquel elles se précipitent. Nous fûmes surpris par un orage qui n'étoit heureusement pas accompagné de vent; mais il pleuvoit à verse. On ramoit depuis 20 minutes, et le pilote assuroit toujours que, loin de gagner contre le courant, nous nous rapprochions de nouveau du *Raudal.* Ces momens d'incertitude nous parurent bien longs. Les Indiens ne se parloient qu'à voix basse, comme ils font toujours lorsqu'ils se croient dans une position pénible. Ils redoublèrent d'efforts, et nous arrivâmes, sans accident, à l'entrée de la nuit, dans le port de Maypurès.

Les orages, sous les tropiques, sont aussi courts que violens. La foudre étoit tombée deux fois tout près de notre pirogue; elle avoit atteint, à n'en pas douter, la surface de l'eau. Je cite ce phénomène, parce qu'on croit assez communément dans ces contrées que les nuages, dont la surface est chargée d'électricité, se trouvent à une si grande hauteur que la foudre parvient plus rarement à terre qu'en Europe. La nuit étoit extrêmement sombre. Il nous restoit deux heures de chemin pour atteindre le village de Maypurès. Nous étions mouillés jusqu'aux os. A mesure que la pluie cessoit, les *zancudos* reparoissoient, avec cette voracité que montrent toujours les insectes *tipulaires*, immédiatement après l'orage. Mes compagnons de voyage étoient incertains si l'on devoit bivouaquer dans le port ou continuer la route à pied malgré l'obscurité de la nuit. Le père Zea, qui est le missionnaire des deux *Raudales*, voulut absolument arriver chez lui. Il avoit commencé à se faire construire, par les Indiens de la mission, une grande maison à deux étages. « Vous y trouverez, nous disoit-il naïvement, les mêmes commodités qu'en plein air. Je n'ai pas un banc, pas une table; mais vous ne souffrirez pas autant des mouches, qui sont moins importunes dans la mission que sur les rives du fleuve. » Nous suivîmes le conseil du missionnaire. Il fit allumer de ces *flambeaux de copal* dont nous avons parlé plus haut; et qui sont des tuyaux d'écorces d'arbre de 3 pouces de diamètre, remplis de résine. Nous marchâmes d'abord sur des bancs de roches qui étoient nus et glissans, puis nous entrâmes dans un taillis de palmiers très-épais. Il fallut passer deux fois un ruisseau sur des troncs d'arbres abattus. Déjà les torches s'étoient éteintes; construites sur un principe bizarre (la mèche ligneuse entoure la résine), ces torches donnent plus de fumée que de lumière, et s'éteignent facilement. Notre compagnon de voyage, Don Nicolas Soto, perdit l'équilibre en traversant le marécage sur un tronc arrondi. Nous étions d'abord très-inquiets de lui, ne sachant pas de quelle hauteur il étoit tombé. Heureusement le ravin étoit peu profond, et il ne s'étoit fait aucun mal. Le pilote indien, qui s'exprimoit avec assez de facilité en castillan, ne manquoit pas de nous parler de couleuvres, de serpens d'eau et de tigres, qui pouvoient nous attaquer. Ce sont, pour ainsi dire, des entretiens obligés lorsqu'on voyage de nuit avec les indigènes. En intimidant le voyageur européen, les Indiens croient se rendre plus nécessaires et gagner la confiance de l'étranger. L'habitant le plus grossier des missions connoît les ruses qui naissent partout des rapports entre des hommes d'une fortune et d'une civilisation très-inégales. Sous le régime absolu et parfois un peu vexatoire des moines, il cherche à améliorer sa condition en employant ces petits artifices, qui sont les armes de l'enfance et de toute foiblesse physique et intellectuelle.

Arrivés, pendant la nuit, à la mission de *San José de Maypurès*, nous fûmes doublement frappés de l'aspect et de la solitude de ces lieux. Les Indiens étoient plongés dans le sommeil le plus profond; on n'entendoit que les cris des oiseaux nocturnes et le bruit lointain de la cataracte. Dans le calme de la nuit, au milieu de ce repos profond de la nature, le bruit monotone d'une chute d'eau a quelque chose de triste et de menaçant. Nous restâmes trois jours à Maypurès, petit village qui a été fondé par Don Jose Solano lors de l'expédition des limites et dont le site est plus pittoresque, on pourroit dire plus merveilleux encore que celui d'Aturès.

Le *Raudal* de Maypurès, que les Indiens appellent *Quittuna*, est formé, comme toutes les cataractes, par la résistance que rencontre le fleuve en se frayant un chemin à travers une arrête de rochers, une *ligne de faîtes*, une chaîne de montagnes. On peut étudier la nature de ce site, en examinant le plan que j'en ai esquissé sur les lieux, pour démontrer au gouverneur général de Caracas la possibilité d'éviter le *Raudal* et de faciliter la navigation, en creusant un canal entre deux affluens de l'Orénoque, dans une vallée qui paroît avoir été jadis le lit du fleuve [1]. Les hautes montagnes de Cunavami et de Calitamini, entre les sources des rivières de Cataniapo et de Ventuari, se prolongent, vers l'ouest, en une chaîne de collines granitiques. De cette chaîne découlent trois petites rivières qui embrassent en quelque sorte la cataracte de Maypurès; savoir : sur la rive orientale, le Sanariapo; sur la rive occidentale, le Cameji et le Toparo. Vis-à-vis le village de Maypurès, les montagnes se replient en arc; et, semblables à une côte rocheuse, elles forment un golfe ouvert au sud-ouest. L'irruption du fleuve

---

[1] *Voyez* le plan spécial du *Raudal*, sur ma Carte itinéraire de l'Orénoque. (*Atl. géogr.*, pl. 16.)

s'est opérée entre les embouchures du Toparo et du Sanariapo, à l'extrémité occidentale de ce majestueux amphithéâtre.

Aujourd'hui l'Orénoque roule ses eaux au pied du chaînon oriental des montagnes. Il a abandonné tout le terrain à l'ouest, où, dans un vallon profond, l'on reconnoît facilement l'ancien rivage. Une savane, à peine élevée de trente pieds au-dessus des eaux moyennes, s'étend de ce vallon desséché jusqu'aux cataractes. C'est là qu'avec des troncs de palmier, on a construit la petite église de Maypurès environnée de sept ou huit cabanes. Le vallon desséché, qui se dirige en ligne droite du sud au nord, du Cameji au Toparo, est rempli de monticules granitiques et isolés, tous semblables à ceux que l'on trouve, comme des îles et des écueils, dans le lit actuel du fleuve. J'ai été frappé de cette analogie de forme, en comparant les rochers Keri et Oco situés dans le lit abandonné du fleuve, à l'ouest de Maypurès, avec les îlots Ouivitari et Camanitamini qui s'élèvent, comme de vieux châteaux, au milieu des cataractes, à l'est de la mission. L'aspect géologique de ces lieux, la forme insulaire des pitons les plus éloignés du rivage actuel de l'Orénoque, les cavités que les flots paroissent avoir creusées dans le rocher Oco et qui sont placées précisément au même niveau (à 25 ou 30 toises de hauteur) que les excavations qu'on aperçoit vis-à-vis, dans l'île Ouivitari ; ces apparences réunies prouvent que toute cette anse, aujourd'hui à sec, étoit jadis couverte par les eaux. Ces eaux formoient probablement un lac, la digue du nord empêchant leur écoulement : mais, lorsque cette digue fut brisée, la savane qui entoure la mission parut d'abord comme une île très-basse, environnée de deux bras d'un même fleuve. On peut supposer que l'Orénoque continua pour quelque temps de remplir le ravin que nous appellerons la vallée de Keri, parce qu'elle renferme le rocher de ce nom ; ce n'est qu'en diminuant graduellement que les eaux se retirèrent tout-à-fait vers le chaînon oriental, en laissant à sec le bras occidental du fleuve. Des bandes, qui doivent sans doute leur couleur noire à des oxides de fer et de manganèse, semblent prouver la justesse de cette conjecture. On les trouve sur toutes les pierres, loin de la mission, et elles indiquent l'ancien séjour des eaux. En remontant le fleuve, c'est au confluent du Rio Toparo et de l'Orénoque qu'on décharge les marchandises. On confie les canots à des naturels qui ont une connoissance si parfaite du *Raudal*, qu'ils en désignent chaque gradin par un nom particulier. Ils guident les canots jusqu'à l'embouchure du Cameji, où l'on regarde le danger comme passé.

Voici l'état de la cataracte de Quittuna ou de Maypurès, aux deux époques où j'ai pu l'examiner en descendant et en remontant le fleuve. Elle est formée comme celle de Mapara ou d'Aturès, et par un archipel d'îles qui, sur une longueur de 3000 toises, remplissent le lit de la rivière, et par des digues rocheuses qui réunissent ces îles. Parmi ces digues ou batardeaux naturels les plus renommés sont *Purimarimi*, *Manimi*, et le *Saut de la Sardine*[1]. Je les nomme dans l'ordre où je les ai vus se suivre du sud au nord. Le dernier de ces trois gradins a près de 9 pieds d'élévation, et forme par sa largeur une cascade magnifique. Cependant, je dois le répéter ici, le fracas avec lequel les eaux se précipitent, s'entre-choquent et se

---

[1] *Salto de la Sardina.*

CHAPITRE XXI. 169

brisent, ne dépend pas autant de la hauteur absolue de chaque degré, de chaque digue transversale, que de la multitude des contre-courans, de l'agroupement des îles et des écueils placés au pied des *raudalitos* ou cascades partielles, du rétrécissement des canaux qui souvent ne laissent à la navigation un passage libre de 20 à 30 pieds. La partie orientale des cataractes de Maypurès est beaucoup plus dangereuse que la partie occidentale; aussi les pilotes indiens choisissent de préférence la rive gauche du fleuve pour faire descendre ou remonter les canots. Malheureusement, dans les temps des basses eaux, cette rive reste en partie à sec, et il faut avoir recours au moyen du *portage*, c'est-à-dire qu'il faut traîner les pirogues[1] sur des cylindres ou troncs arrondis. Nous avons déjà fait remarquer plus haut que, lors des grandes crues de l'Orénoque (mais seulement à cette époque), le *Raudal* de Maypurès est plus facile à franchir que le *Raudal d'Aturès*.

Pour saisir d'un coup d'œil le grand caractère de ces lieux sauvages, il faut se placer

---

[1] *Arastrar la piragua.*

sur la petite montagne de Manimi, arrête de granite qui sort de la savane, au nord de l'église de la mission, et qui n'est elle-même qu'une continuation des gradins dont se compose le *Raudalito* de Manimi. Nous avons souvent visité cette montagne, car on ne se lasse point de la vue de ce spectacle extraordinaire caché dans un des coins les plus reculés du monde. Arrivé à la cime du rocher, les yeux mesurent soudainement une nappe d'écume d'un mille d'étendue. D'énormes masses de pierres, noires comme le fer, sortent de son sein. Les unes sont des mamelons agroupés deux à deux, semblables à des collines basaltiques; les autres ressemblent à des tours, à des châteaux forts, à des édifices en ruine. Leur couleur sombre contraste avec l'éclat argenté de l'écume des eaux. Chaque rocher, chaque îlot est couvert d'arbres vigoureux et réunis par bouquets. Du pied de ces mamelons, aussi loin que porte la vue, une fumée épaisse est suspendue au-dessus du fleuve; à travers le brouillard blanchâtre, s'élance le sommet des hauts palmiers. Quel nom donner à ces végétaux majestueux? Je suppose que c'est le *Vadgiaï*, nouvelle espèce du genre Oréodoxa, dont le tronc a plus de 80 pieds de long. Les feuilles panachées de ce palmier ont un lustre éclatant et montent presque droit vers le ciel. A chaque heure du jour, cette nappe d'écume offre des aspects différens. Tantôt les îles montueuses et les palmiers y projettent leurs grandes ombres, tantôt le rayon du soleil couchant se brise dans le nuage humide qui couvre la cataracte. Des arcs colorés se forment, s'évanouissent et renaissent tour à tour; jouet léger de l'air, leur image se balance au-dessus de la plaine.

Tel est le caractère du paysage que l'on découvre du haut de la montagne de Manimi et qu'aucun voyageur n'a encore décrit. Je ne crains pas de le répéter; ni le temps, ni la vue des Cordillères, ni le séjour dans les vallées tempérées du Mexique n'ont effacé en moi la vive impression de l'aspect des cataractes. Lorsque je lis la description de ces sites de l'Inde qui sont embellis par des eaux courantes et une végétation vigoureuse, mon imagination me retrace une mer d'écume, des palmiers dont la cime paroît au-dessus d'une couche de vapeurs. Il en est des scènes majestueuses de la nature comme des ouvrages sublimes de la poésie et des arts; elles laissent des souvenirs qui se réveillent sans cesse, et qui, pour la vie entière, se mêlent à tous les sentimens du grand et du beau.

Le calme de l'atmosphère et le mouvement tumultueux des eaux produisent un contraste qui est propre à cette zone. Jamais un souffle de vent n'agite ici le feuillage, pas une nuée ne voile l'éclat de la voûte azurée du ciel; une grande masse de lumière est répandue dans l'air, sur la terre jonchée de plantes à feuilles lustrées, sur le lit du fleuve qui s'étend à perte de vue. Cet aspect surprend le voyageur qui est né dans le nord de l'Europe. L'idée d'un site sauvage, d'un torrent qui se précipite de rocher en rocher, se lie, dans son imagination, à l'idée d'un climat où souvent le bruit de la tempête se mêle au bruit des cataractes; où, par un jour sombre et brumeux, des traînées de nuages semblent descendre dans le vallon et atteindre la cime des pins. Le paysage des tropiques, dans les basses régions des continens, a une physionomie particulière, quelque chose de grand et de calme qu'il conserve là même où un des élémens est en lutte avec des obstacles invincibles. Près

CHAPITRE XXI. 173

de l'équateur, les ouragans et les tempêtes n'appartiennent qu'aux îles, aux déserts dépourvus de plantes, à tous les lieux où des parties de l'atmosphère reposent sur des surfaces dont le rayonnement est très-différent.

La montagne de Manimi forme la limite orientale d'une plaine qui offre, pour l'histoire de la végétation, c'est-à-dire pour celle de son développement progressif dans les lieux nus et déserts, les mêmes phénomènes que nous avons décrits plus haut en parlant du *Raudal* d'Atures. Pendant la saison des pluies, les eaux entassent de la terre végétale sur la roche granitique, dont les bancs nus s'étendent horizontalement. Ces îlots de terre, parés des plantes les plus belles [1] et les plus

---

[1] La végétation de Maypurès est caractérisée par les plantes suivantes, dont la plupart ont déjà été publiées par MM. Bonpland et Kunth, dans les *Nova Gen. et Spec. plantarum* : Jacaranda *obtusifolia*, Ancistrocarpus *maypurensis*, Unona *xylopioides*, Euphorbia *tenella*, Peperomia *maypurensis*, Pothos *angustatus*, Smilax *maypurensis*, Oplismenus *polystachius*, Poa *maypurensis*, Eryocaulon *umbellatum*, Psidium *phylliroides* (dont le fruit est employé par les Indiens à des limonades rafraîchissantes), Oenothera *maypurensis*,

odoriférantes, ressemblent à ces blocs de granite couverts de fleurs, que les habitans des Alpes appellent *Jardins* ou *Courtils*, et qui percent les glaciers de la Savoie. Au milieu des cataractes, sur des écueils d'un accès assez difficile, végète la vanille. M. Bonpland en a recueilli des gousses très-aromatiques et d'une longueur extraordinaire.

Dans un endroit où nous nous étions baignés la veille, au pied du rocher de Manimi, les Indiens tuèrent un serpent de 7 pieds et demi de long que nous pûmes examiner à notre aise. Les Macos l'appeloient *Camudu*[2]; son dos offroit, sur un beau fond jaune, des zones transversales en partie noires, en partie tirant sur le vert-brun; sous le ventre, les zones étoient bleues et réunies en taches rhomboïdales. C'étoit un bel animal non venimeux, qui atteint, à ce que disent les naturels, plus de 15 pieds de longueur. Je pensai

---

Passiflora auriculata, Solanum *platyphyllum*, Aristolochia *nummularifolia*, Melastoma insectifera. Les Ananas qui croissent dans les savanes de Maypures sont d'un goût exquis.

[1] *Camudu*, scutis ventralibus 168, subcaudalibus duplici serie dispositis 75.

CHAPITRE XXI. 175

d'abord que le *Camudu* étoit un *Boa*, mais je vis avec surprise qu'il avoit les plaques au-dessous de la queue divisées en deux rangées. C'étoit donc une couleuvre, peut-être un *Python* du Nouveau-Continent; je dis peut-être, car de grands naturalistes [1] paroissent admettre que tous les Pythons appartiennent à l'ancien, tous les Boas au Nouveau-Monde. Comme le Boa de Pline [2] étoit un serpent d'Afrique et de l'Europe méridionale, il seroit à désirer que M. Daudin eût nommé les Boas de l'Amérique Pythons, et les Pyrhons de l'Inde Boas. Les premières notions d'un énorme reptile qui saisit l'homme et même de grands quadrupèdes, qui leur brise les os en s'entortillant autour de leur corps, qui avale des chèvres et des chevreuils, nous sont venues de l'Inde et de la côte de Guinée. Quelque indifférens que soient les noms, on se fait avec peine à l'idée que l'hémisphère, dans lequel Virgile a chanté les tourmens de

---

[1] *Cuvier, Règne animal*, Tom. II, p. 66, 69, 71.
[2] Étoit-ce le Coluber Elaphis, ou le Coluber Æsculapii, ou un Python, semblable à celui qui fut tué par l'armée de Régulus? (*Cuvier, l. c.*, p. 65.)

Laocoon (fable que les Grecs d'Asie ont empruntée à des peuples beaucoup plus méridionaux), n'ait pas de *Boa constrictor*. Je n'augmenterai pas la confusion de la nomenclature zoologique en proposant de nouveaux changemens, et je me bornerai à faire observer que, sinon le vulgaire des colons de la Guyane, du moins les missionnaires et les Indiens *latinisés* des missions[1], distinguent très-bien les *Trag a-Venados* (Devins, véritables Boas à plaques anales simples) des *Culebras de agua*[2], couleuvres d'eau, semblables au Camudu (Pythons à doubles plaques anales). Les *Traga-Venados* n'ont pas de zones transversales sur le dos, mais une chaîne de taches rhomboïdales ou hexagones. Quelques espèces préfèrent les endroits les plus secs, d'autres aiment l'eau, comme les Pythons ou *Culebras de agua*.

En avançant vers l'ouest, on trouve les mamelons ou îlots que renferme le bras délaissé de l'Orénoque, couronnés de ces mêmes palmiers qui s'élèvent sur les rochers des

---

[1] *Voyez* Tom. III, p. 298.

[2] Le grand Python de Iava s'appelle aussi *Ular Sawa*; ce qui veut dire, en malais, serpent de rivière.

cataractes. Un de ces mamelons, appelé Keri, est célèbre dans le pays à cause d'une tache blanche qui reluit de loin, et dans laquelle les naturels prétendent voir l'image de la pleine lune. Je n'ai pu gravir ce roc escarpé; mais je pense que la tache blanche est un grand nœud de quarz formé par la réunion de plusieurs de ces filons, qui sont si communs dans les granites qui font passage au gneis. En face du Keri ou *du rocher de la lune*, sur la montagne jumelle d'Ouivitari qui est un îlot au milieu des cataractes, les Indiens montrent avec un intérêt mystérieux une tache blanche semblable. Elle a la forme d'un disque; ils disent que c'est l'image du soleil Camosi. Peut-être la position géographique de ces deux objets a-t-elle contribué à leur faire donner ces noms. Keri est du côté du couchant, Camosi du côté du levant. Comme les langues sont les monumens historiques les plus anciens des peuples, des savans distingués ont été singulièrement frappés de l'analogie du mot américain *Camosi* avec le mot *Camosch*, qui paroît avoir signifié primitivement soleil dans un des dialectes sémitiques. Cette analogie a donné lieu à des hypothèses qui m'ont paru pour le moins très-hasardées[1]. Le dieu des Moabites, Chamos ou Camosch[2], qui a tant fatigué la patience des érudits, Apollon Chomeus cité par Strabon et par Ammien Marcellin, Beelphegor, Amun ou Hamon et Adonis représentent sans doute tous le soleil dans le solstice d'hiver; mais que peut-on conclure d'une ressemblance isolée et fortuite de sons dans des langues qui n'ont d'ailleurs rien de commun?

On parle encore la langue maypure à Aturès, quoique la mission ne soit habitée que par les Guahivos et les Macos : à Maypurès, on ne parle aujourd'hui que les langues guareken et pareni. Depuis le Rio Anaveni qui tombe dans l'Orénoque, au nord d'Aturès, jusqu'au-delà du Jao, et à l'embouchure du Guaviare (entre

[1] Il a paru, en 1806, à Leipzig, un livre portant pour titre : *Untersuchungen über die von Humboldt am Orinoco entdekten Spuren der Phönicischen Sprache.*

[2] *Voss, Theol. Gent.*, Lib, 2, cap. 7, p. 174. *Creuzer, Symbolik der alten Völker.* B. 3, p. 248. *De Wette, Hebr. Arch.*, 1814, p. 281.

les 4 et 6 degrés de latitude), on trouve partout des rivières [1], dont la terminaison *veni* rappelle l'étendue qu'avoit jadis la langue maypure. *Veni* ou *oueni* signifie eau ou fleuve. Les mots *Camosi* et *Keri*, que nous venons de citer, sont de l'idiome des Indiens Pareni [2], qui, à ce que je crois avoir entendu dire aux naturels, ont vécu originairement sur les rives du Mataveni [3]. L'abbé Gili considère le pareni comme un simple dialecte du maypure. Cette question ne peut être résolue par la seule comparaison des racines. J'ignore totalement la structure grammaticale du pareni, et je ne

[1] Anaveni, Mataveni, Mariveni, etc.

[2] Ou *Parenas*, qu'il ne faut pas confondre, ni avec les *Paravenes* du Rio Caura (*Caulin*, p. 68), ni avec les *Parecas*, qui parlent une langue de la grande famille des langues *tamanaques*. Un jeune Indien de Maypurès, qui se disoit *Paragini*, a répondu à mes questions, à peu près dans les mêmes mots que M. Bonpland a recueillis de la bouche d'un *Pareni*, et que j'ai donnés dans le texte. J'ai cru nécessaire d'indiquer les différences dans le tableau p. 182.

[3] Au sud du Rio Zama. Nous avons bivouaqué près de l'embouchure du Mataveni, le 28 mai, à notre retour du Rio Negro.

puis élever que de foibles doutes contre l'opinion du missionnaire italien. Peut-être le pareni est-il un mélange de deux langues qui appartiennent à des familles différentes, comme le maquiritari qui est composé de maypure et de caribe, et, pour citer un exemple plus connu, le persan moderne qui tient à la fois au sanscrit et aux langues sémitiques. Voici des mots parenis que j'ai comparés avec soin à des mots maypures[1]:

[1] Les mots de la langue maypure sont tirés des ouvrages de Gili et d'Hervas; les mots placés entre deux parenthèses ont été recueillis par moi de la bouche d'un jeune Indien Macos qui savoit le maypure.

CHAPITRE XXI.

	LANGUE PARENI.	LANGUE MAYPURE.
Soleil	Camosi	Kié (Kiepurig).
Lune	Keri	Kejapi (Cagijapi).
Étoile	Ouipo	Urrupu.
Diable	Amethami	Vasuri.
Eau	Oueni (ūt)	Oueni.
Feu	Casi	Catti.
Éclair	Eno	Eno-ima 2.
Tête	Ossipo	Nuchibucu.
Cheveux	Nomao [1]	
Yeux	Nopurizi	Nupuriki,
Nez	Nosivi	Nukirri.
Bouche	Nonoma	Nunumacu.
Dents	Nasi	Nati.
Langue	Notate	Nuare.
Oreille	Notasine	Nuakini.
Joue	Nocaco	
Col	Nono	Noinu.
Bras	Nocano	Nuana.
Main	Nucavi	Nucapi.
Poitrine	Notoroni	
Dos	Notoli	
Cuisse	Nocazo	
Tétons	Nocini	
Pied	Nocizi	Nukii.
Doigts du pied	Nociziriani	
Gras de la jambe	Nocavua	
Crocodile	Cazuiti	Amana.
Poisson	Cimasi	Timaki.
Maïs	Cana	Jómuki.

[1] Les syllabes *no* et *nu* ajoutées aux mots qui désignent les parties du corps, auroient pu être supprimées : elles indiquent le pronom possessif *mon, ma*.

[2] J'ignore ce que signifie *ima* dans ce mot composé. *Eno* désigne en maypure le ciel et le tonnerre. *Ina* signifie mère.

	LANGUE PARENI.	LANGUE MAYPURE.
Banané	Paratana (Teot)[1]	Arata.
Cacao	Cacavua[2]	
Tabac	Jema	Jema.
Mimosa Inga	(Caraba)	
Cecropia peltata	(Jocovi)	
Myrtus pimenta	(Pumake)	
Agaricus	(Cajuli)	
1	Puziana (Pagiana)	Papeta (Popetas).
2	Sinapa (Achimafe)	Avanume (Avanome).
3	Meteuba (Meteufafa)	Apekiva (Pejiveji).
4	Puriana vacavi	(Jalivac).
5	Puriana vacavi uschanite	(Javiji)[3].
10	Puriassima vacavi	

[1] On est surpris de voir le mot *Teot* désigner la substance éminemment nutritive, celle qui remplace les céréales (les fruits d'une divinité bienfaisante), et sur laquelle est fondée la subsistance de l'homme des tropiques. Je rappellerai à cette occasion que le mot *Teo* ou *Teot* qui, en aztèque, signifie Dieu (*Teotl*, proprement *Teo*, car *tl* n'est qu'une terminaison), se retrouve dans la langue des Betoï du Rio Meta. La lune s'appelle, dans cette langue si remarquable par les complications de son mécanisme grammatical, *Teo-ro*. Le nom du soleil est *Teo-umasoi*. La particule *ro* désigne une femme, *umasoi* un homme. Chez les Betoï, chez les Maypures, et chez tant d'autres peuples des deux continens, la lune est regardée comme la femme du soleil. Mais qu'est-ce que cette racine *Teo*? Il me paroît très-incertain que *Teo-ro* signifie Dieu-femme; car *Memelu* est le nom de l'Être tout-puissant, en betoï.

[2] Ce mot a-t-il été introduit par la communication avec les Européens? Il est presque identique avec le mot mexicain (aztèque), *Cacava*. Voyez mon *Essai polit.*, Tom. II, p. 435.

[3] J'ajoute en langue pareni: ἔδρα hocivasi, σχίσμα schimosi, πίο nosi.

Cette comparaison semble prouver que les analogies observées entre les racines du pareni et du maypure ne sont point à négliger; elles ne sont cependant guère plus fréquentes que celles que l'on a observées, entre le maypure du Haut-Orénoque et la langue des Moxos qu'on parle sur les rives du Mamore[1], des 15° aux 20° de latitude australe. Les Pareni ont dans leur prononciation le *th* anglois, ou le *tsa* des Arabes, comme je l'ai clairement entendu dans le mot *amethami*, diable, mauvais esprit. Je ne reviendrai pas sur l'origine du mot *camosi*. Des ressemblances isolées de sons prouvent tout aussi peu pour la communication des peuples, que la dissemblance de quelques racines prouve contre l'affiliation incontestable de l'allemand, du persan et du grec. Il est d'ailleurs assez remarquable que les mots *soleil* et *lune* se trouvent quelquefois identiques dans des langues dont la structure grammaticale est entièrement différente; je citerai pour exemple le guarany et l'omagua[2],

[1] Vater, dans le *Mithridates*, Tom. III, *Abth.* 11, p. 618.

[2] Soleil et lune, en guarany, *quarasi* et *jasi*; en omagua, *huarassi* et *jasè*. Je donnerai plus bas ces mêmes

deux langues de peuples jadis très-puissans. On conçoit qu'avec le culte des astres et des forces de la nature, les mots qui s'y rapportent peuvent passer d'un idiome à l'autre. J'ai montré la constellation de la *Croix du sud* à un Indien Pareni, qui couvroit la lanterne tandis que je prenois des hauteurs circumméridiennes d'étoiles; il la nomma *Bahumehi*, nom que porte également, en pareni, le *poisson caribe* ou *Serra-Salme*. Il ignoroit le nom de la ceinture d'Orion; mais un Indien Poignavi[1], qui connoissoit mieux les constellations, m'assuroit que, dans sa langue, la ceinture d'Orion portoit le nom de *Fuebot;* il appeloit la lune *Zenquerot*. Voilà deux mots qui ont une physionomie bien étrange pour des mots d'origine américaine. Comme les dénominations des constellations ont pu se

mots dans les langues principales des deux mondes. (*Voyez* la note A à la fin du septième livre.)

[1] On distingue à l'Orénoque les *Puinaves* ou *Poignaves* des *Guaypunaves* (*Uipunavi*). On regarde ces derniers, à cause de leur langue, comme appartenant à la nation des Maypures et des Cabres. Cependant, en poignave, l'eau s'appelle aussi, comme en maypure, *oueni*.

transmettre à d'énormes distances d'une nation à une autre, ces mots poignavis ont fixé l'attention des savans qui ont voulu reconnoître du phénicien et du moabite dans le mot *camosi* de la langue pareni. *Fuebot* et *Zenquerot* semblent rappeler les mots phéniciens *mot* (lutum), *ardod* (robur), *epoth*, etc. Mais que conclure de simples terminaisons qui, le plus souvent, sont étrangères aux racines? En hébreu, les féminins pluriels se terminent aussi en *oth*. J'ai noté des phrases entières en poignavi; mais le jeune homme que j'interrogeois parloit si vite, que je ne pus absolument saisir la division des mots; je les aurois écrits comme Aristophane[1] écrit le persan.

En réfléchissant sur les noms des missions fondées par les moines espagnols, on peut être induit en erreur par rapport aux élémens de population qui ont été employés lors de leur fondation. Les jésuites ont conduit des In-

[1] *Voyez* le discours d'Arteban, dans *Acharn.*, act. 1, scèn. 13. Je cite ce morceau, parce qu'il rappelle, comme le *Pœnulus* de Plaute, de quelle manière les voyageurs ont, dans tous les temps, dénaturé les langues des peuples qu'ils ont visités, et dont ils croient exprimer les sons par les lettres de leur alphabet.

diens Maypures à l'Encaramada et à Atures, lorsqu'ils ont construit ces deux villages, mais la mission de Maypurès même n'a pas été fondée par la réunion des Indiens de ce nom. Cette mission doit son origine aux Indiens Guipunabis, qui sont originaires des rives de l'Irinida, et qui, d'après l'analogie des langues, appartiennent, avec les Maypures, les Cabres, les Avani, et peut-être les Pareni, à un même rameau des peuples du Haut-Orénoque. Du temps des Pères Jésuites, la mission, près du *Raudal* de Maypurès, étoit très-considérable; elle comptoit 600 habitans, parmi lesquels il y avoit plusieurs familles de blancs. Sous le régime des Pères de l'Observance, la population a été réduite à moins de 60. Il faut concevoir en général que, dans cette partie de l'Amérique méridionale, la culture a diminué depuis un demi-siècle; tandis que, au-delà des forêts, dans les provinces voisines de la mer, nous trouvons des villages qui comptent deux à trois mille Indiens. Les habitans de Maypurès sont un peuple doux, sobre, et qui se distingue par beaucoup de propreté. La plupart des sauvages de l'Orénoque n'ont pas ce penchant désordonné pour les liqueurs fortes, que l'on trouve dans l'Amérique du Nord. Sans doute que les Otomaques, les Jaruros, les Achaguas et les Caribes, s'enivrent souvent par l'usage immodéré de la *chiza* et de tant d'autres boissons fermentées, qu'ils savent préparer avec du manioc, du maïs et les fruits sucrés des palmiers; mais les voyageurs, comme de coutume, ont généralisé ce qui n'appartient qu'aux mœurs de quelques tribus. Souvent nous n'avons pu réussir à faire boire de petites quantités d'eau-de vie à des Guahibos ou des Macos-Piaroas, qui travailloient pour nous et qui paroissoient épuisés de fatigue. Il faudra un plus long séjour des Européens dans ces contrées, pour y répandre les vices qui sont déjà communs parmi les Indiens du littoral. A Maypures, nous trouvâmes, chez les naturels, dans l'intérieur des cabanes, un aspect d'ordre et de propreté qu'il est rare de rencontrer dans les maisons des missionnaires.

Ces naturels cultivent des bananes et du manioc, mais point de maïs. Un poids de 70 à 80 livres de manioc, en *tourtes* ou disques très-minces, qui est le pain du pays, coûte 6 réaux de plata, à peu près 4 fr. Comme la plupart des Indiens de l'Orénoque, les habitans de Maypurès ont des boissons qu'on peut appeler *nourrissantes*. Une de ces boissons, très-célèbre dans ces contrées, est fournie par un palmier qui croît sauvage, dans les environs de la mission, sur les bords de l'Auvana. Cet arbre et le *Seje*[1]: j'ai évalué, sur un *racemus*, le nombre des fleurs à 44,000; celui des fruits, dont la plupart tombent sans mûrir, à 8000. Ces fruits sont de petits *drupa* charnus. On les jette, pour quelques minutes, dans de l'eau bouillante, afin que le noyau se sépare de la partie parenchymateuse du *sarcocarpe*, qui a un goût sucré, et qui est pilé et broyé dans un grand vase rempli d'eau. L'infusion, faite à froid, donne une liqueur jaunâtre qui ressemble, pour le goût, au lait d'amande. On y ajoute quelquefois du *papelon* ou sucre brut. Le missionnaire assure que les naturels engraissent visiblement pendant les deux ou trois mois qu'ils boivent la liqueur de *Seje*; ils y trempent des *tourtes* de cassave. Les *piaches*, ou jongleurs in-

---

[1] Voyez *Nova Genera et Species plantarum*, Tom. I, p. 314.

diens, vont dans les forêts et sonnent du *Botuto* (de la trompette sacrée), sous le palmier *Seje*. « C'est, disent-ils, pour forcer l'arbre à donner une ample récolte l'année prochaine. » Le peuple paye cette opération, comme on paye, chez les Mongols, chez les Maures, et chez quelques nations plus voisines de nous, les *Chamans*, les *Marabous*, et d'autres classes de prêtres, soit pour chasser, par des paroles mystiques ou par des prières, les fourmis blanches et les sauterelles, soit pour faire cesser de longues pluies et intervertir l'ordre des saisons.

Tengo en mi pueblo la fabrica de loza[1], disoit le père Zea en nous conduisant chez une famille indienne, occupée à cuire en plein air, à un feu de broussailles, de grands vases d'argile de deux pieds et demi de haut. Cette branche d'industrie est propre aux diverses tribus de la grande famille des Maypures; il paroît qu'ils l'ont cultivée depuis un temps immémorial. Partout dans les forêts, loin de toute habitation humaine, on trouve, en

---

[1] « J'ai, dans mon village, une manufacture de faïence. »

fouillant la terre, des morceaux brisés de poterie et de faïence peintes. Le goût de ce genre de fabrication semble jadis avoir été commun aux peuples indigènes des deux Amériques. Au nord du Mexique, sur les bords du Rio Gila, entre les ruines d'une ville aztèque [1]; aux États-Unis, près des *tumulus* des Miamis [2]; en Floride, et partout où l'on rencontre quelques traces d'une ancienne civilisation, le sol recèle des fragmens de poterie peinte. On est frappés de l'extrême ressemblance des ornemens qu'ils présentent. Les peuples sauvages et ceux des peuples civilisés [3] que leurs institutions politiques et religieuses condamnent à se copier toujours eux-mêmes, s'évertuent, comme par

---

[1] Les Casas grandes. (*Essai politique sur la Nouv.- Esp.*, Tom. I, p. 298).

[2] Drake, dans son intéressant ouvrage : *View of Cincinnati*, 1815, p. 200, 209 et 218.

[3] Les Indous, les Tibétains, les Chinois, les anciens Égyptiens, les Aztèques, les Péruviens, chez lesquels la tendance vers une civilisation en masse empêchoit le libre développement des facultés dans les individus. (*Voyez mes Recherches sur les Monumens américains*. Introd. p. xv).

instinct, à perpétuer les mêmes formes, à conserver un type ou style particulier, à suivre les méthodes et les procédés qui ont été employés par leurs ancêtres. Dans l'Amérique du Nord, des débris de faïence ont été découverts dans les lieux qui offrent des lignes de fortifications et des enceintes de villes construites par une nation inconnue et entièrement éteinte. Les peintures de ces faïences ont le plus grand rapport avec celles que l'on voit exécuter de nos jours sur terre cuite aux naturels de la Louisiane et de la Floride. De même les Indiens de Maypurès ont peint sous nos yeux les ornemens que nous avons observés dans la caverne d'Ataruipe, sur les vases qui renferment des ossemens humains. Ce sont de véritables grecques, des méandrites, des figures de crocodiles, de singes et d'un grand quadrupède que je n'ai pu reconnoître, quoiqu'il ait toujours la même forme trapue. Je pourrois rappeler, à cette occasion, une tête à trompe d'éléphant que j'ai découverte dans une ancienne peinture mexicaine du Musée de Veletri [1]; je pourrois hasarder

[1] *L. c.* p. 92, pl. xv, fig. 4.

l'hypothèse, que le grand quadrupède peint sur les vases des Maypures appartient à un autre pays, et que le type en a été porté dans la grande migration des peuples américains du nord-ouest vers le sud et le sud-est; mais comment s'arrêter à des conjectures si vagues et si incertaines? J'incline plutôt à croire que les Indiens de l'Orénoque ont voulu figurer un Tapir [1], et que la représentation vicieuse d'un animal indigène est devenue peu à peu un de ces types que l'on a conservé. Souvent la maladresse et le hasard produisent des formes dont nous discutons gravement l'origine, parce que nous les croyons dues à une combinaison d'idées, à une imitation réfléchie.

Ce que les Maypures exécutent avec le plus d'adresse ce sont des grecques à lignes droites diversement combinées, semblables à celles que nous trouvons sur les vases de la Grande-Grèce, sur les édifices mexicains de Mitla, et

---

[1] *Danta*, dans les colonies espagnoles, où le mot *Tapir* est totalement inconnu. En tamanaque, *Uariari*; en maypure, *Kiema*; en mbaja (langue du Choco), *Apolicanagiguaga*; en moxo (langue des rives du Mamore), *Samo*; en chiquito, *Oquitopaquis*; en guarani, *Mborebi*.

dans les ouvrages de tant de peuples qui, sans communication les uns avec les autres, trouvent un plaisir également vif à la répétition symétrique des mêmes formes. Les arabesques, les méandres et les grecques charment nos yeux, parce que les élémens, dont les séries se composent, se suivent dans un ordre rhythmique. Les yeux trouvent dans cet ordre, dans le *retour périodique* des mêmes formes, ce que les oreilles distinguent dans la succession cadencée des sons et des accords. Or, peut-on révoquer en doute que le sentiment du rhythme se manifeste dans l'homme à l'aurore même de la civilisation, dans les essais les plus informes du chant et de la poésie ?

Les naturels de Maypurès (et ce sont principalement les femmes qui fabriquent la poterie) purifient l'argile par des lavages réitérés, la réunissent en cylindres et façonnent de leurs mains les plus grands vases. L'Indien américain ne connoît pas le tour du potier qui, chez les peuples de l'Orient, remonte à la plus haute antiquité. On ne peut être surpris que les missionnaires n'aient pas fait connoître aux indigènes de l'Orénoque cette machine si simple et si utile, quand on se rappelle que trois siècles n'ont pas suffi pour l'introduire parmi les Indiens de la péninsule d'Araya, vis-à-vis le port de Cumana[1]. Les couleurs des Maypures sont des oxides de fer et de manganèse, surtout des ocres jaunes et rouges qu'on trouve dans les creux du grès. Quelquefois on adopte la fécule du Bignonia Chica[2] après que la poterie a été exposée à un feu très-foible. On couvre cette peinture d'un vernis d'*algarobo* qui est la résine transparente de l'Hymenæa Courbaril. Les grands vases dans lesquels on conserve la *chiza* s'appellent *ciamacu*; les plus petits portent le nom de *mucra*, dont les Espagnols de la côte ont fait *murcura*. Ce ne sont d'ailleurs pas seulement les Maypures, mais encore les Guaypunabis, les Caribes, les Otomaques, et même les Guamos qui sont connus à l'Orénoque pour fabriquer de la poterie peinte. Cette fabrication s'étendoit jadis vers les rives de l'Amazone. Déjà Orellana fut frappé des ornemens peints sur

---

[1] *Voyez* Tom. II, p. 364.
[2] *L. c.*, Tom. VI, p. 318.

de la faïence des Omaguas, qui, de son temps, étoient une nation nombreuse et commerçante.

Avant de quitter ces traces d'une industrie naissante chez des peuples que nous comprenons indistinctement sous la dénomination de sauvages, je vais ajouter une remarque qui peut jeter quelque jour sur l'histoire de la civilisation américaine. Aux États-Unis, à l'ouest des monts Alleganys, surtout entre l'Ohio et les grands lacs du Canada, on trouve assez constamment, en fouillant la terre, des fragmens de poterie peinte mêlés à des outils en cuivre. Ce mélange a de quoi nous surprendre dans une contrée dont les naturels, à la première arrivée des Européens, ignoroient l'usage des métaux. Dans les forêts de l'Amérique du sud qui s'étendent depuis l'équateur jusqu'au parallèle de 8° de latitude boréale, c'est-à-dire depuis le pied des Andes jusqu'à l'Atlantique, on découvre cette même poterie peinte dans les lieux les plus déserts; mais elle n'y est réunie qu'à des haches de jade et à d'autres pierres dures, artistement perforées. On n'y a jamais trouvé, en creusant la terre, des outils ou ornemens métalliques, quoique, dans les montagnes du littoral[1] et sur le dos des Cordillères, on sût fondre l'or et le cuivre, et allier ce dernier métal à l'étain pour en faire des instrumens tranchans[2]. Quelle est la cause de ce contraste entre la zone tempérée et la zone torride ? Les Incas du Pérou avoient poussé leurs conquêtes et leurs guerres de religion jusqu'aux rives du Napo et de l'Amazone, où leur langue s'étoit étendue sur un petit espace de terrain ; mais jamais la civilisation des Péruviens, des habitans de Quito et des Muyscas de la Nouvelle-Grenade, ne paroît avoir influé sensiblement sur l'état moral des peuples de la Guyane. Il y a plus encore : dans l'Amérique du nord, entre l'Ohio, le Miami et les lacs, un peuple inconnu, que des auteurs systématiques voudroient faire descendre des Toltèques et des Aztèques, a construit en terre, même quelquefois en pierres[3] dépourvues de ciment, des murs de

---

[1] *L. c.*, Tom. IV, p. 270.

[2] *Nouv.-Esp.*, Tom. II, p. 485.

[3] De calcaire siliceux, à Pique, sur le Grand Miami; de grès, sur le Paint Creek, à dix lieues de Chillicothe, où le mur a 1500 toises de long. *Drake*, p. 212.

dix à quinze pieds de haut et de sept à huit mille pieds de long. Ces circonvallations problématiques renferment jusqu'à 150 arpens de terrain. Dans les plaines de l'Orénoque comme dans les plaines de Marietta, du Miami et de l'Ohio, le centre d'une antique civilisation se trouve dans l'ouest sur le dos des montagnes, mais l'Orénoque et les contrées entre ce grand fleuve et l'Amazone ne semblent jamais avoir été habités par des peuples dont les constructions aient résisté aux injures du temps. Quoiqu'on y trouve gravées sur les rochers les plus durs des figures symboliques, cependant, au sud des 8° de latitude, on n'a découvert jusqu'ici ni *tumulus*, ni circonvallation, ni digues en terres semblables à celles qu'on voit plus au nord dans les plaines de Varinas et de Canagua[1]. Tel est le contraste que l'on observe entre les parties orientales des deux Amériques, entre celles qui s'étendent du plateau de Cundinamarca[2]

---

[1] *Voyez* Tom. I, p. 341.

[2] C'est l'ancien nom de l'empire des Zaques, fondé par Bochica ou Idacanzas, grand-prêtre d'Iraca, dans la Nouvelle-Grenade.

et des montagnes de Cayenne vers l'Atlantique, et celles qui se prolongent des Andes de la Nouvelle-Espagne vers les monts Alleghanis. Des peuples avancés dans la civilisation, dont nous découvrons les traces sur les bords du lac Teguyo et dans les *Casas grandes* du Rio Gila, ont pu envoyer quelques tribus vers l'est dans les campagnes ouvertes du Missouri et de l'Ohio, où règne un climat peu différent de celui du Nouveau-Mexique; mais, dans l'Amérique méridionale où le grand flux des peuples a continué du nord au sud, ceux qui jouissoient depuis longtemps d'une douce température sur le dos des Cordillères équinoxiales ont craint sans doute de descendre dans des plaines brûlantes, hérissées de forêts, inondées par les crues périodiques des fleuves. On conçoit comment, sous la zone torride, la force de la végétation, la nature du sol et du climat ont embarrassé les indigènes dans leurs migrations par bandes nombreuses, empêché des établissemens qui exigent un vaste espace, perpétué la misère et l'abrutissement des hordes isolées.

De nos jours la foible civilisation introduite par les moines espagnols suit une marche rétrograde. Le père Gili raconte que, lors de l'expédition des limites, l'agriculture commençoit à faire des progrès sur les bords de l'Orénoque; le bétail et surtout les chèvres s'étoient singulièrement multipliés à Maypurès. Nous n'en avons plus trouvé ni dans cette mission, ni dans aucun autre village de l'Orénoque; les tigres ont mangé les chèvres. Il n'y a que les cochons noirs et blancs (ces derniers s'appellent cochons françois, *puercos franceses*, parce qu'on les croit venus des Antilles) qui aient résisté aux poursuites des bêtes féroces. Nous vîmes, avec un grand intérêt, autour des cabanes des Indiens, des *Guacamayas* ou Aras domestiques qui voloient aux champs comme nos pigeons; c'est la plus grande et la plus magnifique espèce de perroquet à joues dénuées de plumes, que nous ayons trouvée dans nos voyages. On la nomme, en maratibitain, *Cahuei*. Elle a, avec la queue, 2 pieds 3 pouces de long, et nous l'avons observée également sur les bords de l'Atabapo, du Temi et du Rio Negro. La chair du *Cahuei* qu'on mange fréquemment est noire et un peu dure. Ces Aras, dont le plumage brille des plus vives couleurs de pourpre, de bleu et de jaune, sont un grand ornement des basses-cours indiennes. Ils ne le cèdent pas en beauté aux paons, aux faisans dorés, aux Pauxis [1] et aux Alectors. L'usage d'élever des perroquets, des oiseaux d'une famille aussi différente de celle des Gallinacées, avoit déjà frappé Christophe Colomb [2]. Lors de la découverte de l'Amérique, il avoit vu, aux Iles Antilles, au lieu de poules, des Aras ou grands perroquets servant de nourriture aux naturels.

Autour du petit village de Maypurès végète

[1] Le mot *Pauxi* ne désigne pas, dans les colonies espagnoles, une espèce, mais les deux sous-genres Crax et Ourax de M. Cuvier. (On distingue, entre *Pauxi de piedra*, Crax pauxi, et *Pauxi de copete*, Crax alector). Les deux autres sous-genres des *Alectors* sont appelés, à l'Orénoque, *Pavas de monte* (Penelope), et *Guacharacas* (Ortalida).

[2] *Gryn., Orb. Nov.*, p. 68. Les Espagnols trouvèrent aussi, dans la Coriana (sur les côtes de Coro), dans les basses-cours des Indiens, *anseres* et *anates* (*l. c.*, p. 83). Ces canards auroient-ils été des canards musqués (Anas moschata), connus dans nos basses-cours sous les noms également impropres de *canard de Barbarie* ou *canard turc*, et que nous avons trouvés sauvages sur les bords de la rivière de la Magdelana.

un arbre magnifique, de plus de 60 pieds de haut, que les colons appellent *frutta de Burro*. C'est une nouvelle espèce d'Unona [1] qui a le port de l'Uvaria zeylanica d'Aublet [2] et que j'avois appelée jadis Uvaria febrifuga. Ses branches sont droites et s'élèvent en pyramide presque comme dans le peuplier du Mississipi, faussement dit peuplier d'Italie. Cet arbre est célèbre à cause de l'usage que l'on fait de ses

[1] M. Dunal, auquel nous avons communiqué nos plantes de la famille des Anonacées, l'a décrit sous le nom d'Unona xylopioïdes. (*Monogr. Anon.*, p. 117, tab. 21. *Decandolle, Règn. végét.*, Tom. I, p. 498). *Voyez* Tom. III, p. 38.

[1] Cette espèce de la *Flor. Guy.*, Tom. II, tab. 243, citée souvent par erreur, comme Waria zeylanica, est l'Unona aromatica, Dun. (Unona concolor, Willd.), dont les fruits aromatiques sont connus sous le nom de *Malaguette* ou poivre d'Éthiopie (*Dunal, Anon.*, p. 46 et 112). Il ne faut pas confondre l'Uvaria zeylanica d'Aublet, que l'on dit originaire des côtes d'Afrique, et qui est aujourd'hui sauvage dans la Guyane françoise, l'Unona narum (Uvaria zeylanica Lamarck), et l'Uvaria zeylanica de Linné. Ces deux dernières espèces ne sont que des arbustes. Je suis surpris que Gili ne parle de l'*Arbol del Burro* de l'Encaramada (l'*Arara* des Tamanaques) que comme d'un bois de construction. *Saggio*, Tom. I, p. 163.

fruits aromatiques, dont l'infusion est un puissant fébrifuge. Les pauvres missionnaires de l'Orénoque, qui souffrent des fièvres tierces pendant une grande partie de l'année, ne voyagent guère sans porter avec eux un petit sac rempli de *fruttas de Burro*. J'ai déjà remarqué ailleurs que sous les tropiques on préfère généralement l'emploi des aromes, par exemple le café très-fort, le Croton cascarilla, ou les péricarpes de notre Unona xylopioïdes, aux écorces astringentes du Cinchona et du Bonplandia trifoliata qui est le quinquina de l'Angostura. Le peuple américain a les préjugés les plus invétérés contre l'usage des différentes espèces de quinquinas; et, dans les pays même où croît ce remède précieux, il essaie à *couper les fièvres* par des infusions de Scoparia dulcis et des limonades préparées à chaud avec du sucre et le petit citron sauvage dont l'écorce est aussi huileuse qu'aromatique.

Le temps ne fut guère favorable aux observations astronomiques; j'obtins cependant, le 20 avril, une bonne série de hauteurs correspondantes du soleil, d'après lesquelles le chronomètre donna 70° 37′ 33″ pour la lon-

CHAPITRE XXI. 203

gitude de la mission de Maypurès; la latitude fut trouvée, par une étoile observée au nord, de 5° 13′ 57″; par une étoile observée au sud, de 5° 13′ 7″. L'erreur des cartes les plus récentes est de $\frac{1}{2}$ degré en longitude et de $\frac{1}{4}$ degré en latitude [1]. J'aurois de la peine à dire combien ces observations de nuit nous ont coûté de peines et de tourmens. Nulle part, ailleurs, le nuage des *mosquitos* n'étoit plus dense. Il formoit, à quelques pieds au-dessus du sol, comme un strate particulier, et il s'épaississoit à mesure que l'on approchoit des lumières pour éclairer l'horizon artificiel. La plupart des habitans de Maypurès quittent le village pour dormir dans les îlots au milieu des cataractes, où le nombre des insectes est moins grand; d'autres font un feu de broussailles dans leurs cabanes, et tendent leurs hamacs au milieu de la fumée. Le thermomètre centigrade se soutenoit, de nuit, à 27° et 29°; de jour, à 30°. Le 19 avril, je trouvai, à deux heures de l'après dîner, un sable gratinique [2], mouvant et à gros

[1] *Voyez* mes *Obs. astr.*, Tom. I, pag. 227 et 253.
[2] A 48°,2 R. Des graminées du vert le plus frais végétoient dans ce sable.

grains, 60°,3; un sable granitique de la même couleur blanche, mais à petits grains et plus dense, 52°,5; la température d'un rocher nu de granite étoit 47°,6. A la même heure, le thermomètre marquoit, 8 pieds au-dessus du sol, à l'ombre, 29°,6; au soleil, 36°,2. Une heure après le coucher du soleil, le sable à gros grains avoit la température de 32°; le rocher de granite, 38°,8; l'air étoit alors à 28°,5; les eaux de l'Orénoque dans le Raudal, près de la surface du fleuve, étoient à 27°,6; celles d'une belle source qui sort du granite, derrière la maison des missionnaires, avoient la température [1] de 27°,8. C'est peut-être un peu moins que la chaleur moyenne annuelle de l'atmosphère à Maypurès. J'ai trouvé à Maypurès l'inclinaison magnétique 31°,10 (division centésimale), par conséquent de 1°,15, moindre que l'inclinaison magnétique au village d'Aturès, qui est situé à 25′ de latitude plus au nord. Je ne trouve pas sur mes registres l'observation originale de l'intensité des forces magnétiques; il y est dit simplement que je l'ai déterminée en plein

[1] De 22°,2 R.

CHAPITRE XXI.

air, près de l'église, et qu'elle étoit peu différente de celle d'Aturès.

Le 21 avril. Après avoir passé deux jours et demi dans le petit village de Maypurès aux bords de la Grande Cataracte supérieure, nous nous embarquâmes, à deux heures après midi, dans la même pirogue que le missionnaire de Carichana nous avoit cédée; elle avoit été assez endommagée par les chocs contre les écueils, et par l'insouciance des pilotes indiens. Des dangers plus grands l'attendoient encore. On devoit la traîner par terre, à travers un isthme de 36,000 pieds, du Rio Tuamini au Rio Negro, la faire remonter par le Cassiquiare à l'Orénoque, et repasser une seconde fois les deux *Raudales*. Nous examinâmes le fond et les bords de la pirogue; on la jugea assez forte pour résister à ce long voyage.

Dès que l'on a passé les Grandes Cataractes, on est comme dans un monde nouveau; on croit avoir franchi la barrière que la nature semble avoir élevée entre les pays civilisés de la côte, et les contrées sauvages et inconnues de l'intérieur. Vers l'est, dans un lointain bleuâtre, paroissoit pour la dernière fois la haute chaîne de la montagne du Cunavami; sa longue crête horizontale rappelle la forme de la Mesa du Bergantin [1], près de Cumana; mais elle se termine par une cime tronquée. Le pic de Calitamini (c'est le nom qu'on donne à cette cime) brille, au coucher du soleil, comme d'un feu rougeâtre. Cette apparence est chaque jour la même. Personne ne s'est jamais approché de cette montagne, dont la hauteur n'excède pas 600 toises [2]. Je pense que cet éclat, ordinairement rougeâtre, quelquefois argenté, est un reflet produit par de grandes lames de talc, ou par du gneiss qui passe au schiste micacé. Toute cette contrée renferme des roches granitiques sur lesquelles reposent immédiatement, çà et là, dans de petites plaines, un grès argileux renfermant des fragmens de quarz et de la mine de fer brune.

En allant à *l'embarcadère*, nous prîmes, sur un tronc de Hevea [3], une nouvelle espèce de Rainette, remarquable par ses belles couleurs; elle avoit le ventre jaune, le dos et la tête d'un beau pourpre velouté; une seule

[1] *Voyez* Tom. II, p. 276.
[2] Elle se présente à Maypurès sous un angle apparent de 1°27'.
[3] Un des arbres dont le lait donne le caoutchouc.

bande blanche, très-étroite, parcouroit le corps depuis la pointe du museau jusqu'aux extrémités postérieures. C'étoit une Rainette de deux pouces de long, voisine de ce *Rana tinctoria,* dont le sang (à ce que l'on assure), imprégné dans la peau des perroquets aux endroits où l'on a arraché des plumes, fait venir des plumes *tapirées*, jaunes ou rouges. Le long du chemin, les Indiens nous montroient, ce qui est sans doute bien curieux dans ce pays, des traces de roues de chariots dans la roche. Ils parloient, comme d'un animal inconnu, de ces bêtes à grandes cornes qui, du temps de l'expédition des limites, traînoient les embarcations par la vallée de Keri, du Rio Toparo au Rio Cameji, pour éviter les cataractes et s'épargner la peine de décharger les marchandises. Je crois que ces pauvres habitans de Maypurès seroient émerveillés aujourd'hui à la vue d'un bœuf de race castillane, comme les Romains l'étoient à la vue des *bœufs de Lucanie* (des éléphans de l'armée de Pyrrhus).

En réunissant, dans la vallée de Keri, par un canal de dérivation, les petites rivières Cameji et Toparo, on pourroit rendre superflu le passage des pirogues à travers les Raudales. C'est sur cette idée très-simple que repose le projet dont j'ai soumis la première ébauche au gouvernement espagnol, par la voie du capitaine-général de Caracas, M. de Guevara-Vasconzelos. La cataracte de Maypurès présente, par la nature du sol environnant, des facilités que l'on chercheroit en vain à Aturès. Le canal auroit ou 2850 ou 1360 toises de longueur, selon que l'on voudroit le commencer près des embouchures des deux petites rivières, ou plus près de leurs sources. La pente générale du terrain paroît inclinée de 6 à 7 toises du S. S. E. au N. N. O., et le sol de la vallée de Keri est entièrement uni, à l'exception d'une petite arrête, ou *ligne de faite*, qui sépare, sur le parallèle de l'église de Maypurès, les deux affluens opposés dans leur cours. L'exécution de ce projet seroit très-peu coûteuse, l'isthme étant formé en grande partie par un terrain d'alluvion. L'emploi de la poudre seroit entièrement superflu. Ce canal de dérivation, dont la largeur ne devroit pas excéder dix pieds, pourroit être regardé comme un bras navigable de l'Orénoque. Il n'exigeroit la construction d'aucune écluse, et les bateaux qui se rendent vers le Haut-Orénoque ne seroient plus endommagés, comme aujourd'hui, par le frottement contre les rochers raboteux du *Raudal;* on les remonteroit, en les touant; et, comme on n'auroit plus besoin de décharger les marchandises, on éviteroit une perte de temps considérable. On a agité la question de savoir à quoi serviroit le canal que j'ai projeté? Voici la réponse que j'ai donnée au ministère, en 1801, lors de mon voyage à Quito. « Je n'insiste sur la construction du canal de Maypurès, et d'un autre dont je parlerai dans la suite, que dans la supposition que le gouvernement veut s'occuper sérieusement du commerce et de l'industrie agricole du Haut-Orénoque. Dans l'état actuel des choses, dans l'abandon auquel vous semblez condamner les rives de ce fleuve majestueux, des canaux seroient à peu près inutiles. »

Embarqués au *Puerto de arriba*, nous passâmes avec assez de peine le *Raudal de Cameji;* ce passage est réputé dangereux lorsque les eaux sont très-élevées. Au-delà du *Raudal* nous trouvâmes la surface de la rivière unie comme une glace. Nous bivouaquâmes dans une île rocheuse, appelée Piedra Raton; elle a près de trois quarts de lieue de long, et offre cet aspect extraordinaire d'une végétation naissante, ces bouquets d'arbustes épars sur un sol uni et rocheux, dont nous avons parlé plusieurs fois. J'eus plusieurs observations d'étoiles pendant la nuit. Je trouvai la latitude de cette île de 5°4′ 31″, sa longitude 70° 37′. La rivière m'offroit les images des astres par réflexion : quoique nous nous trouvassions au milieu de l'Orénoque, le nuage des *mosquitos* étoit si épais que je n'eus pas la patience de caler l'horizon artificiel.

Le 22 avril. Nous partîmes une heure et demie avant le lever du soleil. La matinée étoit humide, mais délicieuse; pas un souffle de vent ne se faisoit sentir, car au sud d'Aturès et de Maypurès il règne un calme perpétuel. Sur les bords du Rio Negro et du Cassiquiare, au pied du Cerro Duida, à la mission de Santa Barbara, nous n'avons jamais entendu ce frémissement des feuilles qui a un charme particulier dans les climats brûlans. Les sinuosités des rivières, l'abri des montagnes, la grande épaisseur des forêts et les pluies qui règnent presque continuellement, à un ou deux degrés de latitude au nord de l'équateur, contribuent sans doute à ce phénomène qui est propre aux missions de l'Orénoque.

Dans la vallée de l'Amazone, placée sous une latitude australe, mais à la même distance de l'équateur, un vent très-fort s'élève tous les jours, deux heures après la culmination du soleil. Ce vent souffle constamment contre le courant et ne se fait sentir que dans le lit même du fleuve. Au-dessous de San Borja, c'est un vent est; à Tomependa, je l'ai trouvé entre le nord et le nord-nord-est. C'est toujours la brise (le vent de la rotation du globe), mais modifiée par de petites circonstances locales. A la faveur de cette brise générale on remonte l'Amazone, depuis le Grand-Pará jusqu'à Tefe, à la voile, sur une longueur de 750 lieues. Dans la province de Jaen de Bracamoros, au pied de la pente occidentale des Cordillères, cette brise de l'Atlantique paroît quelquefois une véritable tempête. On a de la peine à se tenir sur ses jambes lorsqu'on s'approche des bords de la rivière; telles sont les différences extraordinaires entre le Haut-Orénoque et le Haut-Maragnon.

Il est très-probable que c'est à la constance de la brise qu'est due la plus grande salubrité de l'Amazone. Dans l'air stagnant du Haut-Orénoque, les affinités chimiques agissent plus puissamment, et il s'y forme plus de miasmes délétères. L'insalubrité du climat seroit la même sur les bords boisés de l'Amazone, si ce fleuve, dirigé, comme le Niger, de l'ouest à l'est, ne suivoit pas dans sa prodigieuse longueur une même direction, qui est celle des vents alisés. La vallée de l'Amazone n'est fermée qu'à son extrémité occidentale, où elle s'approche de la Cordillère des Andes. Vers l'est, là où la brise de mer frappe le Nouveau-Continent, le littoral est à peine élevé de quelques pieds au-dessus du niveau de l'Atlantique. Le Haut-Orénoque court d'abord de l'est à l'ouest [1], et puis du nord au sud. Là où son cours est à peu près parallèle à celui de l'Amazone, un pays extrêmement montueux, le groupe des mon-

---

[1] Proprement l'E. S. E. à l'O. N. O.

tagnes de la Parime et des Guyanes hollandoise et françoise, le sépare de l'Atlantique, et empêche le vent de rotation d'arriver à l'Esmeralda ; ce vent ne commence à se faire sentir avec force que depuis le confluent de l'Apure, là où le Bas-Orénoque se dirige de l'ouest à l'est, dans une vaste plaine ouverte du côté de l'Atlantique; aussi le climat de cette partie de la rivière est moins malfaisant que celui du Haut-Orénoque.

Pour ajouter un troisième point de comparaison, je citerai la vallée du Rio Magdalena; elle n'a, comme l'Amazone, qu'une seule direction, mais cette direction n'est malheureusement pas celle de la brise, elle est du sud au nord. Placé dans la région des vents alisés, le Rio de la Magdelena offre l'air stagnant du Haut-Orénoque. Depuis le canal de Mahates jusqu'à Honda, surtout au sud de la ville de Mompox, nous n'avons senti souffler le vent qu'à l'approche des orages de nuit. Lorsqu'au contraire on remonte le fleuve au-delà de Honda, on trouve l'atmosphère assez souvent agitée. Les vents très-forts qui s'engouffrent dans la vallée de Neiva, sont célèbres par leur excessive chaleur. On peut être surpris, au premier abord, de voir cesser le calme à mesure que l'on approche des hautes montagnes, dans le cours supérieur d'un fleuve; mais cet étonnement cesse, si l'on se rappelle que les vents secs et brûlans des *Llanos de Neiva* sont l'effet de courans descendans. Des colonnes d'air froid se précipitent du haut des *Nevados* de Quindiu et de Guanacas dans la vallée, en chassant devant elles les couches inférieures de l'atmosphère. Partout l'échauffement inégal du sol et la proximité de montagnes couvertes de neiges perpétuelles causent, sous les tropiques comme dans la zone tempérée, des courans partiels. Ces vents très-violens de Neiva ne sont pas l'effet d'une répercussion des vents alisés. Ils naissent là où la brise ne peut arriver; et si les montagnes du Haut-Orénoque, dont la cime est généralement couronnée d'arbres, étoient plus élevées, elles produiroient dans l'atmosphère ces mêmes mouvemens brusques que nous observons dans les Cordillères du Pérou, de l'Abyssinie et du Tibet. C'est un objet bien digne d'attention que cette liaison intime qui existe entre la direction des rivières, la hauteur et la disposition des montagnes adjacentes, les mouvemens de l'atmosphère et la salubrité du climat. Combien l'étude de la surface du sol et de ses inégalités nous paroîtroit fatigante et stérile, si on ne la rattachoit pas à des considérations plus générales !

A six milles de distance de l'île de *Piedra Raton*, nous passâmes d'abord à l'est l'embouchure du Rio Sipapo que les Indiens appellent Tipapu [1], et puis à l'ouest l'embouchure du Rio Vichada. C'est près de cette dernière que des rochers, entièrement couverts par les eaux, forment une petite cascade, un *raudalito*. Le Rio Sipapo que le père Gili a remonté en 1757, et qu'il dit deux fois plus large que le Tibre, vient d'une chaîne de montagnes assez considérables. Dans sa partie

[1] On assure que le Rio Tipapu a ses sources au nord du parallèle d'Atures, sur le revers oriental de ces mêmes montagnes granitiques dans lesquelles naît le Rio Cataniapo. Il porte, dans son cours supérieur, le nom d'*Uapu* ou *Tuapu*. Un de ses affluens, l'*Auvana*, que Surville a transformé en *Abana*, et Caulin en *Amanaveni* (eau ou fleuve, *veni*, d'Amana), est remarquable par la belle cascade d'*Arucuru*, au-dessus du Raudal *Quiamacuana*.

méridionale; elle porte le nom de la rivière et se lie au groupe du Calitamini et du Cunavami. Après le pic de Duida qui s'élève au-dessus de la mission de l'Esmeralda, les *Cerros de Sipapo* m'ont paru les plus élevés de toute la Cordillère de la Parime. Ils forment un énorme mur de rochers qui s'élance brusquement de la plaine, et dont la crête, dirigée du S. S. E. au N. N. O., est dentelée. Je pense que ce sont des blocs entassés de granite qui donnent lieu à ces incisions, à ces dentelures que l'on retrouve dans les grès du Mont-Serrat en Catalogne. A chaque heure du jour, les *Cerros de Sipapo* [1] nous offroient des aspects différens. Au lever du soleil, la végétation épaisse dont ces montagnes sont tapissées les teint de ce vert foncé tirant sur le brun, qui est propre à une région où dominent les arbres à feuilles coriaces. Des ombres larges et fermes se projettent dans la plaine voisine,

[1] J'ai relevé ces montagnes, à l'île Piedra Raton, S. 45° E.; à la mission de Santa Barbara, N. 26° O; à l'embouchure du Mataveni, N. 49° E. Les montagnes que le missionnaire Gili désigne sous le nom de *Cerros de Jujamari* forment sans doute un groupe séparé, placé à l'est ou au nord-est des *Cerros de Sipapo*.

et contrastent avec la vive lumière répandue sur le sol, dans l'air et à la surface des eaux. Mais, vers le milieu du jour, lorsque le soleil atteint le zénith, ces ombres vigoureuses disparoissent peu à peu, et le groupe entier se voile d'une vapeur aérienne, dont l'azur est beaucoup plus intense que celui des basses régions de la voûte céleste. Circulant autour de la crête rocheuse, ces vapeurs en adoucissent les contours, modèrent les effets de lumière, et donnent au paysage cet aspect de calme et de repos qui, dans la nature comme dans les ouvrages de Claude Lorrain et du Poussin, naît de l'harmonie des formes et des couleurs.

C'est derrière ces montagnes du Sipapo que Cruzero, le chef puissant des Guaypunabis, a eu long-temps sa demeure, après avoir quitté, avec sa horde guerrière, les plaines entre le Rio Inirida et le Chamochiquini. Les Indiens nous ont assuré que les forêts qui couvrent le Sipapo abondent en *Vehuco de Maimure*. Cette liane est célèbre parmi les indigènes qui s'en servent pour faire des paniers et pour tresser des nattes. Les forêts de Sipapo sont entièrement inconnues, et les missionnaires y placent la nation des *Rayas* [1] qui ont « la bouche dans le nombril. » Un vieux Indien, que nous avons rencontré à Carichana et qui se vantoit d'avoir mangé souvent de la chair humaine, avoit vu « de ses yeux » ces hommes acéphales. Ces fables absurdes se sont répandues jusque dans les *Llanos*, où il n'est pas toujours permis de douter de l'existence des Indiens *Rayas*. Sous toutes les zones, l'intolérance accompagne la crédulité; et l'on diroit que les fictions des anciens géographes ont passé d'un hémisphère à l'autre, si l'on ne savoit pas que les productions les plus bizarres de l'imagination, comme les ouvrages de la nature, offrent partout une certaine analogie d'aspect et de forme.

Nous débarquâmes à l'embouchure du Rio Vichada ou Visata, pour examiner les plantes de ces contrées. C'est un site très-extraordinaire; la forêt est peu épaisse, et une innombrable quantité de petits rochers s'élancent de la plaine. Ils forment des massifs prisma-

---

[1] *Raies*, à cause d'une prétendue analogie avec le poisson de ce nom dont la bouche semble rejetée en arrière au-dessous du corps.

tiques, des piliers en ruine, des tourelles isolées de 15 à 20 pieds de haut. Les uns sont ombragés par les arbres de la forêt, les autres ont leur cime couronnée de palmiers. Ces rochers sont du granite passant au gneiss. Si l'on ne se trouvoit point ici dans la région des formations primitives, on se croiroit transporté au milieu des rochers d'Adersbach en Bohème, ou de Streitberg et de Fantaisie en Franconie. Les grès et les calcaires secondaires n'affectent pas des formes plus bizarres. Au confluent du Vichada, les rochers de granite, et, ce qui est plus remarquable encore, le sol même, sont couverts de mousses et de lichens. Ces derniers ont le port du Cladonia pyxidata et du Lichen rangiferinus, si communs dans le nord de l'Europe. Nous avions de la peine à nous persuader que nous étions élevés de moins de 100 toises au-dessus du niveau de l'Océan, à 5° de latitude, au centre de cette zone torride que si long-temps on a cru dépourvue de plantes cryptogames. La température moyenne [1] de ce lieu ombragé

[1] Je fonde cette évaluation sur la température des sources d'Atures.

et humide excède probablement 26° du thermomètre centigrade. En réfléchissant sur le peu de pluie qui étoit tombé jusqu'à ce jour, nous étions surpris de la belle verdure de ces forêts. Cette circonstance caractérise la vallée du Haut-Orénoque; sur la côte de Caracas et dans les *Llanos*, les arbres se dépouillent de leurs feuilles en hiver [1], et le sol n'y offre plus qu'une herbe jaune et desséchée. Entre les rochers isolés que nous venons de décrire, s'élevoient quelques grands pieds de raquettes colonnaires (*Cactus septemangularis*), phénomène bien rare au sud des cataractes d'Aturès et de Maypurès.

Dans ce même site si pittoresque, M. Bonpland fut assez heureux pour découvrir plusieurs troncs de Laurus cinnamomoïdes, espèce de cannelier très-aromatique connu à l'Orénoque sous le nom de *Varimacu* et de *Canelilla* [2]. On trouve aussi cette précieuse

---

[1] Dans la saison qu'on appelle été dans l'Amérique méridionale, au nord de l'équateur.

[2] Diminutif du mot espagnol *Canela* qui signifie *Cinnamonum* (Kinnamomon des Grecs). Ce dernier mot est du petit nombre de ceux qui ont passé, dès la

production dans la vallée du Rio Caura, comme près de l'Esmeralda, et à l'est des Grandes Cataractes. Il paroît que c'est le père jésuite Francisco de Olmo qui a découvert le premier la Canelilla dans le pays des Piaròas, près les sources du Cataniapo. Le missionnaire Gili, qui ne s'est point avancé jusqu'aux contrées que je décris en ce moment, paroît confondre le *Varimacu* ou *Guarimacu* avec le Myristica [1] ou muscadier de l'Amérique. Ces écorces et ces fruits aromatiques, la cannelle, la noix de muscade, le Myrtus pimenta et le Laurus pucheri seroient devenus des objets importans de commerce, si l'Europe, lors de la découverte du Nouveau-Monde, n'avoit pas déjà été accoutumée aux épiceries et aux aromes de l'Inde. La cannelle de l'Orénoque et celle des missions Andaquies, dont M. Mutis a

plus haute antiquité, du phénicien (d'une langue sémitique) dans les langues occidentales. (*Gesenius*, *Gesch. der hebräischen Sprache*, 1815, p. 66).

[1] Nous avons donné la figure d'un muscadier du Nouveau-Continent, du Myristica Otoba, dans les Plantes équin., Tom. II, p. 78, tab. 103. Cette plante diffère du Virola sebifera d'Aublet.

introduit la culture à Mariquita [1], sont cependant moins aromatiques que la cannelle de Ceylan; et elles le seroient encore, si elles étoient séchées et préparées par des procédés tout semblables.

Chaque hémisphère produit des végétaux d'une espèce différente, et ce n'est pas par la diversité des climats que l'on peut tenter d'expliquer pourquoi l'Afrique équinoxiale n'a pas de Laurinées, le Nouveau-Monde pas de bruyères; pourquoi les Calcéolaires ne se trouvent que dans l'hémisphère austral; pourquoi les oiseaux du continent de l'Inde brillent de couleurs moins belles que les oiseaux des parties chaudes de l'Amérique; enfin pourquoi le tigre est propre à l'Asie, l'Ornithorinque à la Nouvelle-Hollande. Dans le règne des plantes, comme dans celui des animaux, les causes de la distribution des espèces sont du nombre des mystères que la philosophie naturelle ne peut atteindre. Cette science ne s'occupe pas de l'origine des êtres, mais des lois d'après lesquelles les êtres sont répartis sur le globe. Elle examine ce qui est,

---

[1] Ville de la Nouvelle-Grenade, à l'ouest d'Honda.

la coexistence des formes végétales et animales, sous chaque latitude, à différentes hauteurs et à différens degrés de température : elle étudie les rapports sous lesquels telle ou telle organisation se développe plus vigoureusement, se multiplie ou se modifie; mais elle n'aborde pas des problêmes dont la solution est impossible, parce qu'ils touchent à l'origine, à la première existence d'un germe de vie. Ajoutons que les tentatives faites pour expliquer la distribution des diverses espèces sur le globe, par la seule influence des climats, datent d'un temps où la géographie physique étoit encore au berceau, où, recourant sans cesse à de prétendus contrastes entre les deux mondes, on se figuroit que l'Afrique et l'Amérique entières ressembloient aux déserts de l'Egypte et aux marécages de Cayenne. Depuis qu'on juge de l'état des choses, non d'après un type choisi arbitrairement, mais d'après des connoissances positives, on sait que les deux continens, dans leur immense étendue, offrent des sites entièrement analogues. L'Amérique a des régions aussi arides et aussi brûlantes que l'intérieur de l'Afrique. Les îles qui produisent les épiceries de l'Inde ne sont guère remarquables par leur sécheresse; et ce n'est pas, comme on l'affirme dans des ouvrages récens, à cause de l'humidité de son climat, que le Nouveau-Continent est privé de ces belles espèces de Laurinées et de Myristicées qui se trouvent réunies en un petit coin de terre dans l'archipel de l'Inde. Depuis quelques années, le véritable cannelier se cultive avec succès dans plusieurs parties du Nouveau-Continent, et une zone qui produit le Coumarouna[1], la vanille, le Pucheri, l'Ananas, le Myrtus pimenta, le baume de Tolu, le Myroxylon peruvianum, les Croton, les Citrosma, le Pejoa[2], l'*Incienso*, de la Silla de Caracas[3], le *Quereme*[4], les Pancratium et tant de superbes liliacées, ne peut être considérée comme dépourvue d'aromes. D'ailleurs, la sécheresse de l'air ne favorise le développement des propriétés aromatiques ou excitantes que dans de certaines espèces de végétaux. Les plus cruels poisons

---

[1] Féve de Tonga, Goumarouna odora d'Aublet.
[2] Gaultheria odorata.
[3] Trixis neriifolia. *Voyez* Tom. IV, p. 240. (Baillieria neriifolia. *Nov. Gen.*, *Tom. IV*, p. 227.)
[4] Thibaudia. Quereme. (*Nov. Gen.*, *Tom. III*, p. 274.

sont produits dans la zone la plus humide de l'Amérique, et c'est justement sous l'influence des longues pluies des tropiques que végète le mieux le piment américain (Capsicum baccatum[1]) dont le fruit est souvent aussi caustique et aussi piquant que le poivre de l'Inde. Il résulte de l'ensemble de ces considérations, 1.° que le Nouveau-Continent a des épiceries, des aromes et des poisons végétaux très-actifs qui lui sont propres, mais qui diffèrent spécifiquement de ceux de l'ancien monde; 2.° que la distribution primitive des espèces, sous la zone torride, ne peut s'expliquer par la seule influence des climats, par la distribution de température que nous observons dans l'état actuel de notre planète, mais que cette différence des climats nous fait entrevoir pourquoi un type d'organisation donné se développe plus vigoureusement dans telle ou telle localité. Nous concevons qu'un petit nombre de familles de végétaux, par exemple les Mu-

---

[1] M. Robert Brown, dans ses recherches importantes sur l'origine des plantes cultivées de l'Afrique équinoxiale, regarde le genre Capsicum comme appartenant exclusivement au Nouveau-Continent (*Botany of Congo*, 1818, p. 52.)

sacées et les Palmiers, ne peuvent appartenir à des régions très-froides, à cause de leur structure intérieure et de l'importance de certains organes [1]; mais nous ne pouvons expliquer pourquoi aucune forme de la famille des Melastomées ne végète au nord du parallèle de 30°, pourquoi aucun rosier n'appartient à l'hémisphère austral. Il y a souvent dans les deux continens analogie de climats, sans qu'il y ait identité de productions.

Le Rio Vichada (Bichada), qui a un petit *Raudal* à son confluent avec l'Orénoque, m'a paru, après le Meta et le Guaviare, la plus considérable des rivières qui viennent de l'ouest. Depuis quarante ans, aucun Européen n'a navigué sur le Vichada. Je n'ai pu rien apprendre sur ces sources; je les crois, avec celles de Tomo, dans les plaines qui s'étendent au sud de Casimena. Il ne paroît du moins pas douteux que les plus anciennes missions avoient été fondées sur les bords du Vichada par des jésuites qui venoient des missions Casanare. Récemment encore

---

[1] Les *frondes*, si importans par leur grandeur, ne résisteroient pas à des froids très-rigoureux.

on a vu des Indiens fugitifs de Santa Rosalia de Cabapuna, village situé sur les bords du Meta, arriver par le Rio Vichada à la cataracte de Maypurès, ce qui prouve suffisamment que les sources de cette rivière ne sont pas très-éloignées du Meta. Le père Gumilla nous a conservé le nom de plusieurs jésuites allemands et espagnols qui, en 1734, ont péri victimes de leur zèle pour la religion, de la main des Caribes, sur les rives aujourd'hui désertes du Vichada.

Après avoir passé d'abord à l'est le *Caño* Pirajavi, puis à l'ouest une petite rivière qui, au dire des Indiens, sort d'un lac appelé Nao, nous bivouaquâmes sur la plage de l'Orénoque, à l'embouchure du Zama, rivière très-considérable et aussi inconnue que le Rio Vichada. Malgré les eaux noires du Zama, nous souffrîmes beaucoup des insectes. La nuit étoit belle : il n'y avoit pas un souffle de vent dans les basses régions de l'air; mais, vers les deux heures, nous vîmes de gros nuages traverser rapidement le zénith de l'est à l'ouest. Lorsqu'en s'abaissant vers l'horizon, ils se projetèrent sur les grandes nébuleuses du Sagittaire ou du Navire, ils parurent d'un noir-bleuâtre. Les nébuleuses ne sont jamais plus éclatantes de lumière que lorsqu'elles sont en partie couvertes par des traînées de nuages. Nous voyons en Europe ces mêmes phénomènes dans la voie lactée, dans les aurores boréales qui rayonnent une lumière argentée, enfin, au lever et au coucher du soleil, dans la partie du ciel qui blanchit par des causes que les physiciens n'ont point encore suffisamment éclaircies.

Personne ne connoît le vaste terrain qui s'étend entre le Meta, le Vichada et le Guaviare, à une lieue de distance de la rive. On le croit habité par des Indiens sauvages de la tribu des Chiricoas, qui heureusement ne construisent pas de canots. Jadis, lorsque les Caribes et leurs ennemis les Cabres parcouroient ces régions avec leurs flottilles de radeaux et de pirogues, il auroit été imprudent de passer la nuit près de l'embouchure d'une rivière venant de l'ouest. Aujourd'hui que les petits établissemens des Européens ont éloigné les Indiens indépendans des bords du Haut-Orénoque, la solitude de ces régions

---

[1] Aube (alba), *albente cœlo*.

est telle que, de Carichana à Javita et de l'Esmeralda à San Fernando de Atabapo, sur une navigation de 180 lieues, nous n'avons pas rencontré un seul bateau.

A l'embouchure du Rio Zama, nous entrâmes dans un système de rivières qui mérite beaucoup d'attention. Le Zama, le Mataveni, l'Atábapo, le Tuamini, le Temi, le Guainia, ont des *aguas negras*, c'est-à-dire que leurs eaux, vues en grandes masses, paroissent brunes comme du café ou d'un noir-verdâtre. Ce sont cependant les eaux les plus belles, les plus claires, les plus agréables au goût. J'ai déjà rappelé plus haut que les crocodiles et, sinon les *zancudos*, du moins les *mosquitos*, fuient assez généralement les eaux noires. Le peuple prétend en outre que ces eaux ne brunissent pas les rochers, et que les rivières blanches ont les bords noirs, tandis que les rivières noires ont les bords blancs. En effet, les plages du Guainia, que les Européens connoissent sous le nom de *Rio Negro*, offrent fréquemment des masses de quarz sortant du granite et d'une blancheur éclatante. Examinées dans un verre, les eaux du Mataveni sont assez blanches, celles de l'Atabapo conservent une légère teinte de brun-jaunâtre. Lorsqu'un petit souffle de vent agite la surface de ces *rivières noires*, elles paroissent d'un beau vert de pré comme les lacs de la Suisse. Dans l'ombre, le Zama, l'Atabapo et le Guainia sont noirs comme du marc de café. Ces phénomènes sont si frappans, que partout les Indiens distinguent les eaux en noires et blanches. Les premières m'ont souvent servi d'horizon artificiel : elles reflètent l'image des astres avec une netteté admirable.

La couleur des eaux de sources, des rivières et des lacs est du nombre des problèmes de physique qu'il est difficile, sinon impossible, de résoudre par des expériences directes. Les teintes de la lumière réfléchie sont généralement très-différentes de celles de la lumière transmise : elles le sont surtout lorsque la transmission se fait par une grande portion du liquide. S'il n'y avoit pas absorption de rayons, la lumière transmise auroit constamment une couleur qui seroit complémentaire de la lumière réfléchie, et en général on juge mal de la lumière transmise, en remplissant d'eau un verre peu profond et à ouverture étroite. Dans une rivière, la lumière colorée réfléchie nous vient toujours des couches intérieures du liquide, non de la couche supérieure [1].

Des physiciens célèbres, qui ont examiné les eaux les plus pures des glaciers et celles qui naissent dans les montagnes couvertes de neiges perpétuelles, où la terre est dépourvue de débris végétaux, ont pensé que la couleur propre à l'eau pourroit bien être le bleu ou le vert. Rien en effet ne prouve que l'eau, par sa nature, soit blanche, et qu'il faille toujours admettre la présence d'un principe colorant, lorsque les eaux, vues par réflexion, sont colorées. Dans les rivières qui recèlent un principe colorant, ce principe est généralement si peu abondant qu'il échappe à toutes les recherches chimiques. Les teintes de l'Océan ne paroissent souvent dépendre ni de la nature du fond, ni du reflet du ciel et des nuages. On assure qu'un grand physicien, M. Davy, pense que les teintes des

[1] *Newton, Opt., Lib. I, P. II, Prop. X, Probl. 5.* Delaval, *on permanent colours of opake bodies*, dans les *Mem. of Manchester*, 1789, Tom. II, p. 240.

différentes mers pourroient bien être dues aux différentes proportions de l'Iode.

En consultant les géographes de l'antiquité, nous voyons que les Grecs étoient déjà frappés des eaux bleues des Thermopyles, des eaux rouges de Joppé, et des eaux noires des bains chauds d'Astyra, vis-à-vis de Lesbos [1]. Quelques rivières, par exemple le Rhône, près de Genève, offrent une couleur bleue très-prononcée. On assure que les eaux de neige, dans les Alpes de la Suisse, sont quelquefois d'un vert d'émeraude qui passe au vert de pré. Plusieurs lacs de Savoie et du Pérou ont des teintes brunâtres presque noires. La plupart de ces phénomènes de coloration s'observent dans les eaux que l'on croit les plus pures, et c'est plutôt par des raisonnemens fondés sur des analogies que d'après des analyses directes que l'on pourra jeter quelque jour sur une matière aussi incertaine. Dans ce vaste système de rivières que nous avons parcouru (et ce fait me paroît

---

[1] *Pausanias*, Tom. II, *Messen.*, cap. 35 (*éd. de Clavier*, p. 488). *Voyez* aussi Strabon, Lib. XVI, éd. Almalov., Tom. II, p. 1125, B.

assez frappant), les *eaux noires* sont principalement restreintes à la bande équatoriale. On commence à les trouver vers les 5° de latitude nord; elles abondent jusqu'au-delà de l'équateur, vers les 2° de latitude australe. L'embouchure du Rio Negro se trouve même par les 3° 9′ de latitude; mais, dans cet intervalle, les eaux noires et blanches sont si extraordinairement mêlées dans les forêts et les savanes, que l'on ne sait à quelle cause on doit attribuer la coloration des eaux. Le Cassiquiare, qui se jette dans le Rio Negro, a les eaux blanches comme l'Orénoque dont il sort. De deux affluens du Cassiquiare, qui sont très-rapprochés, le Siapa et le Pacimony, l'un est blanc et l'autre est noir.

Lorsqu'on interroge les Indiens sur les causes de ces colorations bizarres, ils répondent, comme on répond quelquefois en Europe sur des questions de physique ou de physiologie, ils répètent le fait en d'autres termes. Lorsqu'on s'adresse aux missionnaires, ils disent, comme s'ils avoient les preuves les plus convaincantes de leur assertion, « que les eaux se colorent en baignant les racines de salsepareille. « Les Smilacées abondent sans doute sur les bords du Rio Negro, du Pacimony et du Cababury; leurs racines, macérées dans l'eau, donnent une matière extractive, brune, amère et mucilagineuse; mais, que de touffes de Smilax n'avons-nous pas vues dans des endroits où les eaux étoient entièrement blanches? Pourquoi, dans la forêt marécageuse que nous avons traversée pour porter notre pirogue du Rio Tuamini au *Caño* Pimichin et au Rio Negro, avons-nous passé à gué dans un même terrain alternativement des ruisseaux d'eaux blanches et d'eaux noires? Pourquoi n'a-t-on jamais trouvé une rivière qui fût blanche vers ses sources, et noire dans la partie inférieure de son cours? J'ignore si le Rio Negro conserve sa couleur brun-jaunâtre jusqu'à son embouchure, malgré la grande quantité d'eau blanche qu'il reçoit par le Cassiquiare et le Rio Blanco. Comme M. de la Condamine n'a pas vu cette rivière au nord de l'équateur, il n'a pu juger de la différence de couleur.

Quoique la végétation, à cause de l'abondance des pluies, soit plus vigoureuse tout près de l'équateur que 8 ou 10 degrés au nord et au sud, on ne sauroit affirmer que les rivières à eaux noires naissent principalement dans les forêts les plus ombragées et les plus épaisses. Un très-grand nombre des *aguas negras* viennent au contraire des savanes ouvertes qui s'étendent du Meta, au-delà du Guaviare, vers le Caqueta. Dans un voyage que j'ai fait avec M. de Montufar, du port de Guyaquil aux Bodegas de Babaojo, à l'époque des grandes inondations, j'ai été frappé de l'analogie de couleur qu'offroient les vastes savanes de l'*Invernadero del Carzal* et du *Lagartero*, avec l'aspect du Rio Negro et de l'Atabapo. Ces savanes, en partie inondées depuis trois mois, sont composées de Paspalum, d'Eriochloa et de plusieurs espèces de Cypéracées. Nous naviguâmes dans des eaux qui avoient quatre à cinq pieds de profondeur; leur température étoit, de jour, de 33° à 34° du thermomètre centigrade; elles exhaloient une forte odeur d'hydrogène sulfuré, à laquelle contribuoient sans doute des pieds pourris d'Arum et d'Héliconia qui surnageoient à la surface des mares. Les eaux du *Lagartero* étoient d'un jaune doré par transmission, et d'un brun de café par réflexion. C'est sans doute un carbure d'hydrogène qui les colore. On observe un phénomène anologue dans les eaux de fumier que préparent nos jardiniers, et dans les eaux qui sortent des tourbières. Ne peut-on admettre aussi que c'est un mélange de carbone et d'hydrogène, une matière extractive végétale qui colore les rivières noires ; l'Atabapo, le Zama, la Mataveni et le Guainia ? La fréquence des pluies équatoriales contribue sans doute à cette coloration par des filtrations à travers une bourre épaisse de graminées. Je n'expose ces idées que sous la forme d'un doute. Le principe colorant paroît bien peu abondant ; car, en soumettant les eaux du Guainia ou Rio Negro à l'ébullition, je ne les ai pas vues brunir comme d'autres liquides fortement chargés de carbures d'hydrogène.

Il est d'ailleurs bien remarquable que ce phénomène des *eaux noires*, que l'on pourroit croire n'appartenir qu'aux basses régions de la zone torride, se retrouve aussi, quoique très-rarement, sur les plateaux des Andes. Nous avons trouvé la ville de Cuenca, dans le royaume Quito, entourée de trois petites rivières, le Machangara, le Rio del Matadero et le Yanuncai. Les deux premières sont blanches, la dernière a les eaux noires (*aguas negras*). Ces eaux, comme celles de l'Atabapo, sont brun de café par réflexion et jaune pâle par transmission. Elles sont très-belles, et les habitans de Cuenca, qui les boivent de préférence, ne manquent pas d'attribuer leur couleur à la salsepareille, que l'on dit croître abondamment sur les bords du Rio Yanuncai [1].

Le 23 avril. Nous partîmes de l'embouchure du Zama, à 3 heures du matin. La rivière étoit toujours bordée des deux côtés d'une épaisse forêt. Les montagnes de l'est paroissoient s'éloigner de plus en plus. Nous passâmes d'abord l'embouchure du Rio Mataveni, et puis un îlot d'une forme très-extraordinaire. C'est un rocher granitique, carré, qui s'élève comme un coffre au milieu de l'eau ; les missionnaires l'appellent *El Castillito*. Des bandes noires sembloient indiquer

[1] Quoique les Smilax abondent principalement dans la région chaude et tempérée (de 0 à 500 toises), nous en avons cependant aussi trouvé entre 700 et 1400 toises. *Voyez* nos *Nova Gen. plant.*, Tom. I, p. 72.

que les plus hautes crues de l'Orénoque ne s'élèvent, sur ce point, pas au-dessus de huit pieds, et que les grandes crues, observées plus bas, sont dues aux affluens qui débouchent au nord des *Raudales* d'Aturès et de Maypurès. Nous passâmes la nuit sur la rive droite, vis-à-vis les bouches du Rio Siucurivapu, près d'un rocher appelé Aricagua. Pendant la nuit, une innombrable quantité de chauve-sourris sortirent des fentes du rocher et planèrent autour de nos hamacs. J'ai déjà parlé dans un autre endroit du mal que ces animaux font aux troupeaux. Leur nombre augmente surtout dans les années très-sèches [1].

Le 24 avril. Une forte pluie nous contraignit à rejoindre la pirogue de grand matin. Nous partîmes à 2 heures, après avoir perdu quelques livres que nous ne pûmes retrouver dans l'obscurité de la nuit sur le rocher d'Aricagua. La rivière se dirige tout droit du sud au nord; ses bords sont bas, et, des deux

[1] Au Brésil, dans la province de Ciara, les chauve-sourris causent de tels dégâts parmi les vaches, qu'elles réduisent quelquefois de riches fermiers à l'indigence. (*Corogr. bras.*, Tom. II, p. 224.)

côtés, ombragés d'épaisses forêts. Nous passâmes les embouchures de l'Ucata, de l'Arapa et de Caranaveni. Vers les quatre heures du soir, nous débarquâmes aux *Conucos de Siquita*, plantations des Indiens de la mission de San Fernando. Ces bonnes gens voulurent nous retenir chez eux ; mais nous continuâmes à remonter contre le courant, qui étoit de 5 pieds par seconde. C'est le résultat d'une mesure que j'ai faite en évaluant le temps que met un corps flottant à traverser une longueur donnée. Nous entrâmes, par une nuit obscure, dans l'embouchure du Guaviare ; nous dépassâmes le point où le Rio Atabapo s'unit au Guaviare, et nous arrivâmes à la mission après minuit. Nous fûmes logés, comme toujours, au *couvent*, c'est-à-dire à la maison du missionnaire, qui, très-surpris de notre visite inattendue, ne nous en accueillit pas moins avec la plus aimable hospitalité.

CHAPITRE XXII.

San Fernando de Atabapo.—San Baltasar. —Rivière Temi et Tuamini.—Javita.— Portage du Tuamini au Rio Negro.

Nous avions quitté, pendant la nuit, presque sans nous en apercevoir, les eaux de l'Orénoque; au lever du soleil, nous nous trouvâmes transportés, comme dans un pays nouveau, sur les bords d'une rivière dont nous n'avions presque jamais entendu prononcer le nom, et qui devoit nous conduire par le portage du Pimichin au Rio Negro, sur les frontières du Brésil. « Vous remonterez, nous disoit le président des missions, qui réside à San Fernando, d'abord l'Atabapo, et puis le Temi, enfin le Tuamini. Lorsque la force du courant des *eaux noires* vous empêchera d'avancer, on vous conduira hors du lit du fleuve, à travers les forêts que vous trouverez inondées. Il n'y a que deux moines établis dans ces lieux déserts, entre l'Orénoque et le Rio Negro; mais à Javita, on vous fournira les moyens de traîner votre pirogue par terre, pendant quatre jours, au *Caño* Pimichin. Si elle ne se brise pas, vous descendrez sans obstacle le Rio Negro (du nord-ouest au sud-est) jusqu'au fortin de San Carlos; vous remonterez le Cassiquiare (du sud au nord), puis vous reviendrez à San Fernando, dans un mois, en descendant le Haut-Orénoque, de l'est à l'ouest. » Tel est le plan que l'on nous traça pour notre navigation, et que nous avons exécuté, non sans quelques souffrances, mais toujours sans danger et avec facilité, dans l'espace de trente-trois jours. Les sinuosités sont telles dans ce dédale de rivières, que, sans le secours de la carte itinéraire que j'ai tracée, il seroit à peu près impossible de se former une idée de la route par laquelle nous sommes venus des côtes de Caracas, par l'intérieur des terres, aux limites de la *Capitania General* du Grand-Parà. Je rappellerai à ceux qui dédaignent de fixer les yeux sur des cartes remplies de noms difficiles à retenir dans la mémoire, que l'Orénoque se dirige depuis ses sources, ou du moins depuis l'Esmeralda jusqu'à San Fernando de Atabapo, de l'est à l'ouest; que, depuis San Fernando, où est la jonction du Guaviare et de l'Atabapo, jusqu'à l'embouchure du Rio Apure, il coule du sud au nord, en formant les Grandes Cataractes; enfin, que, depuis l'embouchure de l'Apure jusqu'à l'Angostura et jusqu'aux côtes de l'Océan, il prend la direction de l'ouest à l'est. Dans la première partie de son cours, là où la rivière coule de l'est à l'ouest, elle forme cette fameuse bifurcation si souvent contestée par les géographes, et dont le premier j'ai pu déterminer la position par des observations astronomiques. Un bras de l'Orénoque, le Cassiquiare, dirigé du nord au sud, se jette dans le Guainia ou Rio Negro, lequel, à son tour, s'unit au Maragnon ou rivière des Amazones. La navigation la plus naturelle pour aller de l'Angostura au Grand-Parà seroit donc de remonter l'Orénoque jusque près de l'Esmeralda, et puis de descendre le Cassiquiare, le Rio Negro et l'Amazone ; mais comme le Rio Negro, dans son cours supérieur, se rapproche beaucoup des sources de quelques rivières qui se jettent dans l'Orénoque près de San Fernando de Atabapo (là où l'Orénoque change brusquement sa direction de l'est à l'ouest, en une direction au sud au nord), on peut éviter, pour arriver au Rio Negro, de remonter la partie du fleuve entre San Fernando et l'Esmeralda. On quitte l'Orénoque, près de la mission de San Fernando ; on remonte le système des petites rivières noires (l'Atabapo, le Temi et le Tuamini), et l'on fait porter les pirogues à travers un isthme de 6000 toises de largeur, aux bords d'un ruisseau (Caño Pimichin), qui débouche dans le Rio Negro. Cette route, que nous avons prise et que l'on fréquente, surtout depuis l'époque où Don Manuel Centurion[1] étoit gouverneur de la Guyane, est tellement courte, qu'un messager porte aujourd'hui des dépêches de San Carlos del Rio Negro à l'Angostura, en 24 jours, tandis qu'autrefois, en remontant le Cassiquiare, il en

[1] *Caulin*, p. 76.

falloit 50 à 60. On peut par conséquent aller, par l'Atabapo, de l'Amazone à l'Orénoque, sans remonter le Cassiquiare, si redouté à cause de la force de son courant, du manque de vivres et du tourment des *mosquitos*. J'ajouterai, pour le lecteur françois, un exemple tiré des cartes hydrographiques de la France. Pour aller de Nevers sur la Loire à Montereau sur la Seine, on pourroit, au lieu de passer par le canal d'Orléans, qui unit, comme le Cassiquiare, deux systèmes de rivières, établir un portage entre les affluens de la Loire et de la Seine; on pourroit remonter la Nièvre, passer un isthme près du village de Menou, et descendre l'Yonne pour entrer dans la Seine.

Nous verrons bientôt combien il seroit avantageux de couper par un canal de dérivation le terrain marécageux entre le Tuamini et le Pimichin. Si ce projet étoit un jour exécuté, on n'auroit, pour naviguer du fortin de San Carlos à l'Angostura, capitale de la Guyane, d'autre obstacle à vaincre que de remonter le Rio Negro jusqu'à la mission de Maroa; le reste de la navigation se feroit à la faveur des courans du Tuamini, du

CHAPITRE XXII. 245

Temi, de l'Atabapo et de l'Orénoque. La route de San Carlos à San Fernando de Atabapo est beaucoup plus desagréable, et de moitié plus longue par le Cassiquiare que par Javita et le *Caño* Pimichin. Dans cette région où l'expédition des limites n'avoit point porté d'instrumens astronomiques, j'ai déterminé, par le moyen du chronomètre de Louis Berthoud et par des hauteurs méridiennes des astres, les positions de San Balthasar de Atabapo, de Javita, de San Carlos del Rio Negro, du Rocher Culimacari et de l'Esmeralda; la carte que j'ai construite a par conséquent levé les doutes qui restoient sur l'éloignement réciproque des établissemens chrétiens. Lorsqu'il n'existe d'autre chemin que celui de rivières tortueuses et entrelacées, lorsque de petits villages sont cachés au milieu d'épaisses forêts, et que, dans un pays entièrement uni, aucune montagne, aucun objet éminent ne sont visibles de deux points à la fois, ce n'est que dans le ciel qu'on peut lire où l'on se trouve sur la terre. Dans les pays les plus sauvages de la zone torride, on sent plus qu'ailleurs le besoin d'observations astronomiques. Ces observations n'y sont pas seulement des moyens utiles pour achever et pour perfectionner les cartes, elles deviennent des moyens indispensables pour tracer la première levée du terrain.

Le missionnaire de San Fernando, chez lequel nous restâmes deux jours, a le titre de Président des missions de l'Orénoque. Les vingt-six religieux établis sur les rives du Rio Negro, du Cassiquiare, de l'Atabapo, du Caura et de l'Orénoque sont sous ses ordres, et il dépend à son tour d'un gardien du couvent de Nueva-Barcelona, ou, comme on dit ici, du *Colegio de la Purissina Concepcion de Propaganda Fide*. Son village annonçoit un peu plus d'aisance que ceux que nous avions trouvés jusqu'ici sur notre route : cependant le nombre des habitans ne s'élevoit qu'à 226. J'ai déjà rappelé plusieurs fois que les missions rapprochées des côtes, et qui sont également soumises aux religieux Observantins, par exemple le Pilar, Caigua, Huere et Cupapui, renferment chacune de huit cents à deux mille habitans. Ce sont des villages plus grands et plus beaux que ceux qu'offrent les parties les plus cultivées de l'Europe. On nous a assuré qu'immédiatement après la première fondation, la mission de San Fernando étoit beaucoup plus populeuse qu'elle ne l'est aujourd'hui. Comme nous y avons passé une seconde fois, à notre retour du Rio Negro, je vais réunir ici les observations que nous avons faites sur un point de l'Orénoque qui pourra un jour devenir très-important pour le commerce et l'industrie coloniale.

San Fernando de Atabapo est placé près du confluent de trois grandes rivières : de l'Orénoque, du Guaviare et de l'Atabapo. C'est une position analogue à celle de Saint-Louis ou du Nouveau-Madrid aux jonctions du Mississipi avec le Missouri et l'Ohio. A mesure que le commerce sera vivifié dans ces contrées traversées par d'immenses rivières, les villes situées sur les confluens deviendront nécessairement des stations de bateaux, des entrepôts de marchandises, de véritables centres de civilisation. Le père Gumilla avoue que, de son temps, personne n'avoit connoissance du cours de l'Orénoque au-dessus de l'embouchure du Guaviare. Il ajoute naïvement qu'il a dû s'adresser aux habitans de Timana et de Pasto pour obtenir quelques notions vagues sur le Haut-Orénoque [1]. Nous ne chercherons pas aujourd'hui dans les Andes de Popayan des renseignemens sur une rivière qui naît sur le revers occidental des montagnes de Cayenne.

[1] *Los restantes Rios de que se forma el Orinoco (arriba de la boca del Guabiare) todavia no se han registrado : y solo los demarco en mi plan por las noticias acquiridas de los habitadores de Timana y Pasto de donde el principal y los Rios accessorios descienden.* (*Gum.*, *Orinoco ill.*, 1745, Tom. I, p. 52.) La première édition de cet ouvrage est de 1741, et ce ne peut être que par erreur que l'approbation du censeur de la Compagnie, Antonio de Goyeneche, est datée du 14 juillet 1731. Les pères Gumilla et Rotella ont commencé leurs premiers établissemens en 1733 (*Gili*, Tom. I, p. 60. *Gum.* Tom. I, p. 209, 239, 285; Tom. II, p. 96); le manuscrit de l'*Orinoco illustrado* ne peut par conséquent pas avoir été terminé en 1731. Cette date devient importante, parce que celles de plusieurs découvertes géographiques en dépendent. Je ferai observer aussi à cette occasion que le père Gumilla n'a été que quatre ans, et non trente ans, sur les bords de l'Orénoque, quoi qu'en ait dit le traducteur françois de l'*Orénoque illustré*. (*Gili*, Tom. I, p. 26.) On confond, en Europe, sous les noms vagues de missions de l'Orénoque, les parties de la Nouvelle-Grenade qui en sont le plus éloignées.

CHAPITRE XXII.

Le père Gumilla ne confondit pas, comme on l'en accuse faussement, les sources du Guaviare avec celles de l'Orénoque; mais, ignorant la partie de ce dernier fleuve qui se dirige de l'est à l'ouest, de l'Esmeralda vers San Fernando, il suppose que, pour continuer de remonter l'Orénoque au-dessus des cataractes et des embouchures du Vichada et du Guaviare, il faut se diriger vers le sud-ouest. A cette époque, les géographes avoient placé les sources de l'Orénoque près de celles de Putumayo et du Caqueta, sur la pente orientale des Andes de Pasto, et de Popayan, par conséquent, d'après les observations de longitudes que j'ai faites [1] sur le dos des Cordillères et à l'Esmerada, à 240 lieues de distance de leur véritable position. Des notions peu exactes, que La Condamine avoit rapportées sur les embranchemens du Caqueta, et qui sembloient corroborer les hypothèses de Sanson, ont contribué à des erreurs qui se sont propagées pendant des siècles. D'Anville, dans une première édition de sa grande carte de l'*Amérique méri-*

---

[1] A Pasto et à l'Esmeralda.

dionale (édition très-rare que j'ai trouvée à la bibliothèque du Roi), traçoit le Rio Negro, comme un bras de l'Orénoque qui se détache du tronc principal de la rivière entre les embouchures du Meta et du Vichada, près de la cataracte de los Astures (Atures). Ce grand géographe ignoroit alors entièrement l'existence du Cassiquiare et de l'Atabapo, et il fit naître l'Orénoque ou Rio Paragua, le Japura et le Putumayo, de trois embranchemens du Caqueta. C'est l'expédition des limites, commandée par Ituriaga et Solano, qui a fait connoître le véritable état des choses. Solano étoit l'ingénieur géographe de cette expédition; il avança, en 1756, jusqu'à l'embouchure du Guaviare, après avoir passé les Grandes Cataractes. Il reconnut que, pour continuer à remonter l'Orénoque, il faudroit se diriger vers l'est, et que c'est au point de la grande inflexion de cette rivière par 4° 4' de latitude, qu'elle reçoit les eaux du Guaviare qui, deux milles plus haut, a reçu les eaux de l'Atabapo. Intéressé à s'approcher autant que possible des possessions portugaises, Solano résolut d'avancer vers le sud. Il trouva établis, au confluent de l'Atabapo et du Gua-

CHAPITRE XXII.

viare, des Indiens de la nation belliqueuse des Guaypunabis[1]. Il les attira par des présens, et c'est avec eux qu'il fonda la mission de San Fernando, à laquelle, croyant en imposer au ministère de Madrid, il donna le nom pompeux de *villa*.

Pour faire connoître l'importance politique de cette fondation, il faut rappeler ici quelle étoit à cette époque la balance du pouvoir entre les petites tribus indiennes de la Guyane. Les rives du Bas-Orénoque avoient été ensanglantées pendant long-temps par la lutte opiniâtre de deux nations puissantes, les Cabres et les Caribes. Les derniers, dont l'habitation principale, depuis la fin du dix-septième siècle, est entre les sources du Carony, de l'Esquibo, de l'Orénoque et du Rio Parime, ne domi-

---

[1] Guipunaves, proprement Uipunavi. Il ne faut point les confondre avec les Puinaves ou Poignaves du Ventuari, dont j'ai fait connoître plus haut quelques noms d'étoiles. Le père Gili pense que les noms des Massarinavi, Guaypunavi et des Puinavi désignent les descendans ou fils (*navi*) de trois chefs de famille appelés Massari, Guay et Pui. C'est ainsi que les Achaguas appellent en maypure une tribu de Caribes Chavinavi ou enfans (fils, *navi*) du tigre (*chavi*); c'est ainsi que les Portugais sont appelés Jaranavi ou enfans (*navi*) de la flûte (*jara*). *Stor. amer.*, Tom. II, p. 205.

noient pas seulement jusqu'aux Grandes Cataractes; ils faisoient aussi des incursions dans le Haut-Orénoque, en se servant des *portages* entre le Paruspa [1] et le Caura, l'Erevato et le Ventuari, le Conorichite et l'Atacavi. Personne ne connoissoit mieux l'entrelacement des rivières, la proximité des affluens, les routes par lesquelles on peut diminuer les distances à parcourir. Les Caribes avoient vaincu et presque exterminé les Cabres. Maîtres du Bas-Orénoque, ils trouvoient de la résistance chez les Guaypunabis qui avoient fondé leur domination sur le Haut-Orénoque, et qui, avec les Cabres, les Manitivitanos et les Parenis, sont la nation la plus anthropophage de ces contrées. Ils habitoient originairement

[1] Le Rio Paruspa se jette dans le Rio Paragua, et celui-ci dans le Rio Carony qui est un des affluens du Bas-Orénoque. Il y a aussi un ancien portage des Caribes entre le Paruspa et le Rio Chavaro qui débouche dans le Rio Caura, au-dessus de l'embouchure de l'Erevato. En remontant l'Erevato, on parvient aux savanes que traverse le Rio Manipiare au-dessus des affluens du Ventuari. Quelquefois les Caribes, dans leurs excursions lointaines, passoient du Rio Caura au Ventuari, de là au Padamo, et puis, par le Hant-Orénoque, à l'Atacavi qui, à l'ouest de Manuteso, prend le nom d'Atabapo.

les rives du grand fleuve Inirida, à son confluent avec le Chamochiquini et le pays montueux de Mabicore [1]. Vers l'année 1744, leur chef, ou, comme disent les indigènes, leur *apotò* (roi), se nommoit Macapu : c'étoit un homme aussi remarquable par son intelligence que par sa valeur. Il avoit conduit une partie de la nation sur les bords de l'Atabapo ; et, lorsque le jésuite Roman fit sa mémorable expédition de l'Orénoque au Rio Negro, Macapu permit à ce missionnaire d'amener avec lui quelques familles de Guaypunabis, pour les établir à Uruana et près de la cataracte de Maypurès. J'ai déjà fait observer plus haut que cette nation appartient par sa langue au grand rameau des peuples Maypures. Elle est plus industrieuse, on pourroit presque dire plus civilisée que les autres nations du Haut-Orénoque. Les missionnaires racontent que, lors de leur domination dans ces contrées, les Guaypunabis étoient assez généralement vêtus, et avoient des villages considérables. Après la mort de Macapu, le commandement passa à

---

[1] J'ai indiqué ce site ancien des Guaypunabis, et les portages dont il est question, dans les cartes n.ºs 16 et 20 de l'*Atlas géographique.*

un autre homme de guerre, Cuseru, que les Espagnols appeloient le capitaine Cruzero. Il avoit établi sur les bords de l'Inirida des lignes défensives avec une espèce de fortin construit en terre et en bois. Les pieux avoient plus de seize pieds de haut, et entouroient et la maison de l'*Apotò* et un magasin d'arcs et de flèches. Le père Forneri a décrit cette construction, remarquable dans une contrée d'ailleurs si sauvage.

Sur les bords du Rio Negro, les Marepizanas et les Manitivitanos étoient les nations prépondérantes. Les premiers avoient pour chefs, vers l'année 1750, deux guerriers appelés Imu et Cajamu; le roi des Manitivitanos étoit Cocuy, fameux par ses cruautés et le raffinement de ses débauches. Sa sœur vivoit encore de mon temps dans les environs de la mission de Maypure. On sourit lorsqu'on apprend que ces noms de Cuseru, d'Imu et de Cocuy sont célèbres dans ces contrées, comme le sont dans l'Inde les noms de Holkar, de Tippo, et des princes les plus puissans. Les chefs des Guaypunabis et des Manitivitanos combattoient avec de petits corps de deux ou trois cents hommes; mais, dans leurs luttes prolongées, ils dévastoient les missions, dont les pauvres religieux ne pouvoient disposer que de quinze ou vingt soldats espagnols. Des hordes, méprisables par leur nombre et leurs moyens de défense, répandoient la terreur comme des armées. Si les pères jésuites réussirent à conserver leurs établissemens, ce fut en opposant la ruse à la force. Ils attachoient à leurs intérêts quelques chefs puissans et affoiblissoient les Indiens par la désunion. Lorsque l'expédition d'Ituriaga et de Solano arriva à l'Orénoque, les missions n'avoient plus à craindre [1] les incursions des Caribes. Cuseru, le chef des Guaypunabis, avoit fixé sa demeure derrière les montagnes granitiques de Sipapo. Il étoit l'ami des jésuites; mais d'autres peuples du Haut-Orénoque et du Rio Negro, les Marepizanos, les Amuizanos et les Manitivitanos,

---

[1] Depuis l'année 1733 jusqu'en 1735, la nation Caribe étoit dangereuse pour les missions du Bas-Orénoque. C'est dans cet intervalle que les missionnaires du Mamo, et l'évêque Don Nicolas de Labrid, qui avoit été chanoine du chapitre de Lyon, furent égorgés par les sauvages. En 1740, le père Rotella fonda la mission de Cabruta, en y réunisssant les Cabres pour s'opposer aux incursions des Caribes. Ces incursions cessèrent entièrement vers l'année 1750.

conduits par Imu, Cajamu et Cocuy, pénétrèrent de temps en temps au nord des Grandes Cataractes. Ils avoient, pour combattre, d'autres motifs que la haine. Ils faisoient la *chasse aux hommes*, comme c'étoit jadis l'usage des Caribes et comme c'est encore l'usage en Afrique. Tantôt ils fournissoient des esclaves (*poitos*) aux Hollandois ou Paranaquiri (*habitans des mers*); tantôt ils les vendoient aux Portugais ou Iaranavi (*fils de musiciens*) [1]. En Amérique comme en Afrique, la cupidité des Européens a produit les mêmes maux; elle a excité les indigènes à se faire la guerre pour se procurer des esclaves [2]. Partout le contact de peuples très-éloignés les uns des autres dans les degrés de leur civilisation donne lieu à l'abus de la force physique et de la prépondérance intellectuelle. Les Phéniciens et les Carthaginois cherchoient jadis des esclaves en Europe. Au-

---

[1] Les peuples sauvages désignent chaque nation commerçante de l'Europe par des surnoms dont l'origine paroît entièrement accidentelle. J'ai déjà rappelé, dans un autre endroit (Tom. III, p. 433), que les Espagnols étoient nommés de préférence *hommes habillés*, *Pon gheme* ou *Uavemi*.

[2] *Voyez* Tom. II, p. 312.

jourd'hui l'Europe pèse à son tour et sur les pays où elle a recueilli les premiers germes des sciences, et sur ceux où elle les répand, presque sans le vouloir, en y portant les produits de son industrie.

J'ai exposé fidèlement ce que j'ai pu recueillir sur l'état de ces contrées, où les peuples vaincus s'éteignent peu à peu et ne laissent d'autres signes de leur existence que quelques mots de leur langue mêlés avec la langue des peuples vainqueurs. Nous avons vu que, dans le nord, au-delà des cataractes, c'étoient d'abord les Caribes et les Cabres; vers le sud, dans le Haut-Orénoque, les Guaypunabis; dans le Rio Negro, les Marepizanos et les Manitivitanos qui étoient les nations prépondérantes. La longue résistance que les Cabres, réunis sous un chef vaillant, avoient faite aux Caribes, leur étoit devenue funeste depuis l'année 1720. Ils avoient d'abord battu leurs ennemis près de la bouche du Rio Caura. Un grand nombre de Caribes périt dans une fuite précipitée, entre les Rpides du Torno et l'*Isla del Infierno*. Les prisonniers furent dévorés, et, par un de ces raffinemens de ruse et de cruauté qui sont communs aux peuples sauvages des deux Amé-

Relat. histor. Tom. 7. 17

riques, les Cabres laissèrent la vie à un seul Caribe qu'ils firent monter sur un arbre pour assister à ce spectacle barbare, et pour en rapporter la nouvelle aux vaincus. Le triomphe de Tep, chef des Cabres, ne fut que de peu de durée. Les Caribes revinrent en si grand nombre, qu'il ne resta que de foibles débris des Cabres anthropophages sur les rives du Cuchivero.

Dans le Haut-Orénoque, Cocuy et Cuseru se faisoient une guerre à mort, lorsque Solano arriva à l'embouchure du Guaviare. Le premier avoit embrassé le parti des Portugais; le second, ami des jésuites, les avertit chaque fois que les Manitivitanos étoient en marche contre les établissemens chrétiens d'Aturès et de Carichana. Cuseru ne se fit chrétien que peu de jours avant sa mort; mais, dans les combats, il portoit, lié à sa hanche gauche, un crucifix que les missionnaires lui avoient donné, et par lequel il se croyoit invulnérable. On nous a rapporté une anecdote qui peint toute la violence de son caractère. Il avoit épousé la fille d'un chef indien du Rio Temi. Dans un accès de haine contre son beau-père, il déclara à sa femme qu'il alloit se mesurer avec lui. La femme lui rappela le courage et la force extraordinaires du père: mais Cuseru, sans proférer une parole, prit une flèche empoisonnée et lui perça le sein. En 1756, l'arrivée d'un petit corps d'Espagnols, sous les ordres de Solano, causa de l'ombrage à ce chef des Guaypunabis. Il étoit sur le point de tenter la lutte, lorsque les pères jésuites lui firent entrevoir qu'il seroit de son intérêt de rester en paix avec les chrétiens. Cuseru dîna à la table du général espagnol : on le captiva par des promesses, en lui faisant entrevoir la chute prochaine de ses ennemis. De roi qu'il étoit, il devint maire de village, et consentit à s'établir, avec les siens, à la nouvelle mission de San Fernando de Atabapo. Telle est le plus souvent la triste fin de ces chefs que les voyageurs et les missionnaires appellent des princes indiens. « Dans ma mission, dit le bon père Gili, j'avois cinq *reyecillos* ou petits rois, ceux des Tamanaques, des Avarigotes, des Parecas, des Quaquas et des Méépures. A l'église, je les plaçois tous en file sur un même banc : mais j'avois soin de donner la première place à Monaiti, roi des Tamanaques, parce qu'il m'avoit aidé à fonder le village. Il paroissoit tout fier de cette distinction. » Nous conviendrons avec le père Gili qu'il est rare de trouver des hommes déchus d'un grand pouvoir aussi faciles à contenter.

Lorsque Cuseru, le chef des Guaypunabis, vit passer les troupes espagnoles par les cataractes, il conseilla à don Jose Solano d'attendre une année entière avant de former l'établissement sur les rives de l'Atabapo: il prédit des malheurs qui ne tardèrent point d'arriver. « Laissez-moi travailler avec les miens et défricher les terres, disoit Cuseru aux pères jésuites, je planterai du manioc, et vous trouverez plus tard de quoi nourrir tant de monde. » Solano, impatient d'avancer, n'écouta pas le conseil du chef indien. Les nouveaux habitans de San Fernando eurent à souffrir tous les maux de la disette. On envoya à grands frais des pirogues chercher, par le Meta et le Vichada, des farines de la Nouvelle-Grenade. Ces provisions arrivèrent trop tard, et beaucoup d'Espagnols et d'Indiens périrent des maladies que la disette et l'abattement des forces morales font naître sous tous les climats.

Il y a encore quelques traces de culture

à San Fernando : chaque Indien a une petite plantation de cacaoyers. Les arbres produisent abondamment dès la cinquième année ; mais ils cessent de porter des fruits plutôt que dans les vallées d'Aragua. La féve est petite et d'une excellente qualité. Un *Almuda*, dont douze composent une fanègue, s'achète, à San Fernando, pour 6 réaux, à peu près 4 francs. Sur les côtes, elle coûte au moins 20 à 25 francs; mais toute la mission produit à peine 80 *vanegas* par an; et, comme les religieux des missions de l'Orénoque et du Rio Negro font seuls, d'après un ancien abus, le commerce du cacao, l'Indien ne se trouve pas stimulé à augmenter une culture qui ne lui offre presque aucun avantage. Il y a quelques savanes et de bons pâturages autour de San Fernando; mais l'on y trouve à peine sept ou huit vaches, reste du troupeau considérable que l'expédition des limites avoit conduit dans ces contrées. Les Indiens sont un peu plus civilisés que dans le reste des missions. Nous y avons trouvé avec surprise un forgeron de la race des indigènes.

Ce qui nous frappa le plus dans la mission de San Fernando, et ce qui donne une physionomie particulière au paysage, c'est le palmier *Pihiguao* ou *Pirijao*. Son tronc, armé d'épines, a plus de soixante pieds de haut; ses feuilles sont pennées, très-minces, ondulées et frisées vers les pointes. Rien n'est plus extraordinaire que les fruits de cet arbre; chaque régime en porte 50 à 80; ils sont jaunes comme des pommes, pourprés à mesure qu'ils mûrissent, de deux à trois pouces de grosseur, et généralement, par avortement, sans noyau intérieur. Parmi les 80 à 90 espèces de palmiers qui sont propres au Nouveau-Continent, et dont j'ai fait l'énumération dans le *Nova Genera plantarum œquinoctialium* [1], il n'y en a aucune dont le sarcocarpe soit développé d'une manière si extraordinaire. Le fruit du *Pirijao* offre une matière farineuse, jaune comme l'intérieur de l'œuf, légèrement sucrée et très-nourrissante. On le mange comme la banane et la pomme de terre, bouilli ou rôti dans la cendre; c'est un aliment aussi sain qu'agréable. Les Indiens et les missionnaires ne tarissent pas dans les éloges qu'ils font de ce superbe palmier que

[1] Vol. II, p. 295.

l'on pourroit nommer *palmier-pêche* et que nous avons trouvé cultivé abondamment à San Fernando, à San Balthasar et à Santa Barbara, partout où nous nous sommes avancés vers le sud et vers l'est le long des rives de l'Atabapo et du Haut-Orénoque. Dans ces régions sauvages on se rappelle involontairement l'assertion de Linné, que la région des palmiers est la première patrie de notre espèce, que l'homme est essentiellement *palmivore* [1]. Quand on examine les provisions entassées dans les cabanes des Indiens, on reconnoît que leur nourriture repose, pendant plusieurs mois de l'année, tout autant sur le fruit farineux du *Pirijao* que sur le manioc et la banane. Chaque arbre ne porte qu'une fois par an, mais jusqu'à trois régimes, par conséquent 150 à 200 fruits.

San Fernando de Atabapo, San Carlos et San Francisco Solano sont les établissemens les plus considérables parmi les missions du Haut-Orénoque. Nous trouvâmes à San Fer-

---

[2] Homo *habitat* intra tropicos, vescitur Palmis, Lotophagus; *hospitatur* extra tropicos sub novercante Cerere, carnivorus. (*Syst. Nat.*, Tom. I, P. 1, p. 24).

nando, comme dans les villages voisins de San Balthasar et de Javita, de jolies maisons de curé couvertes de lianes, entourées de jardins. Les troncs élancés du palmier *Pirijao* faisoient à nos yeux le plus bel ornement de ces plantations. Dans nos promenades, le père Président nous fit le récit animé de ses incursions dans le Rio Guaviare. Il nous rappela combien ces voyages entrepris « pour la conquête des ames », sont désirés par les Indiens des missions. Tout le monde, les femmes et les veillards même, veulent y prendre part. Sous le vain prétexte de poursuivre des néophytes qui ont déserté le village, on enlève des enfans au-dessus de huit à dix ans, et on les distribue parmi les Indiens des missions comme serfs ou *Poitos*. Les journaux de route, que le père Bartholomé Mancilla nous a obligeamment communiqué, renferment des matériaux géographiques très-précieux. Je donnerai plus bas le résumé de ces découvertes, en traitant des principaux affluens de l'Orénoque, qui sont le Guaviare, le Ventuari, le Meta, le Caura et le Carony. Il suffit de rappeler ici que, d'après les observations astronomiques que j'ai faites sur les bords de l'Atabapo et sur la pente occidentale de la Cordillère des Andes, près du *Paramo de la Suma Paz*, il n'y a que 107 lieues de San Fernando aux premiers villages des provinces de Caguan et de San Juan de los Llanos. Aussi des Indiens qui ont habité jadis à l'ouest de l'île Amanaveni, au-delà du confluent du Rio Supavi, m'ont assuré que s'étant promenés en canot sur le Guaviare (à la manière des sauvages) jusqu'au-delà du détroit (*angostura*) et de la cataracte principale, ils avoient rencontré, à trois journées de distance, des hommes barbus et vêtus qui venoient chercher des œufs de la tortue *Terekey*. Cette rencontre fit tellement peur aux Indiens, qu'ils s'enfuirent à toute hâte en redescendant le Guaviare. Il est probable que ces hommes blancs et barbus venoient des villages d'Aroma et de San Martin, le Rio Guaviare étant formé de la réunion des deux rivières de l'Ariari et du Guayavero. Il ne faut point être surpris que les missionnaires de l'Orénoque et de l'Atabapo ne se doutent guère de la proximité dans laquelle ils vivent des missionnaires de Mocoa, du Rio Fragua et du Caguan. Dans ces contrées désertes, des observations de longitudes peuvent seules faire connoître les véritables distances, et ce n'est que d'après des données astronomiques, et les renseignemens que j'ai recueillis dans les couvens de Popayan et de Pasto, à l'ouest de la Cordillère des Andes, que je me suis formé une idée exacte du gisement respectif des établissemens chrétiens sur l'Atabapo, le Guayavero et le Caqueta [1].

Tout change dès que l'on entre dans le lit du Rio Atabapo, et la constitution de l'atmosphère, et la couleur des eaux, et la forme des arbres qui couvrent le rivage. On ne souffre plus pendant le jour des *mosquitos*. Les cousins à longues jambes (*zancudos*) deviennent très-rares pendant la nuit. Au-delà de la mission de San Fernando, ces insectes nocturnes disparoissent même entièrement. Les eaux de l'Orénoque sont troubles, chargées de matières terreuses, répandant, dans les anses, par l'accumulation de crocodiles morts et d'autres matières putrescibles, une odeur musquée et douceâtre. Pour boire ces eaux, nous fûmes quelquefois obligés de les passer à travers un

---

[1] Le Caqueta porte plus bas le nom de Yapurà.

linge. Les eaux de l'Atabapo au contraire sont pures, agréables au goût, sans trace d'odeur, brunâtres par *réflexion*, et foiblement jaunâtres par *transmission*. Le peuple les appelle légères en opposition aux eaux troubles et lourdes de l'Orénoque. Leur température est généralement de 2°, lorsqu'on avance vers l'embouchure du Rio Temi, de 3° plus fraîche que la température du Haut-Orénoque. Quand on est forcé, pendant une année entière, de boire des eaux dont la chaleur s'élève [1] à 27° ou 28°, un abaissement de température de quelques degrés produit déjà une sensation très-agréable. Je crois pouvoir attribuer cet abaissement de température à la moindre largeur du fleuve, au manque de plages sablonneuses dont la chaleur est, à l'Orénoque, pendant le jour, de plus de 50°, à l'ombrage épais des forêts que traversent l'Atabapo, le Temi, le Tuamini et le Guainia ou Rio Negro.

Ce qui prouve l'extrême pureté des eaux noires, c'est leur limpidité, leur transparence et la netteté avec laquelle elles réfléchissent

---

[1] A 22°,4 ou 22°,4 Réaumur.

l'image et les teintes des objets environnans. Les plus petits poissons s'y distinguent à une profondeur de 20 à 30 pieds, le plus souvent on reconnoît le fond de la rivière. Ce n'est point une vase jaunâtre ou brunâtre comme les eaux, c'est un sable quarzeux et granitique d'une blancheur éblouissante. Rien n'est comparable à la beauté des rives de l'Atabapo. Surchargées de végétaux parmi lesquels s'élèvent des palmiers à feuilles panachées, ces rives se réfléchissent dans les eaux du fleuve. Le vert de l'image réfléchie semble avoir la même intensité de couleur que l'objet vu directement, tant la surface du liquide est homogène, unie, dépourvue de ce mélange de sable suspendu et de débris organiques qui forment des aspérités et des stries sur la surface des rivières moins limpides.

En quittant l'Orénoque, on passe, mais sans aucune apparence de danger, plusieurs petits rapides. C'est au milieu des *Raudalitos* que, d'après l'opinion des missionnaires, le Rio Atabapo se jette dans l'Orénoque. Je pense plutôt que l'Atabapo se jette dans le Guaviare, et que c'est par ce dernier nom que l'on devroit désigner la partie du fleuve que l'on rencontre depuis l'Orénoque jusqu'à la mission de San Fernando. Le Rio Guaviare, beaucoup plus large que l'Atabapo, a les eaux blanches, et ressemble, par l'aspect de ses bords, par ses oiseaux-pêcheurs, par ses poissons et les grands crocodiles qu'il nourrit, bien plus à l'Orénoque que la partie de ce dernier fleuve qui vient de l'Esmeralda. Lorsqu'une rivière naît de la jonction de deux autres rivières peu différentes en largeur, il est difficile de juger lequel des deux affluens doit être regardé comme la source. Les Indiens de San Fernando soutiennent encore aujourd'hui une opinion diamétralement contraire à celle des géographes. Ils affirment que l'Orénoque naît de deux rivières, du Guaviare et du Rio Paragua. C'est sous ce dernier nom qu'ils désignent le Haut-Orénoque, depuis San Fernando et Santa Barbara jusqu'au-delà de l'Esmeralda. D'après cette hypothèse, ils disent que le Cassiquiare n'est pas un bras de l'Orénoque, mais un bras du Rio Paragua. En fixant les yeux sur la carte que j'ai tracée, on reconnoît que ces dénominations sont entièrement arbitraires. Il importe peu que l'on refuse au Rio Paragua le nom d'Orénoque, pourvu qu'on retrace le cours des fleuves tel qu'il est dans la nature, et qu'on ne sépare pas, comme on l'a fait avant mon voyage, par une chaîne de montagnes, des rivières qui communiquent entre elles et qui forment un même système. Lorsqu'à une des deux branches qui forment un grand fleuve on veut donner le nom que porte ce dernier, il faut l'appliquer à la branche qui fournit le plus d'eau. Or, aux deux époques de l'année où j'ai vu le Guaviare et le Haut-Orénoque ou Rio Paragua (entre l'Esmeralda et San Fernando), il m'a paru que celui-ci étoit moins large que le Guaviare. Des doutes entièrement semblables se sont présentés aux géographes voyageurs sur la jonction du Haut-Mississipi avec le Missoury et l'Ohio, sur la jonction du Marañon avec le Guallaga et l'Ucayale, sur la jonction de l'Indus avec le Chunab (Hydaspes de Cachemire) et le Gurra ou Sutledge [1]. Pour ne pas embrouiller davantage une nomenclature de fleuves si arbitrai-

[1] L'Hydaspes (Djelom) est proprement un affluent du Chunab ou Acesines. Le Sutledge ou Hysudrus forme, avec le Beyah ou Hyphases, la rivière Gurra. Ce sont là les belles régions du Pendjab et Duab célèbres dans l'histoire depuis Porus jusqu'à Sultan Acbar.

rement fixée, je ne proposerai point de nouvelles dénominations. Je continuerai, avec le père Caulin et les géographes espagnols, à nommer Orénoque ou Haut-Orénoque le fleuve de l'Esmeralda; mais je ferai observer, si l'on regardoit l'Orénoque, depuis San Fernando de Atabapo jusqu'au Delta, qu'il forme, vis-à-vis l'île de la Trinité, comme la continuation du Rio Guaviare, et que si l'on considéroit la partie du Haut-Orénoque, entre l'Esmeralda et la mission de San Fernando, comme un affluent particulier, l'Orénoque conserveroit, depuis les savanes de San Juan de los Llanos et la pente orientale des Andes jusqu'à son embouchure, une direction plus uniforme et plus naturelle, celle du sud-ouest au nord-est.

Le Rio Paragua, ou la partie de l'Orénoque qu'on remonte à l'est de la bouche du Guaviare, a des eaux plus claires, plus transparentes et plus pures que la partie de l'Orénoque au-dessous de San Fernando. Les eaux du Guaviare, au contraire, sont blanches et troubles; elles ont le même goût, selon le jugement des Indiens dont les organes sont très-délicats et très-exercés, que les eaux de l'Orénoque, près des Grandes Cataractes. « Portez-moi les eaux de trois ou quatre grandes rivières de ces contrées, nous disoit un vieux Indien de la mission de Javita; en les buvant, je vous dirai, sans me tromper, où ces eaux ont été puisées, si elles sont d'une rivière blanche ou d'une rivière noire, de l'Orénoque ou de l'Atabapo, du Paragua ou du Guaviare. » Les grands crocodiles et les dauphins (*Toninas*) sont également communs dans le Rio Guaviare et dans le Bas-Orénoque; ces animaux manquent entièrement, à ce qu'on nous a dit, dans le Rio Paragua (ou Haut-Orénoque, entre San Fernando et l'Esmeralda). Voilà des différences bien remarquables dans la nature des eaux et la distribution des animaux! Les Indiens ne manquent pas de les citer, lorsqu'ils veulent prouver aux voyageurs que le Haut-Orénoque, à l'est de San Fernando, est une rivière particulière qui tombe dans l'Orénoque, et que la véritable origine de celui-ci doit être cherchée dans les sources du Guaviare. C'est à tort sans doute que les géographes d'Europe n'admettent pas la manière de voir des Indiens, qui sont les géographes de leur pays;

CHAPITRE XXII.

mais, en fait de nomenclature et d'orthographe, il est souvent prudent de suivre une erreur qu'on vient de signaler.

Les observations astronomiques [1] faites dans la nuit du 25 avril ne m'ont pas donné la latitude avec une certitude satisfaisante. Le ciel étoit nuageux, et je ne pus obtenir que quelques hauteurs de α du Centaure et de la belle étoile au pied de la Croix du Sud. D'après ces hauteurs, la latitude de la mission de San Fernando me parut 4° 2′ 48″. Le père Caulin [2] la donne dans la carte qui se fonde sur les observations de Solano, faites en 1756, de 4° 1′. Cette concordance prouve la justesse d'un résultat que je n'ai

---

[1] *Voyez* mon *Rec. d'Obs. astr.*, Tom. I, p. 230, 253 et 275.

[2] Dans le texte du livre qui, comme cela arrive malheureusement dans la plupart des relations de voyage, est en contradiction avec la carte, la latitude de la jonction du Guaviare et de l'Atabapo se trouve indiquée un peu moins de 3°. Cette différence ne provient-elle pas de fausses copies qui ont circulé des observations de Solano ? Le père Gili en cite un exemple pour la latitude d'Aturès, qui l'a induit en erreur dans tous les points plus méridionaux. (*Saggio*, Tom. I, p. 320; et, plus haut, p. 296.)

cependant pu tirer que de hauteurs assez éloignées du méridien. Une bonne observation d'étoile, faite à Guapasoso[1], me donne, pour San Fernando de Atabapo, 4° 2′. (Gumilla plaçoit le confluent de l'Atabapo et du Guaviare par 0° 30′ ; d'Anville, par 2° 51′). Quant à la longitude, j'ai pu la fixer avec beaucoup de précision, en allant au Rio Negro et en revenant de ce fleuve ; elle est de 70° 30′ 46″ (ou 4° 0′, à l'ouest du méridien de Cumana). La marche du chronomètre a été si régulière pendant la navigation en canot, qu'elle n'a varié, du 16 avril au 9 juillet, que de 27″,9 à 28″,5. J'ai trouvé, à San Fernando de Atabapo, l'inclinaison de l'aiguille aimantée, rectifiée avec beaucoup de soin, 29°,70 div. cent. ; l'intensité des forces, 219. L'angle et les oscillations avoient donc considérablement diminué depuis Maypurès, par une différence de latitude de

---

[1] *Obs. astr.* Tom. I, p. 263. Sur la carte d'Arrowsmith on a suivi la longitude de San Fernando telle que je l'ai publiée (68° 10 Greenw.) ; mais on a fait la latitude 4° 19′. Dans ce point, comme dans tant d'autres, les combinaisons de d'Anville sur la longitude ont été plus heureuses que celles de ses successeurs.

1° 11. La roche environnante n'étoit plus un grès ferrugineux, c'étoit du granite qui passe au gneis.

Le 26 avril. Nous ne fîmes que 2 ou 3 lieues de chemin ; nous bivouaquâmes sur un rocher près des plantations indiennes, ou *Conucos* de Guapasoso. Comme on ne voit pas les vrais bords de la rivière, et que par ses inondations elle se perd dans les forêts, on ne peut mettre pied à terre que là où un rocher ou un petit plateau s'élèvent au-dessus des eaux. Le granite de ces contrées ressemble quelquefois, par la disposition qu'affectent des lames minces de mica noir, au granite graphique; mais le plus souvent, et ceci détermine l'âge de sa formation, il passe à un véritable gneis. Très-régulièrement stratifié, ses couches se dirigent, comme dans la Cordillère du littoral de Caracas, du sud-ouest au nord-est. L'inclinaison de ce granite-gneis est de 70° au nord-ouest : il est traversé par une infinité de filons de quarz singulièrement transparent, et qui ont 3 à 4, quelquefois même 15 pouces d'épaisseur. Je n'y ai trouvé aucune cavité (*druse*), aucune substance cristallisée, pas même du cristal de roche, aucune trace de pyrite ou de quelque autre substance métallique. J'entre dans ces détails à cause des idées chimériques répandues dès le 16.ᵉ siècle, depuis les voyages de Berreo et de Ralegh[1], « sur les innombrables richesses du grand et bel empire de la Guyane. »

La rivière de l'Atabapo offre partout un aspect particulier : on ne voit pas ses véritables rives formées par des plateaux de huit à dix pieds de hauteur ; elles sont cachées par une rangée de palmiers et de petits arbres à troncs très-minces dont les racines sont baignées par les eaux. Il y a beaucoup de crocodiles depuis le point où l'on quitte l'Orénoque jusqu'à la mission de San Fernando, et leur présence indique, comme nous l'avons dit plus haut, que cette partie du fleuve appartient au Rio Guaviare et non à l'Atabapo. Dans le vrai lit de cette dernière rivière, au-dessus de la mission de San Fernando, il n'y a plus de crocodiles ; on y trouve

[1] L'ouvrage de Ralegh porte le titre pompeux : *the Discovery of the large, rich and beautiful Empire of Guiana.* Lond., 1596. (*Voyez* aussi *Raleghi admiranda descriptio regni Guianæ, auri abundantissimi.* Ed. Hondius Noribergæ, 1599.)

quelques *bavas*, beaucoup de *dauphins d'eau douce*, mais pas de Lamantins. Sur ces mêmes rives, on cherche aussi en vain le Chiguire, les Araguates ou grands singes hurleurs, le Zamuro ou Vultur aura, et le faisan huppé connu sous le nom de *Guacharaca*. D'énormes couleuvres d'eau qui, par leur port, ressemblent au *Boa*, sont malheureusement très-communes : elles deviennent dangereuses pour les Indiens qui se baignent. Nous en avons rencontré, dès les premiers jours, nageant à côté de notre pirogue; elles avoient au plus 12 à 14 pieds de long. Les jaguars des rives de l'Atabapo et du Temi sont grands et très-bien nourris, cependant on les dit beaucoup moins audacieux que les jaguars de l'Orénoque.

Le 27 avril. La nuit étoit belle, des nuages noirâtres parcouroient de temps en temps le zénith avec une rapidité extrême. Il n'y eut pas un souffle de vent dans les couches inférieures de l'atmosphère; la brise n'existoit qu'à une hauteur de mille toises. J'insiste sur cette particularité : le mouvement que nous vîmes n'étoit pas produit par ces contre-courans (de l'ouest à l'est) que l'on croit observer quelquefois dans la zone torride sur les plus hautes montagnes des Cordillères; c'étoit l'effet d'une véritable brise, du vent d'est. J'eus de bonnes observations de la hauteur méridienne de α de la Croix du Sud. Les résultats partiels n'oscilloient que de 8 à 10 secondes autour de la moyenne [1]. La latitude de Guapasoso est 3° 53′ 55″. L'eau noire de la rivière me servit d'horizon, et je sentis d'autant plus de plaisir à faire ces observations que, dans les rivières à eaux blanches, le long de l'Apure et de l'Orénoque, nous avions été cruellement piqués par les insectes, M. Bonpland en marquant l'heure au chronomètre, moi en calant l'horizon. Nous partîmes des *Conucos* de Guapasoso à deux heures. Nous remontâmes toujours vers le sud, et nous trouvâmes la rivière, ou plutôt la partie de son lit qui est libre d'arbres, de plus en plus rétrécie. Il commençoit à pleuvoir vers le lever du soleil. Peu accoutumés à ces forêts qui sont moins habitées par des animaux que les forêts de l'Orénoque, nous étions presque surpris de

---

[1] *Obs. astr.*, Tom. I, p. 233.

CHAPITRE XXII.

ne plus entendre les hurlemens des singes Araguates. Les dauphins ou *Toninas* jouoient le long de notre canot. D'après le rapport de M. Colebrooke, le *Delphinus gangeticus*, qui est le souffleur d'eau douce de l'ancien continent, accompagne également les bateaux qui remontent vers Benares ; mais de Benares au point où le Gange reçoit des eaux salées, il n'y a que 200 lieues, tandis que de l'Atabapo à l'embouchure de l'Orénoque il y en a plus de 320.

Vers midi, nous passâmes à l'est l'embouchure de la petite rivière Ipurichapano, et plus tard le mamelon granitique connu sous le nom de la *Piedra del Tigre*. Ce rocher isolé n'a que 60 pieds de haut, il jouit cependant d'une grande célébrité dans ces contrées. Entre les 4° et 5° de latitude, un peu au sud des montagnes de Sipapo, on atteint l'extrémité méridionale de cette *Chaîne des Cataractes* que, dans un mémoire publié en 1800, j'ai proposé d'appeler la *Chaîne de la Parime*. Par les 4° 20′ elle se prolonge de la rive droite de l'Orénoque vers l'est et l'est-sud-est. Tout le terrain qui s'étend des montagnes de la Parime vers la rivière des Amazones, et qui est traversé par l'Atabapo, le Cassiquiare et le Rio Negro, est une plaine immense couverte en partie de forêts, en partie de graminées. De petits rochers s'y élèvent par-ci par-là comme des châteaux forts. Nous regrettâmes de n'avoir pas établi notre bivouac près du rocher du Tigre : car, en remontant l'Atabapo, nous eûmes beaucoup de difficulté à découvrir un terrain sec, libre et assez spacieux pour allumer nos feux et pour placer nos instrumens et nos hamacs.

Le 28 avril, Il pleuvoit à versé depuis le le coucher du soleil; nous craignîmes que nos collections ne fussent endommagées. Le pauvre missionnaire avoit son accès de fièvre tierce, il nous engagea de nous embarquer d'abord après minuit. Nous passâmes, vers le jour, la *Piedra* et le *Raudalito* [1] de Guarinuma. Le rocher est situé sur la rive orientale; c'est un banc nu de granite couvert de Psora, de Cladonia et d'autres plantes lichéneuses. Je me crus transporté dans le nord de l'Europe, sur la crête des montagnes de gneis et de granite, entre Freiberg et Marienberg

---

[1] Le rocher et les petites cascades.

en Saxe. Les Cladonias me paroissoient identiques avec le Lichen rangiferinus, le L. pyxidatus et le L. polymorphus de Linné. Après avoir passé les rapides de Guarinuma, les Indiens nous montrèrent, au milieu de la forêt, sur notre droite, les ruines de la mission de Mendaxari qui est abandonnée depuis long-temps. Sur la rive opposée orientale, près du petit rocher de Kemarumo, au milieu de plantations indiennes, un tronc gigantesque de Fromager[1] attira notre curiosité. Nous allâmes à terre pour le mesurer, il avoit près de 120 pieds de hauteur et 14 à 15 pieds de diamètre. Cet énorme développement de la végétation nous surprit d'autant plus que nous n'avions vu, jusque-là, sur les rives de l'Atabapo, que de petits arbres à tronc mince, et qui ressembloient de loin à de jeunes cerisiers. Les Indiens nous assuroient que ces petits arbres forment un groupe peu étendu. Ils sont arrêtés dans leur accroissement par les inondations de la rivière, et les contrées sèches de l'Atabapo, du Temi et du Tuamini renferment d'excellens bois de construction. Cependant

---

[2] Bombax Ceiba.

ces forêts (et cette observation est importante, si l'on veut se former une idée précise des *plaines équatoriales de Rio Negro et de l'A-mazone*), ces forêts ne se prolongent pas indéfiniment à l'est et à l'ouest vers le Cassiquiare et le Guaviare; elles sont limitées par les savanes nues de Manuteso et du Rio Inirida. Nous eûmes dans la soirée assez de peine à remonter contre le courant, et nous passâmes la nuit dans un bois un peu au-dessus de Mendaxari. C'est encore un rocher granitique qui est traversé par une couche de quarz; nous y trouvâmes un groupe de beaux cristaux de schörl noir.

Le 29 avril. L'air étoit plus frais; pas de *zancudos*, mais toujours un ciel couvert et sans étoiles. Je commençai à regretter le Bas-Orénoque. La force du courant nous fit encore avancer avec lenteur. Nous nous arrêtâmes une grande partie du jour à chercher des plantes : il étoit nuit lorsque nous arrivâmes à la mission de San Balthasar, ou, comme disent les moines (Balthasar n'étant que le nom d'un chef indien), à la mission de *la divina Pastora de Balthasar de Atabapo*. Nous fûmes logés chez un missionnaire catalan, homme gai et aimable, qui déployoit dans ces contrées sauvages l'activité qui caractérise sa nation. Il avoit planté un beau jardin où le figuier d'Europe se trouvoit réuni au Persea, le citronnier au Mamei. Le village offroit cette régularité de construction que, dans le nord de l'Allemagne et dans l'Amérique protestante, on trouve dans les communes des frères Moraves. Les plantations des Indiens nous paroissoient plus soignées qu'ailleurs. Nous vîmes ici pour la première fois cette substance blanche et fongueuse que j'ai fait connoître sous les noms de *dapicho* et de *zapis* [1]. Nous reconnûmes de suite qu'elle étoit analogue à la *résine élastique ;* mais, comme les indigènes nous firent entendre, par des signes, qu'on la trouvoit sous terre, nous inclinâmes à croire, jusqu'à notre arrivée à la mission de Javita, que le *dapicho* étoit un *caoutchouc fossile*, quoique différent du *bitume élastique* du Derbyshire. Dans la cabane du missionnaire, un indien Poimisano, assis auprès du feu, étoit occupé à

---

[1] Ces deux mots sont des langues poimisano et paragini. (Prononcez *dapitcho*).

réduire le *dapicho* en caoutchouc noir. Il avoit embroché plusieurs morceaux sur un bois très-mince, et il les rôtissoit comme de la viande. Le *dapicho* se noircit à mesure qu'il se ramollit et qu'il gagne en élasticité. L'odeur résineuse et aromatique qui remplissoit la cabane sembloit indiquer que cette coloration est l'effet de la décomposition d'un carbure d'hydrogène, et que le carbone se met à nu à mesure que l'hydrogène se brûle à une foible chaleur [1]. L'Indien frappoit la masse ramollie et noircie avec un morceau de bois de brésil qui se terminoit en forme de massue : puis il pétrissoit le *dapicho* en boules de 3 à 4 pouces de diamètre, et le faisoit refroidir. Ces boules ressemblent entièrement au caoutchouc du commerce, mais leur surface reste généralement un peu visqueuse. On ne les emploie pas, à San Balthasar, à ce jeu de paume indien qui est si célèbre parmi les habitans d'Uruana et de l'Encaramada : on les taille en cylindres pour s'en servir comme bouchons, qui sont de

[1] *Voyez* le mémoire de M. Allen. (*Journ. de Phys.*, Tom. XVII, p. 77.)

beaucoup préférables aux bouchons de liége. Cet emploi du caoutchouc nous parut d'autant plus remarquable, que nous nous trouvâmes souvent très-embarrassés par le manque de bouchons d'Europe. On ne sent la grande utilité du liége que dans les pays où le commerce ne fait pas refluer cette écorce. L'Amérique équinoxiale ne produit nulle part, pas même sur le dos des Andes, un chêne semblable au Quercus suber, et ni le bois léger des Bombax, des Ochroma [1], et d'autres Malvacées, ni le *rachis* du maïs dont se servent les indigènes, ne remplacent bien nos bouchons. Le missionnaire nous montra, devant la *Casa de los Solteros* (maison où se réunissent les jeunes gens non mariés), une caisse de tambour qui étoit un cylindre creux de bois de 2 pieds de long et de 18 pouces d'épaisseur. On battoit cette caisse avec de grandes masses de *dapicho* qui servoient de baguettes : elle avoit des ouvertures qu'on pouvoit boucher à volonté avec la main pour varier les sons, et elle étoit fixée en l'air sur deux supports très légers. Les peuples

[1] *Palo de Valza.*

sauvages aiment la musique bruyante. Le tambour et les *botutos* ou trompettes de terre cuite dans lesquelles un tube de 3 ou 4 pieds communique à plusieurs renflemens, sont chez les Indiens des instrumens indispensables pour les morceaux de musique à grand effet.

Le 30 avril. La nuit fut assez belle pour observer les hauteurs méridiennes de x de la Croix du Sud et des deux grandes étoiles dans les pieds du Centaure. Je trouvai la latitude de San Balthasar 3° 14′ 23″. Des angles horaires du soleil donnèrent au chronomètre pour la longitude 70° 14′ 21″. L'inclinaison de l'aiguille aimantée étoit 27,80 (div. cent.). Nous quittâmes la mission assez tard dans la matinée; nous continuâmes à remonter l'Atabapo sur une longueur de cinq milles; puis, au lieu de suivre cette rivière vers sa source à l'est où elle porte le nom d'Atacavi, nous entrâmes dans le Rio Temi. Avant d'arriver à ce confluent, près de l'embouchure du Guasacavi, une butte granitique qui s'élève sur la rive occidentale fixa notre attention: on l'appelle le *Rocher de l'Indienne Guahiba* ou le rocher de la mère, *Piedra de la madre*.

CHAPITRE XXII.

Nous nous informâmes de la cause d'une dénomination si bizarre. Le père Zea ne put satisfaire notre curiosité; mais, quelques semaines plus tard, un autre missionnaire nous fit le récit d'un événement que j'ai consigné dans mon journal et qui excita chez nous les sentimens les plus douloureux. Si, dans ces lieux solitaires, l'homme laisse à peine après lui quelque trace de son existence, il est doublement humiliant pour un Européen de voir se perpétuer, par le nom d'un rocher, par un de ces monumens impérissables de la nature, le souvenir de la dégradation morale de notre espèce, celui du contraste entre la vertu du sauvage et la barbarie de l'homme civilisé!

Le missionnaire de San Fernando [1] avoit conduit ses Indiens sur les bords du Rio Guaviare. C'étoit pour faire une de ces incursions hostiles qui sont également défendues par la religion et les lois espagnoles. On trouva dans une cabane indienne une mère Guahiba avec trois enfans, dont deux n'étoient point encore adultes. Ils étoient occupés à préparer de la

[1] C'étoit un des prédécesseurs du religieux que nous trouvâmes établi à San Fernando comme président des missions.

farine de manioc. Toute résistance fut impossible; le père étant allé à la pêche, la mère essaya de s'enfuir avec ses enfans. A peine avoit-elle atteint la savane, que les Indiens de la mission qui vont à *la chasse aux hommes*, comme les blancs et les nègres en Afrique, parvinrent à la saisir. La mère et les enfans furent liés et traînés au bord de la rivière. Le religieux, assis dans son bateau, attendoit le résultat d'une expédition dont il ne partageoit pas les dangers. Si la mère avoit fait une résistance trop vive, les Indiens l'auroient tuée; tout est permis lorsqu'on va à la conquête des ames (à la *conquista espiritual*), et ce sont surtout les enfans que l'on désire capturer pour les traiter dans la mission comme *poitos* ou esclaves des chrétiens. On mena les prisonniers à San Fernando, espérant que la mère ne pourroit trouver un chemin qui la conduisît par terre dans ses foyers. Eloignée de ceux de ses enfans qui avoient accompagné le père le jour où elle fut enlevée, cette pauvre femme donna des marques du plus profond désespoir. Elle voulut ramener au sein de sa famille les enfans qui étoient au pouvoir du missionnaire; elle s'enfuit, avec eux, à plusieurs reprises, du village de San Fernando, mais les Indiens la saisirent chaque fois de nouveau; et, après l'avoir fait fustiger impitoyablement, le missionnaire prit la cruelle résolution de séparer la mère des deux enfans qu'on avoit pris avec elle. On la conduisit seule vers les missions du Rio Negro, en remontant d'Atabapo. Foiblement liée, elle étoit assise à la proue du bateau. On ne lui avoit pas fait connoître le sort qui l'attendoit; mais elle jugea, par la direction du soleil, qu'elle s'éloignoit de plus en plus de sa cabane et de son pays natal. Elle parvint à rompre ses liens, se jeta à l'eau et nagea vers la rive gauche de l'Atabapo. Le courant la poussa sur un banc de roche qui porte son nom jusqu'à ce jour. Elle y prit terre, et s'enfonça dans les bois; mais le président des missions ordonna aux Indiens d'aborder au rivage et de suivre les traces de la Guahiba. On parvint à la ramener vers le soir. Elle fut étendue sur le rocher (*la Piedra de la madre*), et on lui infligea une cruelle punition avec ces courroies de cuir de lamantins qui servent de fouets dans ces pays, et dont les alcades sont toujours munis. Les mains liées sur le dos avec de fortes lianes de *mavacure*, la malheureuse femme fut traînée à la mission de Javita.

On la jeta dans un de ces caravanserais qu'on appelle *Casa del Rey*. C'étoit la saison des pluies. La nuit étoit de la plus grande obscurité. Des forêts que jusque-là on avoit cru impénétrables séparent la mission de Javita de celle de San Fernando, sur une longueur de 25 lieues en ligne droite. On ne connoît d'autre chemin que celui des rivières. Jamais homme n'a tenté d'aller par terre d'un village à l'autre, ne fussent-ils éloignés que de quelques lieues. Ces difficultés n'arrêtent pas une mère qu'on sépare de ses enfans. Ses enfans sont à San Fernando de Atabapo; il faut qu'elle les retrouve, qu'elle exécute le projet de les délivrer des mains des chrétiens, de les ramener vers leur père sur les bords du Guaviare. La Guahiba est mal surveillée dans le caravanserai. Comme elle avoit les bras ensanglantés, les Indiens de Javita avoient desserré ses liens à l'insu du missionnaire et des alcades. Elle parvient, à l'aide de ses dents, à les rompre entièrement : elle disparoît dans la nuit; et, au quatrième soleil levant, on la voit rôder, à la mission de San Fernando, autour de la cabane où se trouvoient renfermés ses enfans. « Ce que cette femme venoit d'exécuter, ajoutoit le missionnaire qui nous fit ce triste récit, l'Indien le plus robuste n'auroit cru pouvoir l'entreprendre. » Elle traversa les bois dans une saison où le ciel est sans cesse couvert de nuages, où le soleil, pendant des journées entières, ne paroît que pour quelques minutes. S'est-elle dirigée d'après le cours des eaux? Mais les inondations des rivières l'ont forcée de marcher loin des rives du fleuve, au milieu des bois où le mouvement des eaux est presque imperceptible. Que de fois elle a dû être arrêtée par ces lianes épineuses qui forment un treillage autour des troncs qu'elles entrelacent! Que de fois elle a dû traverser à la nage les ruisseaux qui se jettent dans l'Atabapo! On demanda à cette malheureuse femme de quoi elle s'étoit nourrie pendant quatre jours : elle dit qu'épuisée de fatigue, elle n'avoit trouvé d'autre nourriture que ces grandes fourmis noires, appelées *vachacos*, qui montent en longues bandes sur les arbres pour y suspendre leurs nids résineux. Nous pressâmes le missionnaire de nous dire si la

Guahiba avoit joui paisiblement du bonheur de rester avec ses enfans, si enfin l'on s'étoit repenti de cet excès de cruauté. Il ne voulut point satisfaire notre curiosité; mais, à notre retour du Rio Negro, nous apprîmes qu'on ne laissa pas le temps à l'Indienne de guérir ses plaies, qu'on la sépara de nouveau de ses enfans en l'envoyant dans une des missions du Haut-Orénoque. Elle y mourut en se refusant toute espèce de nourriture, comme font les sauvages dans les grandes calamités.

Tel est le souvenir attaché à ce funeste rocher, à *la Piedra de la madre*. Je ne me plais point, dans le récit de mes voyages, à m'arrêter à la peinture des malheurs individuels. Ces malheurs sont fréquens partout où il y a des maîtres et des esclaves, des Européens civilisés vivant à côté de peuples abrutis, des prêtres exerçant la plénitude d'un pouvoir arbitraire sur des hommes ignorans et sans défense. Historien des pays que j'ai parcourus, je me borne généralement à indiquer ce que les institutions civiles et religieuses ont d'imparfait ou de funeste pour l'humanité. Si je me suis arrêté plus long-temps au *Rocher de la Guahiba*, c'est pour citer un exemple tou-

CHAPITRE XXII. 293

chant de l'amour maternel chez une race d'hommes si long-temps calomniée ; c'est qu'il m'a paru utile de publier un fait que je tiens de la bouche des religieux de Saint-François, et qui prouve combien le régime de ces missions mérite la surveillance du législateur.

Au-dessus de l'embouchure de Guasacavi, nous entrâmes dans le Rio Temi dont le cours est du sud au nord. Si nous avions continué à remonter l'Atabapo, nous nous serions détournés vers l'est-sud-est en nous éloignant des rives du Guainia ou Rio Negro. Le Temi n'a que 80 à 90 toises de largeur ; dans tout autre pays que la Guyane, ce seroit encore une rivière considérable. L'aspect du pays est très-uniforme ; c'est une forêt qui couvre un terrain entièrement uni. Le beau palmier, *Pirijao*, à fruits de pêcher, et une nouvelle espèce de *Bache* ou Mauritia à tronc hérissé d'épines, s'élèvent au milieu d'arbres plus petits, et dont le développement de la végétation paroît retardé par la durée des inondations. Ce Mauritia aculeata est appelé par les Indiens *Juria* ou *Çauvaja*. Il a les feuilles en forme d'éventail et repliées vers la terre : chaque feuille offre, vers le centre, sans doute par l'effet d'une maladie du parenchyme, des cercles concentriques, alternativement jaunes et bleus. Le jaune domine vers le centre. Nous fûmes singulièrement frappés de cet aspect. Ces feuilles, colorées comme la queue du paon, sont portées par des troncs courts et extrêmement épais. Les épines ne sont pas longues et minces comme celles du *Çorozo* et d'autres palmiers épineux; elles sont au contraire très-ligneuses, courtes, élargies vers la base, comme les épines du Hura crepitans. Sur les rives de l'Atabapo et du Temi, ce palmier est distribué par groupes de douze à quinze troncs qui sont rapprochés comme s'ils naissoient des mêmes racines. Par leur port, par la forme et la rareté de leurs feuilles, ces arbres ressemblent aux Lataniers et aux Chamœrops de l'ancien continent. Nous remarquâmes que quelques pieds de *Juria* étoient entièrement dépourvus de fruits, et que d'autres en offroient une prodigieuse quantité. Cette circonstance semble indiquer un palmier à sexes séparés.

Partout où le Rio Temi forme des anses, la forêt est inondée sur une étendue de plus d'une demi-lieue carrée. Pour éviter les sinuosités du fleuve et pour raccourcir la navigation, on navigue ici de la manière la plus extraordinaire. Les Indiens nous firent quitter le lit du fleuve : nous remontâmes vers le sud, à travers la forêt, par des espèces de sentiers (*sendas*), c'est-à-dire par des canaux ouverts de quatre à cinq pieds de large. La profondeur de l'eau excède rarement une demi-brasse. Ces *sendas* se forment dans la forêt inondée, comme les sentiers dans les terrains secs. Les Indiens, pour se rendre d'une mission à l'autre, passent avec leurs canots, autant que possible, par le même chemin ; mais, comme les communications ne sont pas très-fréquentes, la force de la végétation oppose quelquefois des obstacles inattendus. Un Indien, muni d'un *machette* (grand couteau dont la lame a près de 14 pouces de long), se tenoit debout à la pointe de notre bateau ; il étoit sans cesse occupé à couper les branches qui se croisent des deux côtés du canal. Là où la forêt étoit la plus épaisse, nous fûmes étonnés par un bruit extraordinaire. En frappant contre les buissons, une bande de *Toninas* (dauphins d'eau douce), de quatre pieds de long, entouroient notre bateau. Ces animaux s'étoient tenus cachés sous les branches d'un Fromager ou Bombax Ceiba. Ils s'enfuirent à travers la forêt, en produisant ces jets d'eau et d'air comprimé qui leur ont fait donner dans toutes les langues le nom de *souffleurs*. Quel spectacle bizarre, au milieu des terres, à trois et quatre cents lieues des embouchures de l'Orénoque et de l'Amazone! Je n'ignore pas que des Pleuronectes de l'Atlantique remontent la Loire jusqu'à Orléans [1]; mais je persiste à croire que les dauphins du Temi sont, comme ceux du Gange et comme les raies de l'Orénoque, des espèces essentiellement différentes des dauphins et des raies de l'Océan. Dans ces immenses rivières de l'Amérique du Sud et dans les grands lacs de l'Amérique du Nord, la nature paroît répéter plusieurs formes pélagiques. Le Nil n'a pas de marsoins [2];

---

[1] Les limandes.

[2] Ces dauphins qui remontent l'embouchure du Nil avoient cependant frappé à tel point les anciens que, dans un buste en syénite conservé au Musée de Paris (salle de la Melpomène, n.° 266), le sculpteur les a représentés demi-cachés dans la barbe ondoyante du dieu du fleuve.

CHAPITRE XXII.

ceux de la mer ne remontent dans le Delta pas au-delà de Biana et Metonbis vers Selamoun.

Sur les cinq heures du soir, nous eûmes quelque peine à rentrer dans le véritable lit du fleuve. Notre pirogue resta d'abord prise pendant quelques minutes entre deux troncs d'arbres. A peine fut-elle dégagée, que nous parvînmes dans un endroit où plusieurs sentiers ou petits canaux se croisoient. Le pilote se trouvoit embarrassé pour reconnoître le chemin le plus frayé. Nous avons rapporté plus haut que, dans la province de Varinas, on voyage en canot à travers des savanes ouvertes, depuis San Fernando de Apure jusqu'aux rives de l'Arauca ; ici nous naviguions à travers une forêt si épaisse, qu'on ne peut s'orienter ni par le soleil ni par les étoiles. Nous fûmes de nouveau frappés, pendant cette journée, du manque de fougères arborescentes dans ces contrées. Elles diminuent visiblement depuis les 6 degrés de latitude nord, tandis que les palmiers augmentent prodigieusement vers l'équateur. Les fougères en arbres appartiennent à un climat moins chaud, à un sol un peu montagneux, à des plateaux de 300 toises de hauteur. Ce n'est que là où il y a des montagnes, que ces magnifiques végétaux descendent vers les plaines ; ils semblent fuir des terrains entièrement unis, ceux que parcourent le Cassiquiare, le Temi, l'Inirida et le Rio Negro. Nous passâmes la nuit près d'un rocher que les missionnaires désignent sous le nom de *Piedra de Astor*. Depuis l'embouchure du Guaviare, le sol offre toujours la même constitution géologique. C'est une vaste plaine granitique dans laquelle, de lieue en lieue, la roche perce le sol, et forme, non des monticules, mais de petits massifs qui ressemblent à des piliers ou à des édifices en ruine.

Le 1.er mai. Les Indiens voulurent partir long-temps avant le lever du soleil. Nous étions sur pied avant eux, parce que j'attendois vainement une étoile prête à passer par le méridien. Dans ces régions humides et couvertes de forêts, les nuits devinrent plus obscures à mesure que nous nous rapprochâmes du Rio Negro et de l'intérieur du Brésil. Nous restâmes dans le lit de la rivière jusqu'à la pointe du jour. On auroit craint de se perdre entre les arbres. Dès le lever du soleil on nous fit rentrer dans la forêt inondée, pour éviter la force du courant. Arrivés à la jonction du Temi avec une autre petite rivière, le Tuamini, dont les eaux sont également noires, nous suivîmes celle-ci vers le sud-ouest. Cette direction nous approchoit de la mission de Javita qui est fondée sur les bords du Tuamini. C'est dans cet établissement chrétien que nous devions trouver les secours nécessaires pour transporter notre pirogue par terre au Rio Negro. Nous n'arrivâmes à *San Antonio de Javita* que vers les onze heures du matin. Un accident peu important en lui-même, mais qui fait bien connoître l'excessive timidité des petits Sagoins, nous avoit retenus quelque temps à l'embouchure du Tuamini. Le bruit que font les souffleurs avoit effrayé nos singes : un d'eux s'étoit laissé tomber dans l'eau. Comme les animaux de cette espèce, peut-être à cause de leur extrême maigreur, nagent très-mal, on eut beaucoup de peine à le sauver.

Nous eûmes le plaisir de trouver à Javita un moine plein d'intelligence, de raison et d'affabilité. Nous fûmes obligés de rester quatre à cinq jours dans sa maison. Ce délai étoit inévitable pour le transport de notre bateau à travers le *portage* du Pimichin : nous en profitâmes, non seulement pour parcourir les environs, mais aussi pour nous guérir d'un mal dont nous souffrions depuis deux jours. Nous sentions une démangeaison extraordinaire dans les jointures des doigts et sur le dos des mains. Le missionnaire nous dit que c'étoient des *aradores* (insectes *laboureurs*) qui s'étoient introduits sous la peau. Nous ne distinguâmes à la loupe que des stries, sillons parallèles et blanchâtres. C'est la forme de ces sillons qui a fait donner à cet insecte le nom de *laboureur*. On fit venir une mulâtresse qui se vantoit de connoître à fond tous les petits animaux qui minent la peau de l'homme, la *nigua*, le *nuche*, la *coya* et l'*arador* : c'étoit la *curandera*, le médecin du lieu. Elle promit de faire sortir un à un les insectes qui nous causoient une démangeaison si cuisante. Elle chauffoit à la lampe la pointe d'un petit morceau de bois très-dur; et creusoit avec cette pointe les sillons dont la peau étoit marquée. Après de longues recherches, elle annonçoit, avec la gravité pédantesque qui est propre aux gens de couleur, qu'un *arador* étoit trouvé. Je vis un petit sac rond que je soupçonnois être l'œuf d'un Acaride. Je devois me trouver soulagé, quand la maladresse étoit parvenue à faire sortir trois ou quatre de ces *aradores*. Ayant la peau des deux mains remplie d'Acarides, je n'eus pas la patience de terminer une opération qui déjà avoit duré fort en avant dans la nuit. Le lendemain, un Indien de Javita nous guérit radicalement et avec une promptitude surprenante. Il nous porta la branche d'un arbuste, appalé *Uzao*, à petites feuilles de Cassia très-coriaces et lustrées. Il fit à froid une infusion de l'écorce de cet arbuste : elle avoit une teinte bleuâtre et un goût de réglisse (Glycyrhiza). Battue, elle donna beaucoup d'écume. De simples lotions avec l'eau d'*Uzao* firent cesser les démangeaisons des *aradores*. Nous ne pûmes trouver l'*Uzao* en fleur ou en fruit. Cet arbuste paroît appartenir à la famille des Légumineuses, dont les propriétés chimiques sont singulièrement variées. Nous étions si effrayés des souffrances auxquelles nous avions été exposés que, jusqu'à San Carlos, nous eûmes constamment dans notre canot quelques branches d'*Uzao*; il croît abondamment sur les bords du Pimichin. Que n'a-t-on découvert un remède contre la démangeaison causée par les piqûres des *zancudos* (culex), comme on en a trouvé un contre les démangeaisons causées par les *aradores* ou acarides microscopiques!

En 1755, avant l'expédition des limites, plus connue sous le nom de l'expédition de Solano, toute cette contrée, entre les missions de Javita et de San Balthasar, étoit regardée comme dépendante du Brésil. Les Portugais s'étoient avancés du Rio Negro, par le portage du *Caño* Pimichin, jusques aux rives du Temi. Un chef indien, du nom de Javita, célèbre par son courage et son esprit d'entreprise, étoit l'allié des Portugais. Il poussoit ses incursions hostiles depuis le Rio Jupura ou Caqueta (un des grands affluens de l'Amazone), par le Rio Uaupe et Xiè, jusque vers les eaux noires du Temi et du Tuamini, à une distance de plus de cent lieues. Il étoit muni d'une patente par laquelle il lui étoit permis « de tirer des Indiens de la forêt, pour la conquête des ames. » Il profita amplement de cette permission; mais ses incursions avoient un but qui n'étoit pas tout-à-fait spirituel, celui de faire des esclaves (*poitos*) pour les vendre aux Portugais. Lorsque Solano, le second chef de l'expédition des limites, fut arrivé à San Fernando de Atabapo, il fit saisir le capitaine Javita dans une de ses incursions aux bords du Temi. Il le traita avec douceur, et parvint à l'associer par des promesses, qui ne furent pas remplies, aux intérêts du gouvernement espagnol. Les Portugais, qui avoient déjà formé quelques établissemens stables dans ces contrées, furent repoussés jusque dans la partie inférieure du Rio Negro; et la mission de San Antonio, dont le nom plus usité est Javita d'après le nom de son fondateur indien, fut transplantée plus au nord des sources du Tuamini, dans l'endroit où elle se trouve aujourd'hui. Le vieux capitaine Javita étoit encore vivant lorsque nous passâmes au Rio Negro. C'est un Indien d'une grande vigueur d'esprit et de corps. Il s'énonce facilement en castillan, et il a conservé une certaine influence sur les nations voisines. Comme il nous a suivis dans toutes nos herborisations, nous avons tiré de sa bouche des renseignemens d'autant plus utiles que les missionnaires le croient très-véridique. Il assure avoir vu dans sa jeunesse manger de la chair humaine presque à toutes les tribus indiennes qui habitent les vastes contrées entre le Haut-Orénoque, le Rio Negro, l'Irinida et le Jupura. Les Daricavanas, les Puchirinavis et les Manitibitanos lui paroissent être les tribus les plus anthropophages. Il pense que cet abominable usage n'est chez eux que l'effet d'un système de vengeance : ils ne mangent que des ennemis faits prisonniers dans un combat. Les exemples où, par un raffinement de cruauté, l'Indien mange ses parens les plus proches ; sa femme, une maîtresse devenue infidèle, sont, comme nous le verrons plus bas, extrêmement rares. On ne connoît pas non plus sur les rives de l'Orénoque cette coutume bizarre des peuples Scythes et Messagètes, des Capanaguas du Rio Ucayale et des anciens habitans des Antilles, d'honorer les morts en mangeant une partie de leur cadavre. Dans les deux continens, ce trait de mœurs n'appartient qu'à des nations qui ont horreur de la chair d'un prisonnier. L'Indien d'Haïti (de Saint-

CHAPITRE XXII.

Domingue) auroit cru manquer à la mémoire d'un parent, s'il n'avoit jeté dans sa boisson une petite portion du corps du défunt après l'avoir desséché comme une momie de Guanche et réduit en poudre [1]. C'est bien le cas de dire avec un poète de l'Orient « que de tous les animaux l'homme est le plus extravagant dans ses mœurs, le plus déréglé dans ses penchans. »

Le climat de la mission de San Antonio de Javita est extrêmement pluvieux. Dès que l'on dépasse les 3° de latitude nord et que l'on s'approche de l'équateur, on a rarement l'occasion d'observer le soleil et les étoiles. Il pleut presque toute l'année, et le ciel est constamment couvert. Comme la brise ne se fait pas sentir dans cette immense forêt de la Guyane, et que les courans polaires n'y refluent pas, la colonne d'air qui repose sur cette zone boisée n'est point renouvelée par des couches plus sèches. Saturée de vapeurs [2], elle les condense en pluies équatoriales. Le missionnaire nous assura qu'il avoit souvent

---

[1] *Bembo, Hist. Venet., Lib.* VI, Tom. I, p. 219.

[2] *Voyez* Chap. XVIII, p. 188.

vu pleuvoir ici 4 ou 5 mois sans discontinuer. J'ai mesuré l'eau qui tomboit le 1.er mai dans l'espace de 5 heures; elle s'élevoit à 21 lignes de hauteur. Le 3 mai, je recueillis même 14 lignes en 3 heures. Il faut se rappeler que ces observations ne furent pas faites pendant une averse, mais par une pluie ordinaire. On sait qu'à Paris, il ne tombe que 28 à 30 lignes d'eau dans des mois entiers, même dans les plus pluvieux[3], en mars, juillet et septembre. Je n'igore pas que chez nous aussi l'on a vu des averses pendant lesquelles la pluie s'élevoit à plus d'un pouce par heure[2], mais il ne faut comparer que l'état moyen de l'atmosphère sous la zone tempérée et la zone torride. Il paroît résulter des observations que j'ai faites successivement au port de Guyaquil sur les bords de la mer du Sud et à la ville de Quito, à 1492 toises de hauteur, qu'il tombe ordi-

---

[1] Arago, dans les *Annales de Physique*, T. III, p. 441; Tom. VI, p. 440; Tom. IX, p. 430; T. XII, p. 422.

[2] Il est tombé 13 po 2 li en 18 heures à Viviers, et 1 po 1 li à Montpellier en une heure. (*L.c.*, Tom. VIII, p. 437; et Poitevin, Essai sur le climat du Languedoc, *Journ. de Phys.*, Tom. LX, p. 391.)

nairement, dans une heure de temps, deux à trois fois moins d'eau sur le dos des Andes qu'au niveau de l'Océan. Il pleut plus souvent dans les montagnes, mais il y tombe moins d'eau à la fois dans un temps donné. Sur les bords du Rio Negro, à Maroa et à San Carlos, le ciel est sensiblement plus serein qu'à Javita et sur les bords du Temi. J'attribue cette différence à la proximité des savanes du Bas-Guainia qui permettent un libre accès à la brise, et qui, par leur rayonnement, causent un courant ascendant plus fort que les terrains couverts de forêts.

La température de Javita [1] est plus fraîche que celle de Maypurès, mais considérablement plus chaude que celle du Guainia ou Rio Negro. Le thermomètre centigrade se soutenoit de jour à 26° et 27°; la nuit à 21°. Au

---

[1] Le 1.er mai, à 19^h du matin, Th. Réaumur 17°,7; Hygr. à baleine 61°, couvert; à midi, Th. 21°,9; Hygr. 48°, ciel serein; à 4^h 30', Th. 19°,8; Hyg. 55°5; à 7^h, Th. 20°,2; Hygr. 60°; à 10^h, Th. 19°; Hygr. 62°, couvert; à 11^h, Th. 18°,2; Hygr. 65. Le 3 mai, à 20^h, Th. 19°; Hygr. 63°, couvert; à 0^h, Th. 21°,5; Hygr. 49°, clair; à 3^h 15', Th. 22°; Hygr. 46°,5; à 8^h, Th. 20°,2; Hygr. 61°, couvert.

nord des Cataractes, et surtout au nord de l'embouchure du Meta, la chaleur diurne étoit généralement 28° à 30°, la chaleur nocturne 25° à 26°. Cette diminution de chaleur sur les bords de l'Atabapo, du Tuamini et du Rio Negro est due sans doute à la longue absence du soleil par un ciel constamment couvert et à l'évaporation d'un sol humide. Je ne parlerai pas de l'influence réfrigérante des forêts, comme offrant, dans leurs innombrables feuilles, autant de lames minces qui se refroidissent en rayonnant vers le ciel. Cet effet doit être peu sensible à cause de l'état nuageux de l'atmosphère. Il paroît aussi que l'élévation du sol de Javita contribue à la fraîcheur du climat. Maypurès est probablement 60 à 70 toises, San Fernando de Atabapo 122 t., et Javita 166 t. au-dessus du niveau de l'Océan. Comme les petites marées atmosphériques varient sur les côtes (à Cumana) d'un jour à l'autre, de 0,8 à 2 lignes, et que j'ai eu le malheur de briser l'instrument avant d'atteindre de nouveau le littoral, je ne suis pas très-sûr de ces résultats. En faisant des observations, à Javita, sur les variations horaires de la pression atmosphérique, je découvris qu'une petite bulle d'air interceptoit [1] une partie de la colonne de mercure, et modifioit, par sa dilatation thermométrique, les effets des marées. Dans les misérables bateaux où nous étions encombrés, il étoit presque impossible de tenir le baromètre dans une position verticale ou fortement inclinée. Je profitai de notre séjour à Javita pour raccommoder et vérifier l'instrument. Il marqua [2], après que j'eus bien rectifié le niveau, 325,4 lignes par 25°, 4 de température, à 11 heures et demie du matin. Je mets quelque importance à cette observation, parce que, pour bien connoître la configuration d'un continent, il est plus utile de déterminer la hauteur des plaines, à deux ou trois cents lieues

---

[1] Je rapporte ce fait minutieux pour rappeler aux voyageurs combien il est nécessaire d'avoir des baromètres dont le tube est visible dans toute sa longueur. Une bulle d'air extrêmement petite peut intercepter à demi ou en entier la colonne de mercure, sans que le son du mercure contre l'extrémité du tube soit changé.

[2] La remarque faite sur la correction de la cuvette (Chap. XVII, p. 147) est applicable aux hauteurs que j'ai indiquées Tom. VI, p. 244, 372, 393, et Tom. VII, p. 105. Ces hauteurs n'indiquent que des différences relatives. Je crois avoir évalué un peu trop grande (*Obs. astr.*, Tom. I, p. 293) l'élévation absolue de Maypurès.

de distance des côtes, que de mesurer les pics des Cordillères. Une détermination baromé- trique faite à Sego sur le Niger, à Bornou ou dans les plateaux de Khoten et de Hami, in- téresseroit plus la géologie que la mesure des montagnes de l'Abyssinie et du Musart. Les variations horaires du baromètre ont lieu dans les forêts de Javita aux mêmes heures que sur les côtes et dans la métairie d'Antisana où mon instrument étoit suspendu à la hauteur de 2104 toises. Elles étoient, depuis 9 heures du matin jusqu'à 4 heures du soir, de 1,6 de ligne. Le 4 mai, elles furent même de près de 2 lignes. L'hygromètre de Deluc, réduit à celui de Saussure, se soutenoit constamment, à l'ombre, et en ne comptant que les obser- vations faites aux époques où il ne pleuvoit pas, entre 84° et 92°. L'humidité avoit par conséquent beaucoup augmenté depuis les Grandes Cataractes; elle étoit, au milieu d'un continent ombragé de forêts et arrosé par des pluies équatoriales, presque aussi grande que sur l'Océan[1].

Depuis le 29 avril jusqu'au 11 mai, je n'ai pu

[1] *Voyez* plus haut, Tom. II, p. 112; Tom. VII, p. 105.

voir aucune étoile dans le méridien pour déterminer la latitude des lieux. J'ai veillé des nuits entières pour me servir de la méthode des doubles hauteurs; tous mes efforts ont été inutiles. Les brumes de l'Europe septentrionale ne sont pas plus constantes que celles de ces régions équatoriales de la Guyane. Le 4 mai, je vis le soleil pendant quelques minutes. Je trouvai, par le chronomètre et des angles horaires, la longitude de Javita 70° 22′ ou 1° 15′ plus occidentale que la longitude de la jonction de l'Apure avec l'Orénoque. Ce résultat est intéressant pour orienter dans nos cartes le pays totalement inconnu entre le Xiè et les sources de l'Issana placées sur un même méridien avec la mission de Javita. L'inclinaison de l'aiguille aimantée étoit dans cette mission 26°,40 (div. cent.); elle avoit diminué par conséquent de 5°,85 depuis la Grande Cataracte septentrionale, sur 2° 50′ de différence de latitude. La diminution de l'intensité des forces magnétiques ne fut pas moins sensible. La force qui correspondoit à Aturès, à 223 oscillations, ne fut exprimée à Javita que par 218 oscillations en 10′ de temps.

Les Indiens de Javita, au nombre de 160,

appartiennent aujourd'hui, en grande partie, aux nations des Poimisanos, des Echinavis et des Paraginis; ils s'occupent à construire des bateaux. Ce sont les troncs d'une grande espèce de laurier appelé *Sassafras* [1] par les missionnaires, que l'on creuse par le double moyen du feu et de la hache. Ces arbres ont plus de 100 pieds de hauteur; le bois en est jaune, résineux, presque incorruptible dans l'eau, et d'une odeur très-agréable. Nous l'avons vu à San Fernando, à Javita, et surtout à l'Esmeralda, où l'on construit le plus grand nombre des pirogues de l'Orénoque, parce que les forêts adjacentes offrent les troncs de *Sassafras* les plus gros. On paye aux Indiens la demi-toise ou *vara* du fond de la pirogue, c'est-à-dire de la partie inférieure et principale (qui est un tronc creusé), à raison d'une piastre forte; de sorte qu'un canot de 16 *varas* de long ne coûte, pour l'achat du bois et pour le travail du charpentier, que 16 piastres; mais les clous et l'ajustement des

---

[1] Ocotea *cymbarum* très-différent du Laurus Sassafras de l'Amérique boréale. (*Voyez* nos *Nov. Gen. et Spec.*, Tom. II, p. 166.) On emploie aussi à la construction des pirogues le Laurus *javitensis*.

bordages par lesquels on agrandit la capacité du bateau, en doublent le prix. Dans le Haut-Orénoque, j'ai vu donner jusqu'à 40 piastres, ou 200 francs, pour une pirogue de 48 pieds de long.

La forêt, entre Javita et le *Caño* Pimichin, offre une variété immense d'arbres gigantesques, des Ocotea et de véritables Laurus (le troisième groupe de Laurinées, le Persea, n'a été trouvé sauvage qu'au-dessus de 1000 toises de hauteur), l'Amasonia arborea[1], le Retiniphyllum secundiflorum[2], le Curvana, le Jacio[3], le Iacifate qui a le bois rouge comme le Brésillet, le Guamufate à belles feuilles de

---

[1] C'est une nouvelle espèce du genre Taligalea d'Aublet. Dans ces mêmes lieux végètent, Bignonia *magnoliæfolia*, B. *jasminifolia*, Solanum *Topiro*, Justicia *pectoralis*, Faramea *cymosa*, Piper *javitense*, Seleria *hirtella*, Echites *javitensis*, Lindsea *javitensis*, et cette plante curieuse de la famille des Verbenacées que j'ai dédiée à un savant illustre dont j'ai partagé les premiers travaux, M. Léopold de Buch. (Voyez *Nov. Gen.*, Tom. II, p. 270, tab. 132. Buchia plantaginea.)

[2] *Voyez* nos *Plant. équin.*, Tom. I, p. 86, tab. 25.

[3] Une espèce de Siphonia, peut-être l'Hevea d'Aublet.

Calophyllum, de 7 à 8 pouces de long, l'Amyris Caraña et le Mani. Tous ces végétaux (à l'exception de notre nouveau genre Retiniphyllum) avoient plus de 100 à 110 pieds de haut. Leurs troncs ne poussant des branches que vers le sommet, nous eûmes de la peine à nous procurer à la fois des feuilles et des fleurs. Souvent ces dernières étoient répandues sur le sol au pied des arbres; mais, comme les végétaux de différentes familles s'agroupent dans ces forêts, et que chaque arbre est couvert de lianes, il paroissoit dangereux de s'en rapporter à la seule autorité des indigènes, quand ils nous assuroient que les fleurs appartenoient à tel ou tel tronc. Au milieu des richesses de la nature, ces herborisations nous causoient plus de chagrin que de satisfaction. Ce que nous pûmes recueillir nous sembloit de peu d'intérêt, en le comparant à tout ce que nous ne pouvions atteindre. Il pleuvoit sans cesse depuis plusieurs mois, et M. Bonpland perdit la majeure partie des échantillons qu'il s'efforçoit de sécher à une chaleur artificielle. Nos Indiens nommoient, comme de coutume, les arbres en mâchant le bois. Ils distinguoient mieux les feuilles que les corolles ou les fruits. Occupés à chercher des bois de construction (des troncs de pirogues), ils sont peu attentifs à l'inflorescence. « Tous ces grands arbres ne portent ni fleurs ni fruits » étoit sans cesse le refrain des Indiens. Comme les botanistes de l'antiquité, ils nioient ce qu'ils ne s'étoient pas donné la peine d'observer. Fatigués de nos questions, ils nous impatientoient à leur tour.

Nous avons rappelé plus haut que, les mêmes propriétés chimiques se trouvant quelquefois dans les mêmes organes de différentes familles de plantes, ces familles se remplacent les unes les autres sous les climats divers. Plusieurs espèces de palmiers [1] fournissent aux habitans de l'Amérique et de l'Afrique équi-

[1] En Afrique, l'Élaïs ou Maba; en Amérique, le Cocotier. (*Voyez* Tom. III, p. 253.) Dans le Cocotier, c'est le périsperme : dans l'Élaïs (comme dans l'olivier et les Oléinées en général), c'est le sarcocarpe ou la pulpe du péricarpe qui donne l'huile. Cette différence observée dans une même famille me paroît bien remarquable, quoiqu'elle ne soit aucunement contraire aux résultats obtenus par M. de Candolle dans son ingénieux travail sur les propriétés chimiques des végétaux. Si notre Alfonsia olcifera appartient au genre Élaïs,

noxiales l'huile que nous tirons de l'olivier. Ce que les Conifères sont pour la zone tempérée, les Térébenthacées et les Guttifères le sont pour la zone torride. Dans ces forêts des climats brûlans, où il n'y a ni pin, ni Thuya, ni Taxodium, pas même un Podocarpus, les résines, les baumes, les gommes aromatiques, sont fournis par les Maronobea, les Icica et les Amyris. La récolte de ses substances gommeuses et résineuses est un objet de commerce dans le village de Javita. La résine la plus célèbre porte le nom de *Mani*; nous en avons vu des masses d'un poids de plusieurs quintaux, ressemblant à la colophane et au mastic. L'arbre qui est appelé *Mani* par les Indiens Paraginis, et que M. Bonpland croit être le Moronobea coccinea, ne fournit qu'une petite quantité de la matière employée dans le commerce de l'Angostura. La plus grande partie vient du *Mararo* ou *Caragna*, qui est un Amyris. Il est assez remarquable que le nom de *Mani* qu'Aublet a entendu de la bouche

comme le croit avec raison M. Brown (*Plants of Congo*, p. 37), il s'ensuit que, dans un même genre, l'huile se trouve dans le sarcocarpe et le périsperme.

des Indiens Galibis ¹ de Cayenne, ait été retrouvé par nous à Javita, à trois cents lieues de distance de la Guyane françoise. Le Moronobea ou Symphonia de Javita donne une résine jaune ; le *Caragna* ², une résine fortement odorante et d'un blanc de neige ; cette dernière devient jaune là où elle est adhérente à la partie interne des vieilles écorces.

Nous allâmes tous les jours à la forêt pour

¹ Les *Galibis* ou *Caribis* (le *r* a été changé en *l*, comme cela arrive souvent) sont de la grande souche des peuples Caribes. Les productions utiles pour le commerce et les besoins de la vie domestique ont reçu une même domination dans toutes les parties de l'Amérique que ce peuple belliqueux et commerçant a parcourues. (*Voyez* Tom. III, p. 353.)

² *Caraña*. Les substances connues sous ce nom à l'Orénoque ne sont-elles pas en partie des gommes ? On m'a assuré, à l'Esmeralda, que des peuples sauvages, vivant à l'est de la haute montagne de Duida, mangeoient le *Caraña*. On donne ce même nom à des végétaux très-différens. Je regrette de n'avoir pu faire aucune recherche chimique sur la nature des sucs transsudés par les arbres de l'Orénoque. Les résines appartiennent principalement aux Conifères et aux Térébenthacées ; les gommes-résines (Cambogia, Assa fœtida) aux Guttifères et aux Ombellifères ; les gommes aux Légumineuses et aux Rosacées.

voir si le transport de notre pirogue avançoit dans le *portage*. Vingt-trois Indiens étoient occupés à la traîner sur terre, en plaçant de distance en distance des branches d'arbres en guise de rouleaux. Un petit canot passe, en un jour ou un jour et demi, des eaux de Tuamini à celles du *Caño* Pimichin, qui débouche dans le Rio Negro. Notre pirogue étoit très-grande ; et, comme elle devoit traverser une seconde fois les Cataractes, il falloit prendre des soins particuliers pour diminuer le frottement du fond. Aussi le transport dura plus de quatre jours. Ce n'est que depuis 1795 que l'on a tracé un chemin à travers la forêt. Les Indiens de Javita ont fait la moitié de ce travail ; l'autre moitié est à la charge des Indiens de Maroa, de Davipe et de San Carlos. Cette route, mesurée au moyen d'une corde de cent *varas*, a été trouvée par le père Eugenio Cereso, de 17,180 varas [1] de long. En substituant un canal au *portage*, comme je l'ai proposé au ministère du roi Charles IV, on faciliteroit singulièrement les communications entre le

---

[1] D'après Antillon, 1 vara = 0,83 mètres.

Rio Negro et l'Angostura [1], entre l'Orénoque espagnol et les possessions portugaises sur l'Amazone. Les embarcations venant de San Carlos ne passeroient plus par le Cassiquiare, qui est rempli de sinuosités et redouté par la force de son courant; elles ne descendroient plus l'Orénoque depuis sa bifurcation jusqu'à San Fernando de Atabapo; elles auroient à remonter une distance de moitié moins longue que par le Rio Negro et le *Caño* Pimichin. Une fois arrivé au nouveau canal de Javita, elles descendroient par le Tuamini le Temi, l'Atabapo et l'Orénoque, jusqu'à l'Angostura. Je pense que cette navigation, des frontières du Brésil à la capitale de la Guyane, pourroit s'exécuter aisément en 24 ou 26 jours [2]; elle est, dans les temps ordinaires, de 10 jours plus courte et moins fa-

---

[1] *Voyez* plus haut, p. 206 et 241.

[2] Dans l'état actuel des choses (sans que le canal que j'ai projeté soit tracé), des bateaux sont venus du fort de San Carlos del Rio Negro à l'Angostura par le *Caño* Pimichin, non, comme dit le père Caulin, en 10 jours, mais bien en 23 et 24 jours. Voici ce que j'ai pu conclure de ma propre expérience comparée aux données des missionnaires. On se rend ordinai-

tigante pour les rameurs (*bogas*), parce qu'on lutte la moitié moins contre les courans qu'en passant par le Cassiquiare. Mais, pour

rement, dans des circonstances médiocrement favorables,

Par le portage du Pimichin :

de S. Carlos à Javita en....................	4 jours.
de Javita à San Fernando...............	3
de San Fernando à Carichana...........	9
de Carichana à Angostura................	12

de San Carlos à Angostura, en descendant les petites rivières de Temi et d'Atabapo en   28 jours.

Par le Cassiquiare :

de San Carlos à la bifurcation...........	11 jours.
de la bifurcation à San Fernando.........	5
de San Fernando à Aturès...............	4
d'Aturès à Angostura..................	17

de San Carlos à Angostura, en remontant le Cassiquiare, en...................... 37 jours.

Pour remonter l'Orénoque, on met, 1.° par le Pimichin et en remontant les petites rivières : de l'Angostura à Carichana, 15 jours; de Carichana à San Fernando, 13 j.; de San Fernando à San Carlos, 7 j.; total, 35 jours; 2.° par le Cassiquiare, en le descendant : de l'Angostura à San Fernando, 28 j.; de San Fernando à la bifurcation, 9 j.; de la bifurcation à San Carlos, 5 j.; total, 42 jours. Les crues de l'Orénoque et du Cassi-

remonter l'Orénoque et pour se rendre de l'Angostura au Rio Negro, la différence du temps employé est à peine de quelques jours; car il faut alors, par le Pimichin, remonter les petites rivières, tandis que par le chemin ancien on descend le Cassiquiare. On conçoit que la rapidité avec laquelle on voyage, des bouches de l'Orénoque à San Carlos, dépend de plusieurs élémens variables, de la force de la brise, qui souffle depuis l'Angostura jusqu'à Carichana, de l'état des cataractes d'Aturès et de Maypurès, du lit plus ou moins plein des rivières. En novembre et décembre, la brise est assez fraîche, et la force du courant de l'Orénoque n'est pas considérable; mais les petites rivières ont, à cette époque, si peu d'eau, que l'on risque de toucher à chaque instant. Les missionnaires préfèrent les voyages du mois d'avril; c'est le temps de la récolte des œufs de tortues, qui anime une partie des rives de l'Orénoque. On

quiare changent, avec la force des courans, tous les résultats de ces évaluations. Les missionnaires croient la navigation de San Carlos à Angostura, par le Cassiquiare, de 500 lieues. J'ai indiqué plus haut qu'elle n'est que de 310 lieues.

Relat. histor. Tom. 7. 21

craint alors moins les *mosquitos*; la rivière est à demi-pleine, on profite encore de la brise, et l'on passe facilement les Grandes Cataractes.

Les hauteurs barométriques [1] observées à la mission de Javita et à l'embarcadère du Pimichin, prouvent que la pente générale du nouveau canal seroit de 30 à 40 toises du nord au sud. Aussi le grand nombre de petits ruisseaux, à travers lesquels il faut transporter les pirogues dans le *portage*, coulent tous vers le Pimichin. Nous vîmes avec étonnement que, parmi ces ruisseaux à *eaux noires*, il y en avoit dont les eaux étoient aussi blanches par réflexion que les eaux de l'Orénoque. Quelle peut être la cause de cette différence? Toutes ces sources naissent dans les mêmes savanes, dans les mêmes marécages de la forêt. Comme la mesure faite par le père Cereso n'a point été en ligne droite, et que sa direction incline trop vers l'est,

---

[1] A Javita: Bar. corrigé le 4 mai, à 9^h du soir, 325,5 lignes; à 11^h, 326,1 lig. Therm. 18°-19° Réaumur. A l'embarcadère du Pimichin: le 6 mai, à 11^h du matin, 328,3 lignes. Th. 20°,3 Réaumur.

le canal n'auroit pas 6000 toises de longueur. J'ai tracé la route la plus courte au moyen de la boussole, et l'on a fait quelques marques dans les arbres les plus vieux de la forêt. Le terrain est entièrement uni ; à cinq lieues à la ronde, il n'y a pas la plus petite colline. Dans l'état actuel des choses, on devroit faciliter le *portage* en améliorant le chemin, en lui donnant sa véritable direction, en traînant les pirogues sur des chariots, en jetant des ponts sur des ruisseaux qui arrêtent quelquefois les Indiens pendant des journées entières.

C'est dans cette même forêt que nous pûmes enfin obtenir des renseignemens exacts sur le prétendu caoutchouc fossile que les Indiens appellent *dapicho*. Le vieux capitaine Javita nous conduisit au bord d'un petit ruisseau qui se jette dans le Tuamini. Il nous montra que, pour recueillir cette substance, il faut creuser dans un terrain marécageux, à deux ou trois pieds de profondeur, entre les racines de deux arbres connus sous le nom de *Jacio* et de *Curvana*. Le premier est l'Hevea d'Aublet ou Siphonia des botanistes modernes, connu pour fournir le

21*

caoutchouc du commerce de Cayenne et du Grand-Parà ; le second a les feuilles pennées : son suc est laiteux, mais très-délayé et presque sans viscosité. Le *dapicho* paroît l'effet d'un épanchement de la sève par les racines. Cet épanchement a surtout lieu, lorsque les arbres ont atteint un grand âge, et que l'intérieur de leur tronc commence à pourrir. L'écorce et l'aubier se fendillent, et il se fait alors naturellement ce que fait l'art de l'homme pour recueillir en abondance les sucs laiteux de l'Hevea, du Castilloa et des figuiers à caoutchouc. Aublet rapporte que les Galibis et les Garipons de Cayenne commencent par faire au bas du tronc une incision profonde qui pénètre jusque dans le bois : bientôt après ils réunissent à cette entaille horizontale d'autres entailles perpendiculaires et obliques qui vont du haut du tronc jusque près des racines. Toutes ces incisions conduisent le suc laiteux vers un seul point où l'on place le vase d'argile dans lequel le caoutchouc doit se déposer. C'est à peu près de la même manière que nous avons vu opérer les Indiens de Carichana.

CHAPITRE XXII. 325

Si, comme je le suppose, l'accumulation et l'épanchement du lait dans le *Jacio* et le *Curvana* est un phénomène pathologique, il faut qu'il ait lieu quelquefois par l'extrémité des racines les plus longues ; car nous avons trouvé des masses de *dapicho* de 2 pieds de diamètre et de 4 pouces d'épaisseur, à 8 pieds de distance du tronc. Souvent on creuse inutilement aux pieds des arbres morts, d'autres fois on trouve le *dapicho* sous des Hevea ou *Jacio* encore verts. La substance est blanche, subéreuse, fragile, et ressemble, par ses lames superposées et ses bords ondoyans, au Boletus igniarius. Il faut peut-être un long espace de temps pour que le *dapicho* se forme : c'est probablement un suc épaissi par une disposition particulière des organes végétaux, épanché et coagulé dans un terrain humide, hors du contact de la lumière [1] ; c'est un état particulier du caoutchouc, j'aurois presque dit un caoutchouc étiolé. L'humidité du terrain semble expliquer la forme ondoyante des bords du *dapicho*, et sa division en couches.

[1] *Voyez* Tom. V, p. 113.

J'ai souvent observé au Pérou qu'en versant lentement le suc laiteux de l'Hevea ou la sève du Carica dans une grande masse d'eau, le *coagulum* prend des contours ondoyans. Le *dapicho* n'est certainement pas propre à la forêt qui s'étend de Javita au Pimichin, quoique ce soit jusqu'ici le seul endroit où on l'ait trouvé. Je ne doute pas qu'en creusant dans la Guyane françoise, sous les racines et les vieux troncs de l'Hevea, on trouveroit aussi de temps en temps ces énormes masses de caoutchouc [2] subéreux que nous venons de décrire. Comme on observe en Europe qu'à la chute des feuilles la sève se porte vers les racines, il seroit curieux d'examiner si, sous les tropiques, les sucs laiteux des Urticées, des Euphorbiacées et des Apocynées descendent aussi

---

[1] C'est ainsi qu'on découvre, à 5-6 pouces de profondeur entre les racines de l'Hymenea Courbaril, des masses de résine *animée* (faussement appelée *copal*). On les a prises quelquefois pour du succin trouvé dans l'intérieur des terres. Ce phénomène semble jeter quelque jour sur l'origine de ces grandes masses d'*electrum* qu'on recueille de temps en temps sur les côtes de la Prusse. (*Schweigger, Beob.* 1819, p. 104.)

en de certaines saisons. Malgré une grande égalité de température, les arbres de la zone torride suivent un cycle de végétation, des changemens à retours périodiques. L'existence du *dapicho* est plus intéressante pour la physiologie que pour la chimie végétale. M. Allen a publié un mémoire sur la différence qu'on remarque entre le caoutchouc dans son état ordinaire et la substance de Javita que j'avois envoyée à sir Joseph Banks. Il y a aujourd'hui dans le commerce un caoutchouc blanc-jaunâtre qu'on peut facilement distinguer du *dapicho*, parce qu'il n'est ni sec comme le liége, ni friable, mais très-élastique, luisant et savonneux. J'en ai vu récemment à Londres des quantités considérables dont le prix a varié de 6 à 15 francs la livre. Ce caoutchouc, blanc et gras au toucher, est préparé aux Indes orientales. Il exhale cette odeur animale et fétide que j'ai attribuée, dans un autre endroit, à un mélange de *caseum* et d'albumine [1].

[1] Les pellicules que dépose, au contact de l'oxigène atmosphérique, le lait de l'Hevea, brunissent au soleil. Si le *dapicho* noircit en se ramollissant au feu, c'est par une légère combustion, par un changement dans la

Lorsqu'on réfléchit sur l'immense variété de végétaux propres à fournir du caoutchouc dans les régions équinoxiales, on regrette que cette substance si éminemment utile ne soit pas à plus bas prix parmi nous. Sans propager par la culture les arbres à sève laiteuse, on pourroit recueillir dans les seules missions de l'Orénoque tout le caoutchouc que peut consommer l'Europe civilisée [1]. Dans le

proportion des élémens. Je m'étonne que quelques chimistes regardent le caoutchouc noir du commerce comme mélangé de suie, comme noirci par la fumée à laquelle il a été exposé. (*Thomson, Chimie* 1818, T. IV, p. 197.)

[1] Outre le *Jacio* et le *Curvana*, nous avons encore vu, dans la Guyane, deux autres arbres qui donnent abondamment du caoutchouc, sur les rives de l'Atabapo, le *Guamaqui* à feuilles de Jatropha (peut-être le Bagassa d'Aublet, pl. 376); et, à Maypure, le *Cime*. Les recherches sur les plantes utiles à la médecine et aux arts industriels sont d'un intérêt assez général pour que j'ose les consigner dans cet ouvrage. J'ai publié, dans le premier volume (Chap. VI, p. 368, éd. in-4.°), les résultats de mon travail sur le quinquina et autres végétaux à *principe fébrifuge*. Je vais réunir ici le tableau des plantes qui, dans les deux hémisphères, peuvent fournir du caoutchouc plus ou moins abondamment :

royaume de la Nouvelle-Grenade, on a fait quelques essais heureux pour fabriquer avec cette substance des bottes et des souliers sans couture. Les Omaguas de l'Amazone sont la nation américaine qui sait le mieux travailler le caoutchouc.

Euphorbiacées, Hevea guyanensis (Siphonia caoutchouc), Commiphora madagascariensis, Excæcaria agallocha, Hura crepitans, Mabea piriri, Omphalia diandra, Euphorbia purpurea, Sapium aucuparium, Plukenetia verrucosa : *Urticées;* Cecropia peltata, Artocarpus integrifolia, plusieurs Ficus (F. religiosa, F. anthelmintica, F. toxicaria), Ambora tambourissa, Bagassa guyannensis, Brosimum alicastrum : *Apocynées;* Urceola elastica, Vahea madagascariensis, quelques Asclepias : *Campanulacées;* Lobelia caoutchuc (*Nov. Gen.*, Tom. III, p. 304). J'aurois pu ajouter plusieurs *Papaveracées* et *Sapotées;* car il n'y a pas de plante lactescente qui ne renferme quelques traces de caoutchouc. On assure que M. Benjamin Barton Smith a retiré, à Philadelphie, beaucoup de caoutchouc du Smilax caduca. (Phil. Mag., Tom. XL, p. 66.) Ce fait paroît bien extraordinaire, si on se rappelle les propriétés des autres Smilacées. Ce seroit le premier exemple de caoutchouc dans une Monocotylédonée. Après tant de recherches faites dans ces derniers temps par les botanistes voyageurs, il seroit bien à désirer que nos traités de chimie fussent moins inexacts dans l'in-

Quatre jours s'étoient écoulés, et notre pirogue n'étoit point encore arrivée à l'embarcadère du Rio Pimichin. « Rien ne vous manque dans ma mission, disoit le père Cereso; vous avez des bananes et du poisson; de nuit, vous n'êtes pas piqués par les *mosquitos*, et plus de temps vous resterez, plus aussi vous aurez de chance à voir les étoiles de mon pays. Si votre embarcation se brise dans le *portage*, nous vous en donnerons une autre, et j'aurai eu la satisfaction d'avoir passé quelques semaines *con gente blanca y de razon* [1]. » Malgré notre impatience, nous

---

dication des végétaux qui fournissent des résines, des gommes, des baumes et des matières colorantes. A l'article *Caoutchouc*, on trouve constamment indiqués l'Hevea et le Jatropha elastica comme deux arbres différens. Ce qui vient de cette substance élastique dans le commerce est le produit de l'Hevea ou du Siphonia Cahuchu de la Guyane et du Brésil, du Lobelia caoutchouc de Popayan, du Castilloa elastica du Mexique, des Ficus et de l'Urceola elastica (genre de Roxbourgh très-rapproché du Vahea) de l'Inde, du Vahea et du Commiphora de Madagascar.

[1] « Avec des hommes blancs et qui ont l'usage de la raison. » L'amour propre européen oppose généralement la *gente de razon* à la *gente parda*.

écoutâmes avec intérêt les renseignemens que nous donnoit le bon missionnaire, Il confirma tout ce que nous avions déjà entendu sur l'état moral des peuples indigènes de ces contrées. Ils vivent distribués par hordes de 40 à 50, sous un gouvernement de famille; ils ne reconnoissent un chef commun (*apoto, sibierene*) qu'au moment où ils font la guerre à leurs voisins. La méfiance que ces hordes ont les unes pour les autres est d'autant plus prononcée, que celles qui sont le plus voisines parlent des langues entièrement différentes. Dans des plaines ouvertes ou des pays à savanes, les tribus aiment à choisir leurs habitations d'après une affinité d'origine, une ressemblance de mœurs et d'idiomes. Sur le plateau de la Tartarie, comme dans l'Amérique du Nord, on a vu de grandes familles de peuples, réunis en plusieurs colonnes, pousser leurs migrations à travers des pays peu boisés et faciles à parcourir. Tels ont été les voyages de la race toltèque et aztèque dans les hautes plaines du Mexique, depuis le sixième jusqu'au onzième siècle de notre ère; tel fut probablement aussi le mouvement des peuples par lequel se sont agroupées les petites tribus du Canada, les Mengwe [1] ou cinq nations, les Algonkins ou Lenni-Lenapes [2], les Chikesaws et les Muskohgées [3]. Comme l'immense pays contenu entre l'équateur et les 8° de latitude nord ne forme qu'une seule forêt, les hordes s'y sont dispersées en suivant les embranchemens des rivières, et la nature du terrain les a forcées à devenir plus ou moins agriculteurs. Tel est le dédale de ces rivières que les familles se sont fixées, sans savoir quelles étoient les races d'hommes qui vivoient le plus rapprochées d'elles. Dans la Guyane espagnole, une montagne, une forêt d'une demi-lieue de largeur, sépare quelquefois des hordes qui auroient besoin de deux journées de navigation pour se rencontrer. C'est ainsi que les communications

---

[1] Iroquois.

[2] C'est du mot *lenno*, natif, qu'on a fait Illenoh et Illinois, nom de la grande nation décrite par La Houtan. (*Philad. Historical Trans.* 1819, p. 404.)

[3] J'aurois pu désigner la souche de cette nation sous le nom de Natchez. C'est la langue de cette tribu éteinte, qui est la langue mère des idiomes de la Floride et des hordes méridionales trans-alléghaniennes.

de rivières, dans des pays ouverts ou dans un état de civilisation avancée, contribuent puissamment à généraliser les langues, les mœurs et les institutions politiques : mais, dans les forêts impénétrables de la zone torride comme dans le premier état de barbarie de notre espèce, elles multiplient les démembremens des grandes nations, elles favorisent le passage des dialectes à des langues qui nous paroissent radicalement distinctes, elles nourrissent la méfiance et les haines nationales. Entre les rives du Caura et du Padamo, tout porte l'empreinte de la désunion et de la foiblesse. Les hommes se fuient, parce qu'ils ne s'entendent pas; ils se haïssent, par cela même qu'ils se craignent.

Lorsqu'on examine attentivement cette partie sauvage de l'Amérique, on croit être transporté dans ces premiers temps où la terre se peupla de proche en proche, on croit assister à la naissance des sociétés humaines. Dans l'ancien monde, nous voyons la vie pastorale préparer les peuples chasseurs à la vie agricole. Dans le nouveau, nous cherchons en vain ces développemens progressifs de la civilisation, ces momens de repos, ces stations dans la vie des peuples. Le luxe de la végétation embarrasse les Indiens dans leurs chasses; comme les rivières ressemblent à des bras de mer, la profondeur des eaux, pendant des mois entiers, s'oppose à la pêche. Ces espèces de ruminans qui font la richesse des peuples de l'ancien monde, manquent dans le nouveau. Le bison et le bœuf musqué n'ont jamais été réduits à l'état de domesticité. La multiplication des Llamas et des Guanacos n'a pas fait naître les habitudes de la vie pastorale. Sous la zone tempérée, sur les bords du Missoury, comme sur le plateau du Nouveau-Mexique, l'Américain est chasseur; mais, sous la zone torride, dans les forêts de la Guyane, il cultive du manioc, des bananes, et quelquefois du maïs. Telle est l'admirable fertilité de la nature, que le champ de l'indigène est un petit coin de terre; que défricher, c'est mettre le feu à des broussailles; que labourer, c'est confier au sol quelques graines ou des boutures. Que l'on remonte par la pensée aux siècles les plus reculés, toujours, dans ces forêts épaisses, nous devons nous figurer les peuples tirant de la terre la plus grande partie de leur nourriture ; mais, comme cette terre produit abondamment sur une petite étendue et presque sans labeur, nous devons nous représenter aussi ces peuples comme changeant souvent de demeure le long d'une même rive. En effet, encore aujourd'hui l'indigène de l'Orénoque voyage avec ses graines, il transporte ses cultures (*conucos*) comme l'Arabe transporte sa tente et change de pâturage. Le nombre des plantes cultivées que l'on trouve sauvages au milieu des bois prouve des habitudes nomades chez un peuple agricole. Peut-on être surpris que ces habitudes fassent perdre presque tous les avantages qui résultent, sous la zone tempérée, des cultures stationnaires, de celle des céréales [1] qui exigent de vastes terrains et des travaux plus assidus.

Les peuples du Haut-Orénoque, de l'Atabapo et de l'Inirida n'ont, comme les anciens Germains et les Perses, d'autre culte que celui des forces de la nature. Ils appellent le bon principe *Cachimana*, c'est le Manitou, le Grand-Esprit, qui règle les saisons et favorise

---

[1] *Voyez* Tom. III, p. 20.

les récoltes. A côté de *Cachimana*, il y a un mauvais principe *Iolokiamo*, moins puissant, mais plus rusé, et surtout plus actif. Les Indiens des forêts, lorsqu'ils visitent de temps en temps les missions, ont beaucoup de peine à se faire à l'idée d'un temple ou d'une image. «Ces bonnes gens, disoit le missionnnaire, n'aiment que les processions en plein air. Lorsque je célébrai la dernière fois la fête patronale de mon village, celle de San Antonio, des Indiens de l'Irinida assistèrent à la messe. Votre Dieu, me disoient-ils, se tient renfermé dans une maison, comme s'il étoit vieux et infirme; le nôtre est dans la forêt, dans les champs, sur les montagnes de Sipapu d'où viennent les pluies.» Dans des peuplades plus nombreuses et pour cela même un peu moins barbares, il se forme des sociétés religieuses d'un genre assez bizarre. Quelques vieux Indiens prétendent être mieux instruits que les autres de ce qui regarde la divinité; ce sont eux auxquels est confié ce fameux *botuto*, dont j'ai parlé plus haut, et que l'on fait sonner sous les palmiers pour qu'ils portent d'abondantes récoltes. Sur les rives de l'Orénoque il n'existe pas d'idole, comme chez tous les peuples restés fidèles au premier culte de la nature; mais le *botuto*, la trompette sacrée, est devenu un objet de vénération. Pour être initié aux mystères du *botuto*, il faut avoir les mœurs pures et être resté célibataire. Les initiés se soumettent à des flagellations, des jeûnes et d'autres exercices pénibles. Il n'y a qu'un petit nombre de ces trompettes sacrées. La plus anciennement célèbre est celle d'une colline placée près du confluent du Tomo et du Guainia. On prétend l'entendre à la fois sur les rives du Tuamini et à la mission de San Miguel de Davipe, à une distance de 10 lieues. Le père Cereso nous assuroit que les Indiens parlent de ce *botuto* du Tomo comme d'un objet de culte qui est commun à plusieurs peuplades environnantes. On place des fruits, des boissons enivrantes à côté de la trompette sacrée. Tantôt le Grand-Esprit (*Cachimana*) fait résonner lui-même le *botuto*, tantôt il se contente de manifester sa volonté par celui auquel la garde de l'instrument est confiée. Comme ces jongleries sont très-anciennes (des pères de nos pères, disent les Indiens), il ne faut pas s'étonner qu'elles aient déjà trouvé des incrédules; mais ces incrédules ne manifestent que tout bas leur pensée sur les mystères du *botuto*. Il n'est pas permis aux femmes de voir l'instrument merveilleux; elles sont exclues de toutes les cérémonies du culte. Si l'une d'elles a le malheur de voir la trompette, elle est tuée sans pitié. Le missionnaire nous raconta qu'en 1798, il avoit été assez heureux pour sauver une jeune fille qu'un amant jaloux et vindicatif accusoit d'avoir suivi, par un mouvement de curiosité, les Indiens qui faisoient sonner le *botuto* dans les plantations. « On ne l'auroit pas assassinée publiquement, disoit le père Cereso; mais comment la soustraire au fanatisme des indigènes, dans un pays où il est si facile de donner du poison? La jeune fille me parla de ses craintes, et je l'ai envoyée dans une des missions du Bas-Orénoque. » Si les peuples de la Guyane étoient restés les maîtres de ce vaste pays; si, sans être entravés par les établissemens chrétiens, ils pouvoient suivre librement le développement de leurs institutions barbares, le culte du *botuto* deviendroit sans doute de quelque importance politique. Cette société mystérieuse d'initiés, ces gardiens de la trompette sacrée, se transformeroient en une caste influente de prêtres, et l'oracle du Tomo formeroit peu à peu un lien entre des peuples limitrophes. C'est ainsi que la communauté du culte (*communia sacra*), les cérémonies religieuses, et les mystères, ont rapproché, pacifié et peut-être civilisé tant de peuples de l'ancien continent [1].

Le 4 mai au soir, on vint nous annoncer qu'un Indien, qui aidoit à traîner notre pirogue par le *portage* du Pimichin, avoit été piqué par une couleuvre. C'étoit un homme grand et fort qu'on transporta à la mission dans un état très-alarmant. Il étoit tombé à la renverse sans connoissance; des nausées, des vertiges, des congestions vers la tête succédèrent à cet état d'évanouissement. On ne connoît point encore dans ces contrées la liane, *Vejuco du Guaco* [2], que M. Mutis a rendue si célèbre, et

---

[1] *Heeren, Gesch. der Staaten des Alterthums*, 1799, p. 15, 71, 143.

[2] C'est un Mikania qu'on a confondu quelque temps en Europe avec l'Ayapana. M. Bonpland en a donné la première figure dans nos *Plantæ æquin.*, Tom. II; p. 84, tab. 105. (*Nov. Gen.*, Tom. IV, p. 107.) M. de Candolle pense que le *Guaco* pourroit bien être l'Eupatorium satureiæfolium de Lamarck (*Encyclop. Bot.*,

qui est le remède le plus sûr contre la morsure des serpens venimeux. Beaucoup d'Indiens accoururent à la cabane du malade : on le guérit avec l'infusion de la *Raiz de Mato.* Nous ne pouvons indiquer avec certitude quelle est la plante qui fournit ce contre-poison. C'est un regret bien vif, que les botanistes voyageurs éprouvent trop souvent, de ne pas voir en fleur ou en fruit les végétaux les plus utiles à l'homme, lorsque tant d'espèces, peu remarquables par leurs propriétés, se présentent journellement à leurs yeux avec toutes les parties de la fructification. J'incline à croire que la *Raiz de Mato* est une Apocynée, peut-être le Cerbera thevetia que les habitans de Cumana appellent *Lengua de Mato* ou *Contra-Culebra*, et dont ils se servent aussi contre la morsure des serpens. Un genre très-rapproché du Cerbera[1] est employé dans l'Inde au même usage. Il est assez commun de rencontrer dans une même famille des poisons

Tom. II, p. 411); mais cet Eupatorium en diffère par des feuilles linéaires, tandis que le Mikania Guaco a les feuilles triangulaires, ovales et très-larges. (*De Cand., Propr. méd.*, p. 180.)

[1] Ophioxylon serpentinum.

végétaux et des antidotes contre le venin des reptiles. Comme un grand nombre de toniques et de narcotiques sont des antidotes plus ou moins actifs, on trouve ceux-ci dans des familles très-différentes [1] entre elles, dans les Aristoloches, les Apocynées, les Gentianes, les Polygalées, les Solanées, les Composées, les Malvacées, les Drymyrhizées, et, ce qui est encore plus surprenant, même dans les palmiers.

Dans la cabane de l'Indien qui avoit été dangereusement mordu par une couleuvre, nous trouvâmes des boules de 2 à 3 pouces de diamètre d'un sel terreux et impur que l'on appelle *chivi*, et qui est préparé avec beaucoup de soin par les indigènes. A Maypurès, on brûle une conferve que l'Orénoque laisse sur les rochers voisins, lorsque, après les grandes crues, il rentre dans son lit. A Javita,

[1] Je citerai comme exemples de ces neuf familles: Aristolochia anguicida, Cerbera thevetia, Ophiorhiza mungos, Polygala senega, Nicotiana tabacum (un des remèdes les plus usités dans l'Amérique espagnole), Mikanua guaco, Hibiscus abelmoschus dont les graines sont très-actives, Lampujum Rumphii et Kunthia montana (*Caña de la Vibora*). *Nov. Gen.*, Tom. I, p. 303.

on fabrique le sel par l'incinération du *spadix* et des fruits du palmier *Seje* ou *Chimu* [1]. Ce beau palmier qui abonde sur les rives de l'Auvana, près de la cataracte de Guarinuma, et entre Javita et le *Caño* Pimichin, paroît une nouvelle espèce de Cocotier. On se rappelle que l'eau renfermée dans le fruit du Cocotier commun est souvent salée, même quand l'arbre croît loin du rivage de la mer. A Madagascar, on tire du sel de la sève d'un palmier appelé *Cira* [2]. Outre les *spadix* et les fruits du palmier *Seje*, les Indiens de Javita lessivent aussi les cendres de la fameuse liane *Cupana*. C'est une nouvelle espèce du genre Paullinia, par conséquent une plante très-différente du Cupania de Linné. Je rappellerai à cette occasion qu'un missionnaire voyage rarement sans avoir avec lui les semences préparées de la liane *Cupana*. Cette préparation exige beaucoup de soin. Les Indiens râpent les semences, les mêlent à la farine de

---

[1] *Voyez* plus haut, p. 189. Au Rio Negro on tire du sel du spadix d'un autre palmier appelé *Chiquichiqui*.

[2] Jacquin, *Hort. Schönbr.*, Tom. I, p x.

manioc, enveloppent la masse dans des feuilles de bananier et la font fermenter dans l'eau jusqu'à ce qu'elle prenne une couleur jaune de safran. Cette pâte jaune est séchée au soleil; et, délayée dans l'eau, on la prend le matin en guise de thé. La boisson est amère et stomachique, mais elle m'a paru d'un goût très-désagréable.

Sur les bords du Niger et dans une grande partie de l'intérieur de l'Afrique, où le sel est extrêmement rare, on dit d'un homme riche : il est si heureux qu'il mange du sel à son repas. Ce bonheur n'est pas trop commun dans l'intérieur de la Guyane. Il n'y a que les blancs, surtout les soldats du fortin de San Carlos, qui savent se procurer du sel pur, soit des côtes de Caracas, soit de Chita[1] par le Rio Meta. Ici, comme dans toute l'Amérique, les Indiens mangent peu de viande et ne consomment presque pas de sel. Aussi la gabelle est-elle de peu de rapport pour le fisc partout

[1] Au nord de Morocote, à la pente orientale de la Cordillère de la Nouvelle-Grenade. *Voyez* ma carte du cours du Meta (*Atl.*, Pl. xix). Le sel des côtes, que les Indiens appellent *yuquira*, coûte à San Carlos 2 piastres l'*almuda*.

où le nombre des indigènes est très-considérable, par exemple au Mexique et à Guatimala. Le *chivi* de Javita est un mélange de muriate de potasse et de soude, de chaux caustique et de plusieurs sels terreux [1]. Ils en dissolvent quelques atomes dans de l'eau, remplissent de cette dissolution une feuille d'Heliconia pliée en cornet, et en laissent tomber, comme de l'extrémité d'un filtre, quelques gouttes dans leurs mets.

Le 5 mai, nous nous mîmes en chemin pour suivre à pied notre pirogue qui enfin étoit arrivée par le *portage* au *Caño* Pimichin. Nous eûmes à traverser à gué un grand nombre de ruisseaux. Ces passages exigent quelque précaution à cause des couleuvres dont les marécages abondent. Les Indiens nous firent remarquer, sur l'argile humide, la trace de ces petits ours noirs qui sont si communs sur les bords du Temi. Ils diffèrent du moins par la grandeur de l'*Ursus americanus :* les missionnaires les appellent *Osso carnicero,* pour les distinguer de l'*Osso palmero* ou Tamanoir

---

[1] Comparez *Azzara, Voy. au Paraguay,* Tom. I, p. 55.

(Myrmecophaga jubata) et de l'*Osso hormigero* ou fourmiller Tamandua. De ces animaux qui sont assez bons à manger, les deux premiers se défendent en se redressant sur leurs pieds de derrière. Le Tamanoir de Buffon est appelé *Uaraca* par les Indiens; il est irascible et courageux, ce qui est assez extraordinaire chez un animal édenté. En avançant, nous trouvâmes quelques éclaircies dans la forêt qui nous parut d'autant plus riche qu'elle devint plus accessible. Nous y recueillîmes de nouvelles espèces de Coffea (le groupe américain, à fleurs paniculées, forme probablement un genre particulier), le Galega piscatorum dont les Indiens se servent comme du Jacquinia et d'une Composée du Rio Temi, en guise de *barbasco*, pour enivrer les poissons[1]; enfin la liane connue dans ces contrées sous le nom de *Vejuco de Mavacure*, qui donne le fameux poison Curare. Ce n'est ni un Phyllanthus ni un Coriaria, comme M. Willdenow l'avoit pensé, mais, d'après des re-

---

[1] *Kunth*, dans les *Nov. Gen.*, Tom. III, p. 371. La Composée du Temi est le Bailliera *Barbasco*. (*L. c.*, Tom. IV, p. 226.)

cherches de M. Kunth, très-probablement un Strychnos. Nous aurons occasion de parler plus bas de cette substance vénéneuse qui est un objet important de commerce parmi les sauvages. Si un voyageur, favorisé, comme nous l'avons été, par l'hospitalité des missionnaires, restoit une année sur les rives de l'Atabapo, du Tuamini et du Rio Negro, une autre année dans les montagnes de l'Esmeralda et du Haut-Orénoque, il tripleroit, à n'en pas douter, le nombre des genres décrits par Aublet et par M. Richard.

Les arbres de la forêt du Pimichin conservent la hauteur gigantesque de 80 à 120 pieds. Ce sont les Laurinées et les Amyris[1] qui fournissent, dans ces climats brûlans, ces superbes bois de construction que, sur la côte du nord-ouest de l'Amérique, dans des montagnes où le thermomètre descend en hiver à 20° cent. au-dessous de zéro, on trouve dans la famille des Conifères. Telle est, sous toutes les zones et dans toutes les familles de

---

[1] Les grands Cèdres blancs et rouges de ces contrées ne sont pas le Cedrela odorata, mais l'Amyris altissima, qui est un Icica d'Aublet.

plantes américaines, la force prodigieuse de la végétation que, sous les 57° de latitude septentrionale, sur une même ligne isotherme avec Saint-Pétersbourg et les îles Orkney, le Pinus canadensis offre des troncs de 150 pieds de haut et de 6 pieds de diamètre [1]. Nous arrivâmes vers la nuit à une petite ferme, dans le *puerto* ou embarcadère du Pimichin. On nous montra une croix plantée près du chemin : elle marquoit l'endroit où « un pauvre missionnaire capucin avoit été tué par les guêpes. » Je répète ce que le moine de Javita et les Indiens nous ont dit. On parle beaucoup, dans ces contrées, de guêpes et des fourmis venimeuses; mais nous n'avons trouvé ni l'un ni l'autre de ces insectes. On sait que souvent de légères piqûres causent, sous la zone torride, des accès de fièvre presque aussi violens

[1] M. Langsdorf a vu, chez les habitans du golfe de Norfolk, des canots faits d'une seule pièce ayant 50 pieds de long, $4\frac{1}{2}$ de large, et 3 de haut sur les bords. Ils renfermoient 30 personnes. (*Bemerk. auf einer Reise um die Welt.*, Tom. II, p. 89.) Ces canots rappellent les pirogues du Rio Chagre dans l'isthme de Panama, au sein de la zone torride. Le Populus balsamifera parvient aussi à une prodigieuse hauteur sur les montagnes qui bordent le golfe de Norfolk.

que ceux qui accompagnent chez nous des lésions organiques très-graves. La mort de ce pauvre moine aura été plutôt l'effet de la fatigue et de l'humidité que du venin que renferme l'aiguillon des guêpes et dont les Indiens nus craignent singulièrement les piqûres. Il ne faut point confondre les guêpes de Javita avec les abeilles Mélipones que les Espagnols appellent de *petits anges*[1], et dont nous avons eu les mains et le visage couverts au sommet de la Silla de Caracas.

L'embarcadère du Pimichin est environné d'une petite plantation de Cacaoyers. Les arbres sont très-vigoureux, et, ici comme sur les rives de l'Atabapo et du Guainia, chargés de fleurs et de fruits dans toutes les saisons. Ils commencent à porter dès la quatrième année; sur les côtes de Caracas, ils ne portent que dans la sixième ou huitième année. Le sol de ces contrées est sablonneux partout où il n'est pas marécageux; mais ces terres légères du Tuamini et du Pimichin sont extrêmement productives[2]. Quand on pense que le Ca-

[1] *Angelitos. Voyez* Tom. IV, p. 256.

[2] A Javita, une étendue de 50 pieds carrés plantée en Jatropha Manihot (*Yucca*) donne, en deux ans,

caoyer est propre à ces forêts de la Parime, au sud des 6° de latitude septentrionale, et que le climat humide du Haut-Orénoque convient bien plus à cet arbre précieux que l'air des provinces de Caracas et de Barcelone qui devient d'année en année plus sec, on regrette de voir cette belle partie du monde entre les mains de moines qui n'encouragent aucun genre de culture. Les

dans le plus mauvais terrain, une récolte de 6 *tortas* de cassave : dans un sol médiocrement bon, la même étendue donne, en quatorze mois, une récolte de 9 *tortas*. Dans un sol excellent, autour des groupes de Mauritia (dans les *palmares Morichales*), il y a, tous les ans, sur 5o pieds carrés, une récolte de 13 à 14 *tortas*. Une *torta* pèse $\frac{3}{4}$ de livre, et 3 *tortas* coûtent généralement, dans la province de Caracas, 1 réal de plata ou $\frac{1}{8}$ de piastre. Ces données me paroissent de quelque importance lorsqu'on veut comparer la matière nutritive que l'homme peut tirer d'une même étendue de sol en la couvrant, sous différens climats, d'arbres à pain, de bananiers, de Jatropha, de maïs, de pommes de terre, de riz et de céréales. La lenteur des récoltes du Jatropha a, à ce que je pense, une influence bienfaisante sur les mœurs des indigènes; elle les fixe au sol, en les forçant de séjourner plus long-temps dans un même endroit.

missions seules des Observantins pourroient annuellement fournir au commerce 50,000 *fanegas*[1] de Cacao, dont la valeur en Europe s'élèveroit à plus de 6 millions de francs. Autour des *conucos* du Pimichin végète à l'état sauvage l'*Igua*, arbre qui ressemble au Caryocar nuciferum que l'on cultive dans les Guyanes hollandoise et françoise, et qui, avec l'*Almendron* de mariquita (Caryocar amygdaliferum), avec le *Juvia* de l'Esmeralda (Bertholletia excelsa) et le Geoffroea de l'Amazone, donne les amandes les plus recherchées de l'Amérique du Sud. On ne fait ici aucun commerce de l'*Igua;* mais j'ai vu arriver, sur les côtes de la Terre-Ferme, des bâtimens venant de Demerary chargés des fruits du Caryocar tomentosum, qui est le Pekea tuberculosa d'Aublet. Ces arbres atteignent jusqu'à cent pieds d'élévation, et offrent, par la beauté de leur corolle et la multitude de leurs étamines, un aspect magnifique. Je fatiguerois le lecteur en continuant l'énumération des merveilles végétales que renferment ces vastes forêts.

---

[1] Une *fanega* pèse 110 livres de Castille. Nous évaluons le cent à 120 francs. *Voyez* Tom. V, p. 293.

CHAPITRE XXII. 351

Leur variété repose sur la coexistence d'un si grand nombre de familles dans un petit espace de terrain, sur la force stimulante de la lumière et de la chaleur, sur l'élaboration parfaite des sucs qui circulent dans ces végétaux gigantesques.

Nous passâmes la nuit dans une cabane abandonnée depuis peu. Une famille indienne y avoit laissé des instrumens de pêche, de la poterie, des nattes tressées de pétioles de palmiers, tout ce qui compose le mobilier de cette race d'hommes insouciante et peu attachée à la propriété. Des grandes provisions de *Mani* (mélange de la résine du Moronobea et de l'Amyris Caraña) étoient accumulées autour de la case. Les Indiens s'en servent ici, comme à Cayenne, pour goudronner les pirogues, et pour fixer l'aiguillon osseux des raies à la pointe de leurs flèches. Nous trouvâmes dans ce même endroit des jattes remplies d'un lait végétal qui sert à vernir, et qui est célèbre dans les missions sous le nom de *leche para pintar* [1]. On enduit de ce suc vis-

[1] Les Indiens Echinavis disent, sans doute par corruption, lait de *Pendare*. Ils nomment *Javicou*

queux les meubles auxquels on veut donner une belle couleur blanche. Au contact de l'air, il s'épaissit sans jaunir, et prend un luisant extraordinaire. Nous avons rappelé plus haut[1] que le caoutchouc est la partie huileuse, le beurre de tout lait végétal. C'est sans doute une modification particulière du caoutchouc qui forme ce *coagulum*, ces membranes blanches et luisantes qu'on croiroit couvertes d'un vernis de copal. Si l'on parvenoit un jour à donner différentes couleurs à ce vernis laiteux, on auroit, je pense, un moyen bien expéditif pour peindre et vernir à la fois les caisses de nos voitures. Plus on étudiera la chimie végétale sous la zone torride, et plus on découvrira, dans quelque lieu reculé, mais abordable au commerce de l'Europe, à demi-préparés dans les organes des plantes, des produits que nous croyons appartenir au seul règne animal, ou que nous obtenons par les procédés de l'art, toujours sûrs, mais souvent longs et pénibles. Déjà on a trouvé la cire qui

---

l'arbre inconnu qui donne ce lait. Cet arbre croît sur les rives du Rio Negro, nous n'avons pu le trouver.

[1] Tom. V, p. 274.

CHAPITRE XXII.

enduit le palmier des Andes de Quindiu, la soie du palmier de Mocoa, le lait nourrissant du *Palo de Vaca*, l'arbre à beurre de l'Afrique, la matière caséiforme tirée de la sève presque animalisée du Carica Papaya. Ces découvertes se multiplieront lorsque, comme l'état politique du monde paroît l'indiquer aujourd'hui, la civilisation européenne refluera en grande partie dans les régions équinoxiales de Nouveau-Continent.

J'ai rapporté plus haut que la plaine marécageuse, entre Javita et l'*embarcadère* du Pimichin, est célèbre dans ce pays par la quantité de couleuvres qu'elle nourrit. Avant de prendre possession de la cabane délaissée, les Indiens tuèrent deux grands serpens *Mapanare*[1] qui atteignent 4 à 5 pieds de longueur. Ils me parurent de la même espèce que ceux que j'ai décrits dans le Rio Magdalena. C'est

---

[1] On donne ce nom, dans les colonies espagnoles, à des espèces très-différentes. Le Coluber Mapanare de la province de Caracas a 142 plaques ventrales et 38 plaques caudales (doubles). Le Coluber Mapanare du Rio Magdalena a 208 plaques ventrales et 64 doubles plaques caudales. *Voyez* le second Vol. de mes *Observations de Zoologie*.

un bel animal, mais extrêmement venimeux, blanc sous le ventre, tacheté de brun et de rouge sur le dos. Comme l'intérieur de la cabane étoit rempli d'herbes, et que nous étions couchés sur le sol (il n'y avoit pas moyen de suspendre les hamacs), on n'étoit pas sans inquiétude pendant la nuit. Le matin, on trouva une grande couleuvre en enlevant la peau de Jaguar sur laquelle un de nos domestiques avoit été étendu par terre. Les Indiens disent que ces reptiles, lents dans leurs mouvemens lorsqu'on ne les poursuit pas, s'approchent de l'homme parce qu'ils aiment la chaleur. En effet, sur les rives de la Magdalena, un serpent entra dans le lit d'un de nos compagnons de voyage; il y resta une partie de la nuit et ne lui fit aucun mal. Sans vouloir prendre ici la défense des couleuvres et des serpens à sonnettes, je crois pouvoir affirmer que si ces animaux venimeux avoient autant de disposition à attaquer qu'on le suppose, l'espèce humaine n'auroit certainement pas résisté à leur nombre dans quelques parties de l'Amérique, par exemple sur les rives de l'Orénoque et dans les montagnes humides du Choco.

Le 6 mai. Nous nous embarquâmes au lever du soleil, après avoir bien examiné le fond de notre pirogue. Devenu plus mince, il n'avoit cependant pas été fendillé dans le *portage*. Nous comptions que le même bateau résisteroit encore à la navigation de 300 lieues qui nous restoit à faire en descendant le Rio Negro, en remontant le Cassiquiare, et en redescendant l'Orénoque jusqu'à l'Angostura. Le Pimichin, qu'on appelle un ruisseau (*Caño*), a la largeur de la Seine, vis-à-vis de la galerie des Tuileries; mais de petits arbres qui se plaisent dans l'eau, des Corossols[1] et des Achras, en rétrécissent tellement le lit, qu'il ne reste qu'un canal ouvert de 15 à 20 toises. Après le Rio Chagre, c'est une des rivières les plus célèbres en Amérique par le nombre de ses sinuosités. On en compte 85 qui alongent singulièrement la navigation. Elles sont souvent en angle droit et se trouvent réparties sur une distance de 2 à 3 lieues. Pour déterminer la différence de longitude entre l'embarcadère et le point où nous devions entrer dans le Rio

[1] Anona.

Negro, j'ai relevé, à la boussole, le cours du *Caño* Pimichin, et j'ai marqué le temps pendant lequel nous suivîmes une même direction. Le courant n'avoit que 2,4 pieds de vitesse par seconde; mais notre pirogue fit à la rame 4,6 pieds. Il m'a paru que l'embarcadère du Pimichin est de 1100 toises à l'ouest de son embouchure et de 0° 2′ à l'ouest de la mission de Javita. Ce *Caño* est navigable pendant toute l'année, il n'a qu'un seul *Raudal* qui est assez difficile à remonter : ses rives sont basses, mais rocheuses. Après avoir suivi pendant 4 heures et demie les sinuosités de ce canal étroit, nous entrâmes enfin dans le Rio Negro [1].

[1] Dans la carte de l'Orénoque que Surville a dressée pour l'ouvrage du père Caulin, et qui est la plus récente de celles qui ont précédé ma *Carte itinéraire* (Atlas, Pl. XVI), on a confondu le Pimichin avec l'Itinivini où Conorichite qui est un bras du Cassiquiare. La Cruz, qui avoit travaillé, avant Surville, sur les matériaux rapportés par Solano, a très-bien connu le Pimichin. C'est un point important pour les communications des missions du Rio Negro avec la partie des côtes où se trouve le siége du gouvernement.

CHAPITRE XXII.

La matinée étoit fraîche et belle. Il y avoit 36 jours que nous étions enfermés dans un canot étroit et tellement mobile, qu'on l'auroit fait chavirer en se levant imprudemment de son siége, sans avertir les rameurs de rétablir l'équilibre en appuyant sur le bord opposé. Nous avions cruellement souffert de la piqûre des insectes, mais nous avions résisté à l'insalubrité du climat; nous avions passé sans chavirer ce grand nombre de chutes d'eaux et de barrages qui entravent la navigation des rivières, et la rendent souvent plus dangereuse que de longues traversées par mer. Après tout ce que nous avions enduré jusqu'ici, il me sera permis, je pense, de parler de la satisfaction que nous éprouvâmes d'avoir atteint les affluens de l'Amazone, d'avoir dépassé l'isthme qui sépare deux grands systèmes de rivières, d'être sûrs de remplir le but le plus important de notre voyage, celui de déterminer astronomiquement le cours de ce bras de l'Orénoque qui se jette dans le Rio Negro, et dont l'existence, depuis un demi-siècle, a été prouvée et niée tour à tour. Un objet qu'on a long-temps en vue, semble augmenter d'intérêt à mesure qu'on en approche. Ces rives du Cassiquiare inhabitées, couvertes de forêts, sans souvenirs des temps passés, occupoient alors mon imagination, comme le font aujourd'hui les rives de l'Euphrate ou de l'Oxus, célèbres dans les fastes des peuples civilisés. Dans cet intérieur du Nouveau-Continent, on s'accoutume presque à regarder l'homme comme n'étant point essentiel à l'ordre de la nature. La terre est surchargée de végétaux : rien n'arrête leur libre développement. Une couche immense de terreau manifeste l'action non interrompue des forces organiques. Les crocodiles et les Boas sont les maîtres de la rivière : le Jaguar, le Pecari, la Dante et les singes traversent la forêt sans crainte et sans péril; ils y sont établis comme dans un antique héritage. Cet aspect d'une nature animée, dans laquelle l'homme n'est rien, a quelque chose d'étrange et de triste. On s'y fait même avec peine sur l'Océan et dans les sables de l'Afrique, quoique, dans ces lieux où rien ne rappelle nos champs, nos bois et nos ruisseaux, on soit moins étonné de la vaste solitude que l'on traverse. Ici, dans un pays fertile, paré d'une éternelle verdure, on cherche en vain les traces de la puissance de l'homme; on se croit transporté dans un monde différent de celui dans lequel on est né. Ces impressions sont d'autant plus fortes qu'elles ont plus de durée. Un soldat qui avoit passé toute sa vie dans les missions du Haut-Orénoque, étoit couché avec nous au bord de la rivière. C'étoit un homme intelligent qui, par une nuit calme et sereine, me faisoit des questions pressantes sur la grandeur des étoiles, sur les habitans de la lune, sur mille objets que j'ignorois autant que lui. Mes réponses ne pouvant satisfaire sa curiosité, il me dit d'un ton assuré: « Quant aux hommes, je pense qu'il n'y en a pas plus là haut que vous n'en auriez trouvé si vous étiez allé par terre de Javita au Cassiquiare. Je crois voir dans les étoiles, comme ici, une plaine couverte de hautes herbes, et une forêt (*mucho monte*) traversée par un fleuve. » En citant ces paroles, j'ai dépeint l'impression que produit l'aspect monotone de ces lieux solitaires. Puisse cette monotonie ne pas se répandre aussi sur le journal de notre navigation! puisse-t-elle ne pas fatiguer le lecteur accoutumé à la description des sites et aux souvenirs historiques de l'ancien continent!

NOTES DU LIVRE VII.

Note A.

Si, dans l'étude philosophique de la structure des langues, l'analogie de quelques racines n'acquiert de la valeur que lorsqu'on peut les enchaîner géographiquement (*Malte-Brun*, *Géog. univ.*, Tom. V, p. 211, 227), la dissemblance des racines n'est pas non plus une preuve très-forte contre l'origine commune des peuples. Dans les différens dialectes de la langue totonaque (langue d'une des plus anciennes peuplades du Mexique), le soleil et la lune ont des noms que l'usage a rendus entièrement différens. Chez les Caribes, cette différence se trouve entre la langue des hommes et des femmes. Ce phénomène tient probablement à la circonstance que l'on tuoit, parmi les prisonniers, plus souvent les hommes que les femmes. Celles-ci introduisirent peu à peu, dans le caribe, des mots de langues étrangères; et, comme les filles suivoient bien plus les occupations des femmes que les enfans mâles, il se forma une langue propre aux femmes. Je consignerai dans cette note les mots de soleil et de lune dans un grand nombre d'idiomes d'Amérique et d'Asie, en rappelant de nouveau l'incertitude de tous les jugemens fondés sur la seule comparaison de mots isolés.

Nouveau Continent : *Esquimaux* orientaux (Grœnlandois). Soleil : ajut, kaumat, sakanach.—Lune : anningat, kaumei, tatcok. *Esquimaux* occidentaux (Kadjak). S. : tschingugak, madschak.—L. : igaluk, tangeik. *Chipeways*. S. : kissis.—L. : debicot. *Delaware*. S. : natatane.—L. : keyshocof. *Noutka*. S. : opulszthl.—L. : omulszthl. *Otomi*. S. : hindi.—L. : zana. *Aztèque* ou Mexicain. S. : Tonatiuh.—L. : meztli. *Cora*. S. : taica.—L. : maitsaca. *Huasteca*. S. : aquicha.—L. : aytz. *Muysca*. S. : zuhè (sua).—L. : chia. *Yaruros*. S. : do.—L. : goppe. *Caribes* et *Tamanaque*. S. : veïou (hueiou).—L. : nouño (nonum) *Maypures*. S. : kiè. L. : kejapi. *Lule*. S. : inni.—L. allit. *Vilela*. S. : olo.—L. : copi. *Moxos*, S. : sachi.—L. : cohe. *Chiquitos*. S. : suus.—L. copi. *Guarani*. S. : quarasi.—L. : jasi. *Tupi* (Brésiliens). S. : coaracy.—L. : iacy. *Péruvien* (qquichua). S. : inti.—L. : quilla. Araucan (du Chili). S. : antu.—L. : cuyen.

Ancien Continent : *Mongol*. S. : nara (naran).—L. : sara (saran). *Mantchou*. S. : choun.—L. : bia.—Tchaghatai. S. : koun.—L. : ay. *Ossète* (du Caucase). S. : khourr.—L. : mai. *Thibétain*. S. : niyma.—L. : rdjawa. *Chinois*. S. : Jy.—L. : yue. *Japonois*. S. : fi.—L. tsouki. *Sanscrit*. S. : surya, aryama, mitra, aditya, arka, hamsa.—L. : tschandra, tschandrama, soma, masi. *Persan*. S. : chor, chorschid, afitab. (*Zend*, houere. *Pehlevi*, schemschia, zabzeba, kokma).—L. : mah (*Pehlevi*, koka). *Peuples sémitiques* : 1.) Cananéens, a) *Phénicien*. S. : sche-

CHAPITRE XXII.

mesch b.) *Hébreu.* S. : schemesch.—L. : yarea 2.) *Araméens,* a) or. *Chaldéen.* S. : schimscha.—L. : yarba b.) oc. *Syrien.* S. : schemscho.—L. : yarho 3.) *Arabe.* S. : schams.—L. : kamar. *Éthiopien.* S. : tzahay.—L. : warha.

Les noms américains sont écrits d'après l'orthographe espagnole. Je n'ai pas voulu changer l'orthographe du mot Noutka, *onulszth*, tiré du voyage de Cook, pour faire sentir combien l'idée de M. de Volney, d'introduire une notation uniforme des sons, est digne d'attention, si on ne l'applique pas aux langues savantes de l'orient écrites sans voyelles. Dans *onulszlth*, il y a quatre signes pour une seule consonne! Nous avons vu plus haut que des nations américaines, dont les langues ont une structure très-différente, désignent le soleil par le même nom; que la lune s'appelle quelquefois *soleil à dormir, soleil de nuit, lumière de nuit;* que, d'autres fois encore, les deux astres portent une même dénomination. Ces exemples sont tirés des idiomes guarany, omagua, shavanno, miami, maco et chipewayne. (*Voyez* plus haut, p. 156, 183). C'est ainsi que, dans l'ancien continent, on désigne aussi le soleil et la lune, en arabe, par *niryn*, les luminaires : c'est ainsi qu'en persan, les mots les plus usités, *afitab* et *chorschid*, sont des mots composés. Par la migration des peuples d'Asie en Amérique et d'Amérique en Asie, un certain nombre de racines a passé d'une langue en d'autres langues; ces racines ont été transportées, comme les débris d'un naufrage, loin des côtes, dans l'intérieur des terres. (*Soleil,* dans la Nouvelle-Angleterre, konc; en tschagataï, koun; en yakout, kouini. *Étoile*, en huastèque, ot; en mongol, oddon; en aztèque, citlal, citl; en persan, sitareh; *maison*, en aztèque, calli; en wogoul, kuala ou kœlla. *Eau*, en atzèque, atel (itels, rivière en vilèle); en mogol, tcheremisse et tchouvasse, atl, atelch, etel ou idel. *Pierre*, en caribe, tebou; en lesghien du Caucase, teb; en aztèque, tepetl; en turc, tepe. *Nourriture*, en qquichua, micunnan; en malai, macannan. *Bateau*, en haythien, canoa; en ayno, cahani; en grœnlandois, cayac; en turc, cayic; en samoyède, cayouc; en langues germaniques, kahn.) Mais il faut distinguer de ces élémens étrangers ce qui appartient au fond des idiomes américains même. Tel est l'effet du temps et des communications parmi les peuples, que le mélange avec une langue hétérogène n'influe pas uniquement sur les racines; il finit le plus souvent par modifier et dénaturer les formes grammaticales. « Dès qu'une langue résiste à une analyse régulière, a dit judicieusement M. Guillaume de Humboldt dans ses Considérations sur le mexicain, le cora, le totonaque et le tarahumare, on peut soupçonner quelque mélange, quelque influence étrangère; car les facultés de l'homme qui se reflètent, pour ainsi dire, dans la structure des langues et dans les formes grammaticales, agissent constamment d'une manière uniforme et régulière. »

LIVRE VIII.

CHAPITRE XXIII.

Rio Negro.—Limites du Brésil.—Cassiquiare.—Bifurcation de l'Orénoque.

Le Rio Negro, si on le compare à l'Amazone, au Rio de la Plata et à l'Orénoque, n'est qu'une rivière du second ordre. Sa possession a été, depuis des siècles, d'un grand intérêt politique pour le gouvernement espagnol, parce qu'il offre à une puissance rivale, le Portugal, un chemin facile pour s'introduire dans les missions de la Guyane, et pour inquiéter la *Capitania general* de Caracas dans ses limites méridionales. Trois cents ans se sont écoulés en vaines contestations territoriales. Selon la différence des temps et le degré de civilisation des peuples, on s'est appuyé tantôt de l'autorité du souverain pontife, tantôt des secours de l'astronomie. Comme généralement on étoit plus intéressé à prolonger la lutte qu'à la terminer, les sciences nautiques et la géographie du Nouveau-Continent ont seules gagné à cet interminable procès [1]. On se rappelle l'influence que les bulles des papes Nicolas V et Alexandre VI, le traité de Tordesillas, et la nécessité de fixer la ligne de démarcation, ont eue sur l'ardeur avec laquelle on a cherché à résoudre le problême des longitudes, à corriger les éphémérides et à perfectionner les instrumens. Lorsque les affaires du Paraguay et la possession de la colonie del Sacramento devinrent d'une haute importance pour les deux cours de Madrid et de Lisbonne, on envoya des commissaires de limites à l'Orénoque, à l'Amazone et au Rio de la Plata.

A côté des gens oisifs qui remplissoient les archives de protestations et de procès-verbaux, il y avoit quelques ingénieurs instruits, quelques officiers de marine versés dans les méthodes propres à fixer, loin des côtes, la position des lieux. Le peu que nous

[1] *Ulloa, Dissert. historica y geogr. sobre el meridiano de demarcacion. Madrid,* 1749, p. 41. *Salazar de los progressos de la navigacion en España,* p. 115.

savions, jusqu'à la fin du dernier siècle, de la géographie astronomique de l'intérieur du Nouveau-Continent, est dû à ces hommes estimables et laborieux, aux académiciens françois et espagnols qui ont fait la mesure de la méridienne de Quito, et à des officiers [1] qui se sont rendus de Valparaiso à Buenos-Ayres pour rejoindre l'expédition de Malaspina. On aime à rappeler les avantages que les sciences ont tirés presque accidentellement de ces *commissions de limites* onéreuses pour l'état, et moins souvent dissoutes qu'oubliées par ceux même qui les avoient provoquées.

Lorsqu'on connoît l'incertitude des cartes de l'Amérique, et que l'on a vu de près ces terrains incultes que l'on s'est disputés gravement en Europe jusqu'à nos jours, entre le Jupura et le Rio Negro, le Madeira et l'Ucayale, le Rio Branco et les côtes de Cayenne, on ne peut être assez surpris de la persévérance avec laquelle on plaide sur la propriété de quelques lieues carrées. Ces terrains en litige sont généralement séparés de la partie

---

[1] Don Jose de Espinosa et don Felipe Bauza.

cultivée des colonies par des déserts dont on ignore l'étendue. Dans les célèbres conférences du Puente de Caya [1] on agita la question de savoir si, en fixant la ligne de démarcation 370 lieues espagnoles [2] à l'ouest des îles du Cap-Vert, le pape avoit voulu que le premier méridien fût compté du centre de l'île Saint-Nicolas, ou (comme le prétendoit la cour de Portugal) de l'extrémite occidentale de la petite île San Antonio. L'an 1754, du temps de l'expédition d'Ituriaga et de Solano, on négocia sur la possession des rives alors désertes du Tuamini, et sur un terrain bourbeux que nous avons traversé dans une soirée pour nous rendre de Javita au *Caño* Pimichin. Tout récemment encore, les commissaires espagnols voulurent placer la ligne divisoire à l'embouchure de l'Apoporis dans le Jupura [3], tandis que les astronomes portugais la reculoient jusqu'au Salto Grande [4]. Les missionnaires et le pu-

[1] Du 4 nov. 1681 au 22 janv. 1682.
[2] Ou 22° 14′ comptés sur l'équateur.
[3] Plus exactement, Hyapura ou Caqueta.
[4] *Mapa del Rio Marañon para acompañar a la relacion sobre las operaciones projectadas en la demar-*

blic en général prennent un vif intérêt à ces contestations territoriales. Dans les colonies espagnoles comme dans les colonies portugaises, on accuse le gouvernement d'indolence et de mollesse. Partout où les peuples n'ont pas d'institutions fondées sur la liberté, l'esprit public ne s'agite que lorsqu'il est question d'étendre ou de resserrer les limites du pays.

Le Rio Negro et le Jupura sont deux affluens de l'Amazone comparables en longueur au Danube, et dont les parties supérieures appartiennent aux Espagnols, tandis que les parties inférieures sont occupées par les Portugais. Dans ces deux majestueuses rivières, la population s'est accumulée là où elle est rapprochée du centre de la civilisation le plus ancien. Les rives du Haut-Jupura ou Caqueta ont été culti-

---

cacion de limites por la quarta partida de division, construida por el Ten. Coronel y Ingen. ordinario Don Francisco Requena, Primer Comisario de la misma division, Governador y Comand. general de la prov. de Maynas 1783 (manuscrit). J'ai tiré de cette carte, que j'ai copiée pendant mon séjour à Quito, des renseignemens géographiques entièrement inconnus sur les pays entre le Napo, le Putumayo, le Jupura et le Rio Negro.

vées par des missionnaires qui sont descendus des Cordillères de Popayan et de Neiva. Depuis Mocoa jusqu'à l'embouchure du Caguan, les établissemens chrétiens sont très-multipliés, tandis que, dans le Bas-Jupura, les Portugais ont à peine fondé quelques villages. Dans le Rio Negro, au contraire, les Espagnols n'ont pu rivaliser avec leurs voisins. Comment s'appuyer sur une population aussi éloignée que celle de la province de Caracas? Des steppes et des forêts presque désertes séparent, à 160 lieues de distance, la partie cultivée du littoral des quatre missions de Maroa, de Tomo, de Davipe et de San Carlos, les seules que les moines espagnols de Saint-François ont pu établir le long du Rio Negro. Chez les Portugais du Brésil, le régime militaire, le système des *présides* et de *capitanes probladores*, a prévalu sur le régime des missionnaires. Le Grand-Parà est sans doute très-éloigné [1] de l'embouchure du Rio Negro; mais la facilité avec laquelle on navigue sur l'Amazone, qui s'étend comme un immense canal dans une même direction, de l'ouest

[1] En ligne droite de 150 lieues.

à l'est, a permis à la population portugaise de s'étendre rapidement le long du fleuve. Les rives du Bas-Maragnon, depuis Vistoza jusqu'à Serpa, de même que les rives du Rio Negro, depuis Forte da Bara jusqu'à San Jose da Marabitannas, sont embellies de riches cultures, et couvertes d'un grand nombre de villes et de bourgs considérables.

Ces considérations de localité se lient à d'autres qui tiennent aux dispositions morales des peuples. La côte nord-ouest de l'Amérique ne présente, jusqu'à ce jour, d'autres établissemens stables que les colonies russes et espagnoles. Avant que les habitans des États-Unis aient atteint, dans leur mouvement progressif de l'est à l'ouest, le littoral qui sépara long-temps, entre les 41° et 50° de latitude, les moines castillans et les chasseurs sibériens [1], ceux-ci se sont établis au sud du Rio Colombia. C'est ainsi

---

[1] Ces chasseurs se trouvent réunis à des postes militaires, et dépendans de la compagnie russe, dont les principaux actionnaires sont à Irkoutsk. En 1804, la petite forteresse (*crepost*) de la baie de Jakutal étoit encore éloignée de 600 lieues des possessions mexicaines les plus septentrionales.

que, dans la Nouvelle-Californie, les missionnaires de Saint-François, hommes recommandables par leurs mœurs et leur activité agricole [1], ont appris avec étonnement que des prêtres grecs étoient arrivés dans leur voisinage, et que deux nations, qui habitent les extrémités orientale et occidentale de l'Europe, étoient devenues limitrophes sur une côte de l'Amérique opposée à la Chine. D'autres combinaisons se sont présentées dans la Guyane : les Espagnols y ont retrouvé sur leurs frontières ces mêmes Portugais qui, par leur langue et leurs institutions municipales, forment avec eux un des plus nobles restes de l'Europe romaine, mais que la défiance, fondée sur l'inégalité des forces et sur une trop grande proximité, a converti en une puissance souvent ennemie et toujours rivale. Lorsqu'en quittant les côtes de Venezuela (où, comme à la Havane et dans le reste des îles Antilles, on s'occupe journellement de la politique commerciale de l'Europe) on se porte vers le sud, on sent que,

[1] *Voyez* mon *Essai politique sur la Nouvelle-Espagne*, Tom. I, p. 320.

chaque jour, avec une rapidité croissante, on s'éloigne de tout ce qui tient à la mère-patrie. Au milieu des steppes ou *Llanos*, dans ces cabanes couvertes de peaux de bœufs, entourées de troupeaux sauvages, on ne s'entretient que des soins qu'exige le bétail, de la sécheresse du climat si contraire aux pâturages, des dégâts que font les chauve-souris parmi les génisses et les poulains. Embarqué sur l'Orénoque, arrivé dans les missions des forêts, on voit l'intérêt des habitans se fixer sur d'autres objets, sur l'inconstance des Indiens qui désertent le villages, sur la récolte plus ou moins abondante des œufs de tortues, sur les incommodités causées par un climat brûlant et malsain. Si les piqûres des *mosquitos* permettent aux moines de se livrer à quelque autre idée, c'est pour exhaler tout bas une plainte contre le président des missions, c'est pour gémir sur l'aveuglement de ceux qui veulent réélire, au prochain chapitre, le gardien du couvent de Nueva-Barcelona. Tout est ici d'un intérêt local, et cet intérêt, comme disent les religieux, est restreint aux affaires de la communauté, « à ces forêts, *estas selvas*, que Dieu nous ordonne d'habiter.» Ce cercle d'idées un peu étroit, mais assez triste, s'agrandit lorsqu'on passe du Haut-Orénoque au Rio Negro, et qu'on s'approche des frontières du Brésil. Là, le démon de la politique européenne semble occuper tous les esprits. Le pays voisin, qui s'étend au-delà de l'Amazone, ne s'appelle, dans la langue des missions espagnoles, ni Brésil ni *Capitania general* du Grand-Parà; c'est le *Portugal*: les Indiens cuivrés, les mulâtres à demi-noirs que j'ai vus remonter de Barcelos au fortin espagnol de San Carlos, sont des *Portugais*. Ces dénominations se trouvent dans la bouche du peuple jusqu'aux côtes de Camana; et l'on aime à conter aux voyageurs jusqu'à quel point, du temps de l'expédition de Solano, elles avoient frappé l'imagination d'un commandant de la Vieja Guayana, natif des montagnes du Bierzo. Ce vieux militaire se plaignoit d'être venu par mer sur les rives de l'Orénoque. «S'il est vrai, disoit-il, comme je l'entends affirmer ici, que cette vaste province de la Guyane espagnole s'étende jusqu'au Portugal (à *los Portugueses*), pourquoi la cour m'a-t-elle fait embarquer à Cadix?

J'aurois aimé tout autant faire quelques lieues de plus par terre. » Ces expressions d'une naïve ignorance rappellent une opinion bizarre du cardinal Lorenzana. Ce prélat, d'ailleurs très-versé dans les études historiques, dit, dans un ouvrage imprimé de nos jours à Mexico[1], que les possessions du roi d'Espagne dans la Nouvelle-Californie et le Nouveau-Mexique (leur extrémité septentrionale est par les 37° 48′ de latitude) « confinent par terre avec la Sibérie. »

Si deux peuples qui sont limitrophes en Europe, les Espagnols et les Portugais, sont devenus également voisins dans le Nouveau-Continent, ils doivent cet état de choses, pour ne pas dire ce désavantage, à l'esprit d'entreprise, à la courageuse activité que l'un et l'autre ont déployée à l'époque de leur gloire militaire et de leur grandeur politique. La langue castillane est aujourd'hui parlée dans les deux Amériques sur une étendue de plus de 1900 lieues de longueur; cependant, en considérant à part l'Amérique méridionale,

---

[1] *Historia de Nueva España y cartas de Hernan Cortes.*

on y trouve la langue portugaise répandue sur un plus grand espace de terrain, et parlé par un moindre nombre d'individus que le castillan. On diroit que le lien intime, par lequel se tiennent les belles langues du Camoëns et de Lope de Vega, n'a servi qu'à éloigner davantage des peuples devenus voisins malgré eux. Les haines nitionales ne se modifient pas uniquement d'après une diversité d'origine, de mœurs et de progrès dans la civilisation; partout où elles sont vives, on doit les considérer comme l'effet de la position géographique et des intérêts opposés qui en résultent. On se déteste un peu moins lorsqu'on est plus éloigné, et qu'ayant des langues radicalement différentes, on ne tente pas même de se mettre en rapport. Les voyageurs qui ont parcouru la Nouvelle-Californie, les *provinces internes* du Mexique et les frontières septentrionales du Brésil, ont été frappés de ces nuances dans les dispositions morales des peuples limitrophes.

Lorsque j'étois dans le Rio Negro espagnol, la politique divergente des deux cours de Lisbonne et de Madrid avoit augmenté le système de défiance qu'aiment à entretenir, même dans des temps plus calmes, les petits commandans des forts voisins. Les canots remontoient de Barcelos jusqu'aux missions espagnoles; mais les communications étoient peu suivies. Un commandant de 16 ou 18 hommes de troupes fatiguoit « la garnison » par des mesures de sûreté que dictoit « la gravité des circonstances; » s'il étoit attaqué, il espéroit « envelopper l'ennemi. » Quand nous parlions de l'indifférence avec laquelle le gouvernement portugais en Europe regardoit, à n'en pas douter, les quatre petits villages que les moines de Saint-François ont fondés sur le Haut-Guainia, les habitans se trouvoient blessés des motifs que nous alléguions pour les rassurer. Des peuples qui ont conservé, à travers les révolutions des siècles, la vivacité de leurs haines nationales, aiment les occasions qui peuvent les nourrir. On se plaît dans tout ce qui est passionné, dans la conscience d'un sentiment énergique, dans les affections comme dans ces rivalités haineuses qui sont fondées sur des préjugés surannés. Tout ce qui constitue l'individualité des peuples a reflué de la mère-patrie dans les colonies les plus éloignées, et les antipathies nationales ne s'arrêtent pas là où cesse l'influence des mêmes langues. Nous savons, par l'intéressant récit du voyage de Krusenstern, que la haine de deux matelots fugitifs, l'un François, l'autre Anglois, a été la cause d'une longue guerre entre les habitans des îles Marquesas. Sur l'Amazone et le Rio Negro, les Indiens des villages limitrophes, portugais et espagnols, se détestent. Ces pauvres gens ne parlent que des langues américaines; ils ignorent ce qui se passe « sur l'autre rive de l'Océan, au-delà de la grande mare salée; » mais les frocs de leurs missionnaires sont d'une couleur différente, et cela leur déplaît souverainement.

Je me suis arrêté à peindre les effets des haines nationales, que de sages administrateurs ont tâché de calmer sans pouvoir les assoupir en entier. Ces rivalités ont influé sur l'imperfection des connoissances géographiques que nous avons obtenues jusqu'ici sur les fleuves tributaires de l'Amazone. Lorsque les communications sont entravées parmi les indigènes, et qu'une nation est établie près de l'embouchure, l'autre dans la partie supérieure d'une même rivière, il est difficile que des renseignemens précis puissent être obtenus par ceux qui essaient de construire des cartes. Les inondations périodiques, et surtout les *portages* par lesquels on fait passer les canots d'un affluent à un autre dont les sources sont voisines, font supposer des bifurcations et des embranchemens de rivières qui n'existent pas. Les Indiens des missions portugaises, par exemple, s'introduisent (comme je l'ai appris sur les lieux), d'un côté par le Rio Guaicia[1] et le Rio Tomo dans le Rio Negro espagnol, de l'autre côté par les *portages* entre le Cababuri, le Pasimoni, l'Idapa et le Mavaca dans le Haut-Orénoque, pour cueillir, derrière l'Esmeralda, les graines aromatiques du Laurier Puchery. Les indigènes, je le répète, sont excellens géographes : ils tournent l'ennemi malgré les limites tracées sur les cartes, malgré les fortins et les *estacamentos;* et, quand les missionnaires les voient arriver de si loin et en différentes saisons, ils commencent à forger des hypothèses sur de prétendues communications de rivières. Chaque parti a quelque intérêt à cacher ce qu'il sait avec certitude; et le pen-

[1] C'est ainsi qu'on appelle, à San Carlos del Rio Negro, le Xiè ou Uexié (Oucicié, Guaixia?) qui débouche près de la mission de San Marcellino.

chant pour tout ce qui est mystérieux, penchant si commun et si vif chez des hommes grossiers, contribue à perpétuer le doute. Il y a plus encore, les diverses nations indiennes qui fréquentent ce dédale de rivières leur donnent des noms entièrement différens, et ces noms sont masqués et alongés par des terminaisons qui signifient *eau, grande eau, courant*. Que de fois cette nécessité d'établir la synonymie des rivières m'a embarrassé lorsque j'ai fait venir les indigènes les plus intelligens pour les interroger, par un interprète, sur le nombre des affluens, sur les sources et les *portages!* Comme on parle trois à quatre langues dans une même mission, on a de la peine à mettre d'accord les témoins. Nos cartes sont chargées de noms arbitrairement raccourcis ou défigurés. Pour examiner ce qu'elles renferment d'exact, il faut se laisser guider par la position géographique des confluens, je dirois presque par un certain tact étymologique. Le Rio Uaupé [1] ou Uapes des cartes portugaises est le Guapue des cartes espagnoles, et l'Ucayari des indigènes. L'Anava [2] des géographes

---

[1] Affluent du Rio Negro.
[2] Affluent du Rio Branco.

anciens est l'Anauahu d'Arrowsmith, et l'Uanauhau ou Guanauhu des Indiens. Le désir de ne pas laisser de vide dans les cartes, pour leur donner une apparence d'exactitude, a fait créer des rivières auxquelles on a appliqué des noms qu'on n'a pas reconnu pour être synonymes. Ce n'est que dans ces derniers temps qu'en Amérique, en Perse et dans l'Inde, les voyageurs ont senti combien il est important d'être correct dans les dénominations des lieux. On a de la peine, en lisant le voyage du fameux Ralegh, à reconnoître, dans le lac de Mrecabo, la Laguna de Maracaybo, et, dans le Marquis Paraco, le nom de Pizarro, le destructeur de l'empire des Incas.

Les grands affluens de l'Amazone sont désignés, même chez les missionnaires de race européenne, par d'autres noms dans leurs cours supérieurs et inférieurs. L'Iça s'appelle plus haut Putumayo; le Jupura porte, vers ses sources, le nom de Caqueta. Les recherches faites dans les missions des Andaquies [1], sur la véritable origine du Rio Negro, ont été d'autant plus infructueuses que l'on ignoroit le

[1] A la pente orientale des Andes de Pasto et de Sebondoy.

nom indien du fleuve. A Javita, à Maroa et à San Carlos, je l'ai entendu appeler *Guainia*. Le savant historien du Brésil, M. Southey, que j'ai trouvé très-exact sur tous les points où j'ai pu comparer ses données géographiques avec celles que j'ai recueillies dans mes courses, dit expressément que le Rio Negro, dans son cours inférieur, est appelé, par les natifs, Guiari ou Curana; dans son cours supérieur, *Ueneya* [1]. C'est le mot Guéneya au lieu de Guainia; car les Indiens de ces contrées disent indifféremment Guaranacua ou Ouaranacua [2], Guarapo et Uarapo. C'est de ce dernier que Hondius [3] et tous les anciens géographes ont fait, par un malentendu assez plaisant, leur *Europa fluvius*.

C'est ici le lieu de parler des sources du Rio Negro qui ont été, depuis si long-temps, un objet de contestation parmi les géographes. L'intérêt que présente cette question n'est pas

[1] *Southey, History of Brasil*, Tom. I, p. 598.
[2] Rivière qui se jette dans le Rio Negro, vis-à-vis de Carvoeyro.
[3] Dans sa carte pour le voyage de Ralegh. Le Guarapo débouche dans le Bas-Orénoque, au-dessous de la Guayana Vieja.

seulement celui qui s'attache à l'origine de tous les grands fleuves; il tient à une foule d'autres questions qui embrassent les prétendues bifurcations du Caqueta, les communications entre le Rio Negro et l'Orénoque et le *mythe local* du Dorado, appelé jadis Enim ou empire du Grand-Paytiti. Lorsqu'on étudie avec soin les anciennes cartes de ces contrées et l'histoire des erreurs géographiques, on voit comment, peu à peu, avec les sources de l'Orénoque, le *mythe* du Dorado a été transporté vers l'ouest. Né sur la pente orientale des Andes, il s'est fixé d'abord, comme je le ferai voir dans un autre endroit, au S. O. du Rio Negro. Le vaillant Philippe de Urre chercha la grande ville de Manoa en traversant le Guaviare. Encore aujourd'hui les Indiens de San Jose de Maravitanos racontent «qu'en naviguant au nord-est, pendant 15 jours, sur le Guape ou Uaupe, on parvient à une fameuse *Laguna de oro* environnée de montagnes, et si grande qu'on ne peut en distinguer la rive opposée [1]. Une nation féroce, les Guanes, ne permettent pas de recueillir l'or du terrain sa-

[1] Journaux de route de don Pedro Apollinario Diaz de la Fuente (manuscrit).

blonneux qui environne ce lac. Le père Acuña place le lac Manoa ou Yenefiti entre le Jupura et le Rio Negro. Des Indiens Manaos (c'est le mot Mánoa, en déplaçant les voyelles, comme font tant de nations américaines) portoient au père Fritz, en 1687, beaucoup de lames d'or battu. Cette nation, dont on connoît encore aujourd'hui [1] le nom sur les rives de l'Urarira, entre Lamalonga et Moreira [2], demeuroit sur le Jurubesh (Yurubech, Yurubets). M. de La Condamine dit avec raison que cette Mésopotamie entre le Caqueta, le Rio Negro, le Jurubesh et l'Iquiare, est le premier théâtre du Dorado. Mais où trouver ces noms de Jurubesh et d'Iquiare des pères Acuña et Fritz? Je pense les avoir reconnus dans les fleuves Urubaxi et Iguari [3]

---

[1] Voyez le *Corografia brasiliensis* qui vient de paroître à Rio Janeiro, Tom. II, p. 353.

[2] Le Guape et l'Urarira débouchent dans le Rio Negro.

[3] On pourroit écrire Urubaji. Le *j* et le *x* sont devenus un *ch* allemand pour le père Fritz. L'Urubaxi ou *Hyurubaxi* (Yurubech) tombe dans le Rio Negro, près de Sainte-Isabelle; l'Iguari (Iquiare?) se jette dans l'Issana, qui est aussi un affluent du Rio Negro.

des cartes manuscrites portugaises que je possède, et qui ont été tracées au dépôt hydrographique de Rio Janeiro. J'ai fait, depuis un grand nombre d'années, une étude assidue de la géographie de l'Amérique méridionale au nord de l'Amazone, d'après les cartes les plus anciennes et la réunion de beaucoup de matériaux inédits. Voulant conserver à mon ouvrage le caractère d'un ouvrage de sciences, je ne dois pas craindre de traiter des objets sur lesquels je puis me flatter de répandre quelque jour, savoir les sources du Rio Negro et de l'Orénoque, la communication de ces derniers fleuves avec l'Amazone, et le problême du terrain aurifère qui a coûté tant de larmes et de sang aux habitans du Nouveau-Monde. J'aborderai ces questions selon que mes journaux de route me conduiront vers les lieux où elles sont le plus agitées par les habitans même. Cependant, comme il faudroit entrer dans un détail minutieux pour donner toutes les preuves de mes assertions, je me bornerai ici à l'exposition des résultats les plus marquans, et je rejetterai les développemens plus étendus dans l'*Analyse des cartes* et dans l'*Essai sur la géographie astronomique du*

Nouveau-Continent qui seront publiés en tête de l'Atlas géographique.

Ces recherches conduisent à la conclusion générale que, dans la distribution des eaux qui circulent à la surface du globe, comme dans la structure des corps organiques, la nature a suivi un plan beaucoup moins compliqué qu'on ne l'a cru, en se laissant guider par des aperçus vagues et par le goût du merveilleux. On reconnoît aussi que toutes ces anomalies, toutes ces exceptions à des lois d'hydrographie qu'offre l'intérieur de l'Amérique, ne sont qu'apparentes; que le cours des eaux vives présente des phénomènes également extraordinaires dans l'ancien monde; mais que ces phénomènes, par leur petitesse, y ont moins frappé l'imagination des voyageurs. Lorsque d'immenses rivières peuvent être considérées comme composées de plusieurs sillons parallèles [1] entre eux, mais d'une profondeur inégale; lorsque ces rivières ne sont pas encaissées dans des vallées, et que l'intérieur d'un grand con-

[1] *Voyez* mon Mémoire sur les causes des bifurcations des fleuves, dans le *Journal de l'École polytechnique*, Tom. IV, p. 65.

tinent est aussi uni que le sont chez nous les bords de la mer, alors les ramifications, les bifurcations, les embranchemens en forme de réseaux doivent se multiplier à l'infini. D'après ce que nous savons sur l'équilibre des mers, je ne puis croire que le Nouveau-Monde soit sorti du fond des eaux plus tard que l'ancien, et que la vie organique y soit plus jeune, plus récente; mais, sans admettre des oppositions entre les deux hémisphères d'une même planète, on peut concevoir que, dans celui qui est plus abondant en eaux, les différens systèmes de rivières ont exigé plus de temps pour s'isoler les uns des autres, pour établir leur entière indépendance. Les attérissemens qui se forment partout où les eaux courantes perdent de leur vitesse, contribuent sans doute à exhausser le lit des grands versans et à augmenter les inondations; mais à la longue ces attérissemens bouchent en entier les bras des fleuves et les canaux étroits qui lient des rivières voisines. Les matières charriées par les eaux des pluies forment, par leur accumulation, de nouveaux *seuils*, des *isthmes d'attérissement*, des points de partage qui n'existoient pas auparavant. Il en résulte que les canaux naturels de communication se divisent peu à peu en deux affluens, et que, par l'effet d'un exhaussement transversal, ils acquièrent deux pentes opposées. Une partie de leurs eaux est refoulée vers le récipient principal, et il s'élève, entre deux bassins parallèles, un contre-fort qui fait disparoître jusqu'aux traces de l'ancienne communication. Dès-lors les bifurcations ne lient plus différens systèmes de rivières; là où elles continuent d'avoir lieu à l'époque des grandes inondations, on voit les eaux ne s'éloigner du récipient principal que pour y rentrer après des détours plus ou moins longs. Des limites, qui d'abord paroissoient vagues et incertaines, commencent à se fixer; et, par la suite des siècles, par l'action de tout ce qui est mobile à la surface du globe, par celle des eaux, des attérissemens et des sables, les bassins des fleuves se séparent, comme les grands lacs se subdivisent[1] et comme les mers intérieures perdent leurs anciennes communications[2].

[1] Par exemple, les lacs de la vallée de Mexico, depuis le seizième siècle.
[2] La constitution géologique du sol paroît indiquer,

CHAPITRE XXIII.

La certitude que les géographes ont acquise dès le seizième siècle sur l'existence de plusieurs bifurcations et sur la dépendance mutuelle de divers systèmes de rivières dans l'Amérique méridionale leur a fait admettre une liaison intime entre les cinq plus grands versans de l'Orénoque et de l'Amazone : le Guaviare, l'Inirida, le Rio Negro, le Caqueta ou Hyapura [1], et le Putumayo ou Iça. Ces hypothèses, que nos cartes représentent sous différentes formes, ont pris naissance en partie dans les missions des plaines, en partie sur le dos de la Cordillère des Andes. Lorsqu'on voyage de Santa-Fe de Bogota par

malgré la différence actuelle du niveau des eaux, que la mer Noire, la Caspienne et le lac Aral ont communiqué à une époque antérieure aux temps historiques. Le déversoir de l'Aral dans la mer Caspienne paroît même en partie d'une date plus récente et indépendant de la bifurcation du Gihon (*Oxus*), sur laquelle un des plus savans géographes de notre temps, M. Ritter, a répandu un nouveau jour. *Erdkunde*, Tom. I, p. 665 et 695.

[1] Hyapura ou Jupura. C'est ainsi qu'au lieu de Javary, Yutai et Yurua (affluens de l'Amazone), on dit dans le pays Hyabary, Hyutahy et Hyuruha (*Corogr. bras.*, Tom. II, p. 285).

Fusagasuga à Popayan et à Pasto, on entend dire aux montagnards que les *Paramos* de la Suma Paz (de la Paix éternelle), d'Iscancè et d'Aponte, donnent naissance, sur leur pente orientale, à tous les fleuves qui traversent les forêts de la Guyane entre le Meta et le Putumayo. Comme on prend les affluens pour le tronc principal, et que l'on prolonge le cours de tous les fleuves jusqu'à la chaîne des montagnes, on y confond les sources de l'Orénoque, du Rio Negro et du Guaviare. La difficulté extrême avec laquelle on descend la pente abrute des Andes vers l'est, les entraves qu'une politique étroite a mises au commerce avec les *Llanos* du Meta, de San Juan et de Caguan, le peu d'intérêt qu'on a de suivre ces rivières pour explorer leurs embranchemens, toutes ces circonstances ont augmenté les incertitudes géographiques. Lorsque j'étois à Santa-Fe de Bogota, on connoissoit à peine le chemin qui conduit, par les villages d'Usme, d'Ubaque ou de Caqueza, à Apiay et à l'embarcadère du Rio Meta. Je n'ai pu rectifier que récemment la carte de cette rivière, d'après les journaux de route du chanoine Cortès Madariaga, et

CHAPITRE XXIII. 391

d'après les notions acquises pendant la guerre d'indépendance de Venezuela.

Voici ce que nous savons avec certitude sur la position des sources au pied des Cordillères, entre 4° 20′ et 1° 10′ de latitude nord. Derrière le Paramo de la Suma Paz, que j'ai pu relever depuis Pandi, naît le Rio de Aguas Blancas qui, avec le Pachaquiaro ou Rio Negro d'Apiay, forme le *Meta* : plus au sud, vient le Rio Ariari; c'est un des affluens du *Guaviare*, dont j'ai vu l'embouchure près de San Fernando del Atabapo. En poursuivant le dos de la Cordillère vers la Ceja et le Paramo de Aponte, on trouve le Rio Guayavero qui passe près du village d'Aramo, et qui se réunit à l'Ariari[1]; c'est au-

[1] Le passage de ces deux rivières, Ariari et Guayavero (Guayare ou Canicamare), se reconnoît parfaitement dans le récit de l'expédition que fit Jorge de Espira (Georg von Speier) de Coro à la province des Choques, en 1536. Mais quel est ce grand fleuve Papamene (Rio de Plata) que ce même *conquistador* a passé après le Guayavero, et que *comiença a las espaldas*, c'est-à-dire au sud-est de la villa de Timana? On ne sauroit douter que ce ne soit le Caqueta ou le Rio Fragua qui entre dans le Caqueta (*Fray Pedro Simon*, *Notic. de la Conquista*, p. 188-201, 352). M. Southey observe

dessous de ce confluent, que les deux fleuves prennent le nom de Guaviare. Au sud-ouest du Paramo de Aponte, naissent au pied des montagnes, près de Santa Rosa, le Rio Caqueta; sur la Cordillère même, le Rio de Mocoa, célèbre dans l'histoire de la conquête. Ces deux rivières, qui se réunissent un peu au-dessus de la mission de San Augustin de Nieto, forment le *Japura* ou *Caqueta*. Les sources du Rio de Mocoa sont séparées par le Cerro del Portachuelo, montagne qui s'élève sur le plateau même des Cordillères, du lac (*Sienega*) de Sebondoy, qui est l'origine du Rio *Putumayo* ou Iça. Le Meta, le Guaviare, le Caqueta et le Putumayo sont par conséquent les seules grandes rivières qui naissent immédiatement de la pente orientale des Andes de Santa-Fe, de Popayan et

avec raison qu'on rempliroit un gros volume in-folio avec le récit des expéditions faites pour découvrir le Dorado. Une compilation de ce genre offriroit non seulement un triste tableau des souffrances, des cruautés et des folies humaines; elle pourroit aussi servir à répandre quelque jour sur la géographie de l'intérieur de l'Amérique méridionale, si l'on discutoit (ce qui n'a pas été tenté jusqu'ici) les routes que ces expéditions ont suivies.

de Pasto. Le Vichada, le Zama, l'Inirida, le Rio Negro, l'Uaupe et l'Apoporis, que nos cartes font aussi remonter à l'ouest jusqu'aux montagnes, naissent loin d'elles, soit dans les savanes entre le Meta et le Guaviare, soit dans le pays montueux qui, d'après les renseignemens que les indigènes m'ont donnés, commence à quatre ou cinq journées de distance, à l'ouest des missions de Javita et de Maroa, et s'étend, par la Sierra Tunuhy, au-delà du Xiè, vers les rives de l'Issana.

Il est assez remarquable que cette crête de la Cordillère qui renferme les sources de tant de majestueuses rivières (du Meta, du Guaviare, du Caqueta et du Putumayo), soit tout aussi peu couverte de neige que les montagnes de l'Abyssinie d'où découle le Nil bleu; mais, en revanche, lorsqu'on remonte les versans qui sillonnent les plaines, on trouve, avant d'atteindre la Cordillère des Andes, un volcan encore actif. Ce phénomène a été découvert récemment par les religieux de Saint-François qui descendent de la Ceja par le Rio Fragua au Caqueta. Une colline isolée, et jetant nuit et jour de la fumée, est placée au nord-est de la mission de Santa Rosa, à l'ouest du Puerto del Pescado. C'est l'effet d'une action latérale des volcans de Popayan et de Pasto, comme le Guacamayo et le Sangay, situés aussi au pied de la pente orientale des Andes, sont l'effet d'une action latérale produite par le système des volcans de Quito. Lorsqu'on a vu de près les rives de l'Orénoque et du Rio Negro, où la roche granitique perce partout le sol; lorsqu'on réfléchit sur cette absence totale de bouches volcaniques au Brésil, dans la Guyane, sur le littoral de Venezuela, et peut-être dans toute la partie du continent à l'est des Andes, on considère avec intérêt les trois volcans actifs qui sont situés près des sources du Caqueta, du Napo et du Rio de Macas ou Morona.

Quoique la grandeur imposante du Rio Negro eût déjà frappé Orellana, qui le vit en 1539 à son confluent avec l'Amazone, *undas nigras spargens*, ce n'est pourtant qu'un siècle plus tard que les géographes ont cherché son origine sur la pente des Cordillères. Le voyage d'Acuña a donné lieu à des hypothèses qui se sont propagées jusqu'à nos jours, et que MM. de La Condamine et D'Anville ont multipliées outre mesure. Acuña avoit appris, en 1638, à l'embouchure du Rio Negro, qu'une de ses branches communiquoit avec une autre grande rivière sur laquelle les Hollandois étoient établis. M. Southey [1] observe judicieusement que cette nation donnée à une immense distance des côtes prouve combien étoient fréquens et actifs, à cette époque, les rapports entre les peuples barbares de ces contrées (surtout entre ceux de race caribe). Il reste douteux si les Indiens qu'Acuña interrogeoit ont voulu lui désigner la communication de l'Orénoque avec le Rio Negro par le Cassiquiare, canal naturel que j'ai remonté de San Carlos à l'Esmeralda, ou s'ils ne lui ont donné qu'une idée vague de ces *portages* qu'il y a entre les sources du Rio Branco [2] et du Rio Essequebo. Acuña lui-même ne jugea pas que la grande rivière, dont les Hollandois possédoient l'embouchure, fût l'Orénoque; il imagina une communication avec le Rio San

---

[1] *Hist. of Bras.*, Tom. I, p. 599.

[2] C'est le Rio Parime, Rio Blanco, Rio de Aguas Blancas de nos cartes, qui débouche dans le Rio Negro au-dessous de Barcellos. Les habitans de ses rives l'appellent *Quecuené*.

Felipe qui débouche à l'ouest du Cap Nord, et par lequel, selon lui, le tyran Lopez de Aguirre avoit terminé sa longue navigation. Cette dernière hypothèse me paroît très-hasardée, quoique, comme nous l'avons vu plus haut, le tyran, dans sa lettre extravagante au roi Philippe II, avoue lui-même « qu'il ne sait comment lui et les siens se sont tirés d'une si grande masse d'eau [1]. »

Jusqu'au voyage d'Acuña et jusqu'aux notions vagues qu'il avoit acquises sur des communications avec une autre grande rivière au nord de l'Amazone, les missionnaires les plus

---

[1] *Voyez* Tom. I, p. 270, Tom. II, p. 278. En lisant de nouveau avec soin la relation du voyage de Lopez de Aguirre, que Fray Pedro Simon nous a conservée dans un grand détail (*Notic. VI*, c. 23-25, p. 471-482), je ne vois rien qui annonce que l'expédition soit jamais sortie du lit de l'Amazone. On voit le fleuve s'élargir peu à peu, et Aguirre sort (dans les premiers jours du mois de juillet 1561) par une embouchure remplie d'îlots très-bas, et qui a 80 lieues de large. Seulement la facilité avec laquelle les brigantins font, en 17 jours, la traversée du « *golfo que ay desde la boca del Rio hasta la isla de la Margarita*, » pourroit surprendre, si l'on ne se rappeloit pas la force des courans qui, dans ces parages, portent au nord-ouest.

instruits regardoient l'Orénoque comme une continuation du Caqueta (Kaqueta, Caketa). « Ce fleuve, disoit Fray Pedro Simon [1] en 1625, naît à la pente orientale du Paramo d'Iscancè. Il reçoit le Papamene, qui vient des Andes de Neiva, et il prend successivement les noms de Rio Iscancè, de Tama (à cause de la province adjacente des Indiens Tamas), de Guayare, de Baraguan et de l'Orénoque. » La position du Paramo d'Iscancè, haute cime pyramidale que j'ai vue du plateau de Mamendoy et des belles rives du Mayo, caractérise dans cette description le Caqueta. Le Rio Papamene est le Rio de la Fragua, qui forme, avec le Rio de Moçoa une des branches principales du Caqueta; nous le connoissons par les voyages chevaleresques de George de

[1] Il faut rappeler ici que Fray Pedro Simon, Provincial de l'ordre de Saint-François dans la Nouvelle-Grenade, a vu de ses propres yeux une grande partie de l'Amérique méridionale, et qu'il a rédigé son histoire en partie sur les mémoires importans du grand *Conquistador* et Adelantado Gonçalo Ximenez de Quesada, qui décrivit ses propres expéditions en deux volumes sous le titre de *Ratos de Suesca*, en partie sur les journaux des pères Francisco Medrano, Pedro Aguado et Juan de Castellanos.

Spire et de Philippe de Huten [1]. Ces deux guerriers n'ont atteint les rives du Papamene qu'après avoir passé l'Ariari et le Guayavero. Les Indiens Tamas [2] sont encore aujourd'hui une des nations les plus répandues sur le bord septentrional du Caqueta. Il n'est donc pas étonnant que ce fleuve ait reçu, d'après Fray Pedro Simon, le nom de Rio Tama. Comme les sources des affluens du Caqueta sont très-rapprochées des affluens du Guaviare, et que celui-ci est un des grands fleuves tributaires de l'Orénoque, on est tombé, dès le commencement du dix-septième siècle, dans l'erreur que le Caqueta (Rio de Iscance et Papamene), le Guaviare (Guayare) et l'Orénoque étoient un même fleuve. Personne n'avoit descendu le Caqueta vers l'Amazone pour reconnoître que le fleuve appelé plus bas Jupupa est identique avec le Caqueta. Une tradition conservée de nos jours parmi les habi-

[1] On a de la peine à reconnoître le nom illustre des Huten dans les historiens espagnols. Ils appellent Philip von Huten, en retranchant l'*h* aspiré, Felipe de Uten, de Urre ou de Utre. (« *Uten como algunos quieren que se llamase Utre.* » Simon, p. 351.)

[2] Ils parlent, avec les Coreguajes, la langue ecora.

tans de ces contrées, d'après laquelle un bras du Caquetá, au-dessous du confluent du Caguan et du Payoya, va à l'Inirida et au Rio Negro, a sans doute contribué à faire regarder l'Orénoque comme naissant sur le revers des montagnes de Pasto.

Nous venons de voir qu'on supposoit, dans la Nouvelle-Grenade, que les eaux du Caquetá, comme celles de l'Ariari, du Meta et de l'Apure, alloient vers le grand bassin de l'Orénoque. Si l'on avoit fait plus d'attention à la direction de ces affluens, on auroit reconnu que, malgré la pente générale du terrain vers l'est, il y a, dans les polyèdres terrestres dont se composent les plaines, des pentes du second ordre inclinées au nord-est et au sud-est. Une arrête ou *ligne de fattes* presque insensible se prolonge, sur le parallèle de 2°, des Andes de Timana vers l'isthme qui sépare Javita du *Cano* Pimichin et par lequel nous avons fait passer notre pirogue. Au nord de ce parallèle de Timana, le cours des eaux [1] est dirigé au nord-est ou à l'est : ces eaux forment les affluens de l'Orénoque ou les af-

[1] L'Inirida, le Guaviare, le Vichada, le Zama, le Meta, le Casanare, l'Apure.

fluens de ses affluens. Mais au sud du parallèle de Timana, dans les plaines qui paroissent entièrement semblables à celles de San Juan, le Caqueta ou Jupura, le Putumayo ou Iça, le Napo, le Pastaça et le Morona se dirigent au sud-est et au sud-sud-est, en se jetant dans le bassin de l'Amazone. Il est même très-remarquable que cette *arrête de partage* n'est elle-même qu'une prolongation de celle que j'ai trouvée, dans les Cordillères, sur le chemin de Popayan à Pasto. En tirant une *ligne de fattes* par la Ceja (un peu au sud de Timana), par le Paramo de las Papas, vers l'Alto del Roble, entre 1° 45′ et 2° 20′ de latitude, à 970 toises d'élévation, on trouve les *divortia aquarum* entre la mer des Antilles et l'Océan pacifique [1].

C'étoit, avant le voyage d'Acuña, une idée reçue parmi les missionnaires, que le Caqueta, le Guaviare et l'Orénoque n'étoient que différens noms par un même fleuve; mais le géographe Sanson, dans les cartes qu'il dressa sur les observations d'Acuña, imagina de partager

[1] *Voyez* ma carte du *Rio de la Magdalena* et mes *Obs. astr.*, Tom. I, p. 304 (*Nivellement géologique, n.°* 130.)

le Caqueta en deux bras, dont un seroit l'Orénoque, l'autre le Rio Negro ou Curiguacuru.
Cette bifurcation à angles droits figure sur
toutes les cartes de Sanson, de Coronelli, de
Du Val et de De l'Isle [1], depuis 1656 jusqu'à
1730. On croyoit expliquer par-là les communications des grandes rivières dont Acuña avoit
porté la première nouvelle de l'embouchure
du Rio Negro, et l'on ne se doutoit pas que le
Jupura étoit la véritable continuation du Caqueta. Quelquefois l'on fit disparoître en entier
ce nom de Caqueta, et l'on désigna la rivière qui
se bifurque par les noms du Rio Paria ou Yuya-
pari, qui sont les anciennes dénominations de
l'Orénoque. De l'Isle, vers la fin de ses jours,
supprima [2] la bifurcation du Caqueta, au plus
grand regret de La Condamine [3]; il fit, du Putumayo, du Jupura et du Rio Negro, des rivières
entièrement indépendantes ; et, comme pour

[1] *Voyez* trois cartes de l'Amérique méridionale
de Sanson, de 1656, 1669 et 1680; carte de Du Val,
de 1484; carte de Coronelli, de 1689; cartes de De l'Isle,
de 1700 et 1703.
[2] Déjà dans sa carte de 1722.
[3] *Mém. de l'Acad.*, 1745, p. 438.

ôter tout espoir de communication entre l'Orénoque et le Rio Negro, il figura entre les deux rivières une haute chaîne de montagnes. Le père Fritz [1] avoit déjà suivi le même système; c'étoit celui qu'on croyoit le plus probable du temps d'Hondius.

Le voyage de M. de La Condamine, qui a répandu tant de jour sur différentes parties de l'Amérique, a embrouillé tout ce qui tient aux cours du Caqueta, de l'Orénoque et du Rio Negro. Ce savant illustre a bien reconnu, il est vrai, que le Caqueta (de Mocoa) étoit la rivière qui, dans l'Amazone, porte le nom de Jupura; mais non seulement il a adopté l'hypothèse de Sanson, il a même triplé le nombre des bifurcations du Caqueta. Par une première, le Caqueta donne un bras (le Jaoya) au Putumayo; une seconde forme le Jupura et le Rio Paragua; par une troisième, le Rio Paragua se subdivise en deux fleuves, l'Oré-

[1] *Voyez* une carte manuscrite (*Tabula geografica del Rio Marañon*) de 1690, que j'ai trouvée parmi la collection des cartes de D'Anville, conservée à Paris aux archives du Ministère des affaires étrangères, n.° 9545.

noque et le Rio Negro. Ce système imaginaire est représenté dans la première édition[1] de la belle carte de l'Amérique par D'Anville. Il en résulte que le Rio Negro se sépare de l'Orénoque au-dessous des Grandes-Cataractes, et que, pour venir à l'embouchure du Guaviare, il faut remonter le Caqueta au-dessus de la bifurcation qui donne naissance au Rio Jupura. Lorsque M. de La Condamine apprit que l'Orénoque, loin d'avoir ses sources au pied des Andes de Pasto, venoit du revers des montagnes de Cayenne, il modifia ses idées d'une manière très-ingénieuse. Le Rio Negro ne sort plus de l'Orénoque; le Guaviare, l'Atabapo, le Cassiquiare et l'embouchure de l'Inirida (sous le nom d'Iniricha) prennent à peu près leurs véritables positions sur la seconde carte de D'Anville, mais la troisième bifurcation du Caqueta donne naissance à l'Inirida et au Rio Negro. Ce système a été soutenu par le père Caulin, figuré sur la carte de La Cruz, et copié sur toutes celles qui ont paru jusqu'au commencement du dix-neuvième siècle. Ces noms de Caqueta, d'Orénoque et d'Inirida

[2] *Voyez* Tom. II, p. 247. (*Cartes de la Bibliothèque du Roi*, n.° 745.)

n'offrent pas sans doute l'intérêt et les souvenirs historiques qui sont attachés aux rivières de l'intérieur de la Nigritie; mais les diverses combinaisons des géographes du Nouveau-Continent rappellent ces cours si étrangement tracés du Niger, du Nil blanc, du Gambaro, du Jolliba et du Zaïre. D'année en année, le domaine des hypothèses se rétrécit; les problêmes sont mieux définis, et cette partie ancienne de la géographie, qu'on pourroit appeler spéculative, pour ne pas dire divinatoire, se trouve circonscrite dans des limites plus étroites.

Ce n'est donc point sur les rives du Caqueta, mais sur celles du Guainia ou Rio Negro, que l'on peut acquérir une notion certaine des sources de ce dernier fleuve. Les Indiens qui habitent les missions de Maroa, de Tomo et de San Carlos, n'ont aucune connoissance d'une communication supérieure[1] du Guainia avec le Jupura. J'en ai mesuré la largeur vis-

---

[1] Le père Caulin énonce la conjecture bizarre que la partie supérieure du Rio Negro a reçu chez les Espagnols américains le nom de *Caqueta*, parce qu'on l'a confondue avec un autre Rio Negro (Rio de *Caquesa*) ui naît, près du village de Caqueta, à l'est de Santa-Fe

à-vis du fortin de Saint-Augustin, et je l'ai trouvée [1] de 292 toises : sa largeur moyenne, près de Maroa, est de 200 à 250 toises. M. de La Condamine l'évalue, près de l'embouchure dans l'Amazone, à l'endroit le moins large, à 1200 toises, accroissement de 1000 toises sur 10° de longueur de cours [2] en développement direct. Malgré le volume d'eau encore assez considérable que nous avons trouvé entre Maroa et San Carlos, les Indiens assurent que le Guainia naît à cinq journées de navigation à l'est-nord-ouest de l'embouchure du Pimichin, dans un terrain montueux qui donne naissance aux sources de l'Inirida. Comme on remonte en 10-11 jours le Cassiquiare, depuis San Carlos jusqu'au point de la bifurcation de l'Orénoque, on peut évaluer 5 journées de chemin, en remontant contre un courant beaucoup moins rapide, à un peu plus de 1° 20′ de distance directe; ce qui placeroit les

de Bogota, et forme le Rio Meta après s'être joint à l'Umadea. (*Hist. corogr.*, p. 82.)

[1] Base 212 mètres, angles 90° et 69°36′. Largeur du fleuve 570 mètres ou 682 varas. C'est trois fois la largeur de la Seine près du Jardin des plantes, à Paris.

[2] En comptant le degré moyen à 57,008 toises.

sources du Guainia, selon les observations de longitude que j'ai faites à Javita et à San Carlos, 71° 35′ à l'occident du méridien de Paris. Malgré l'accord parfait qui régnoit entre le témoignage des indigènes, je pense que les sources sont plus occidentales encore, les canots ne pouvant remonter qu'aussi loin que le lit du fleuve le permet. Il ne faut pas prononcer d'une manière trop positive, d'après l'analogie des fleuves d'Europe, sur les rapports entre la largeur et la longueur du cours supérieur [1]. En Amérique, les rivières prennent souvent, sur un développement peu considérable, un accroissement extraordinaire [2] dans le volume de leurs eaux.

Ce qui caractérise surtout le Guainia dans

[1] La Seine et la Marne, par exemple, offrent plus de 2° de distance (en développement de cours direct) depuis Paris jusqu'aux sources.

[2] Le Rio Ventuari et le Rio Caura n'ont que 1° 20 et 1° 50′ de longueur de cours. Je ne cite pas cette immense rivière du Guayaquil et d'autres rivières qui naissent à la pente occidentale des Andes, parce qu'elles forment (comme la Tamise et la Saverne) de vastes gôfes à leur embouchure, des espèces de lacs dont les eaux douces, dans leurs mouvemens oscillatoires, sont refoulées ou suspendues par les marées de l'Océan.

son cours supérieur, est le manque de sinuosités : c'est comme un large canal tracé en ligne droite à travers une forêt épaisse. Chaque fois que la rivière change de direction, elle présente à l'œil des percées d'égale longueur. Les rives sont hautes, mais unies et rarement rocheuses. Le granite, traversé par d'immenses filons de quarz blancs, ne se montre généralement qu'au milieu du lit. En remontant le Guainia au nord-ouest, le courant augmente de rapidité à chaque journée de navigation. Les bords du fleuve sont déserts ; ce n'est que vers les sources (*las cavezeras*) que le terrain montueux est habité par les Indiens Manivas et Poignaves. Les sources de l'Inirida (Iniricha), m'ont dit les indigènes, ne sont qu'à 2-3 lieues de distance de celles du Guainia. On pourroit y établir un *portage*. Le père Caulin a appris, à Cabruta, de la bouche d'un chef indien appelé Tapo, que l'Inirida se rapproche beaucoup du Patavita (Paddavida de la carte de La Cruz) qui est un affluent du Rio Negro. Les indigènes des rives du Haut-Guainia ne connoissent pas ce nom ni celui d'un lac (Laguna-del Rio Negro) que l'on trouve sur d'anciennes cartes portugaises [1]. Ce prétendu Rio Patavita n'est probablement autre chose que le Guainia des Indiens de Maroa; car, aussi long-temps que les géographes ont cru à la bifurcation du Caqueta [2], ils faisoient naître le Rio Negro de ce bras et d'une rivière qu'ils appeloient Patavita [3]. D'après le récit des indigènes, les montagnes, aux sources de l'Inirida et du Guainia, n'excèdent pas la hauteur du Baraguan, que j'ai trouvée de 120 toises.

Des cartes manuscrites portugaises [4], cons-

---

[1] *Voyez* aussi l'*Amérique méridionale* de *M. Brué*, 1816.

[2] La Condamine, dans les *Mém. de l'Acad.*, 1745, p. 451, et *voyez à l'Amazone*, 1745, p. 123. D'Anville, dans le *Journal des Savans*, mars 1750, p. 185.

[3] Le confluent de ce bras supposé avec le Patavita est, selon M. Bonne, dont les combinaisons astronomiques (là où il a eu de bonnes données) sont très-judicieuses, par 1° 30′ de latitude boréale, et 75° de longitude occidentale. (*Atlas de Raynal*, n° 31.)

[4] En étudiant ces cartes, qui sont très-instructives pour la partie orientale du Brésil, on reconnoît l'extrême difficulté qu'ont les géographes portugais de combiner leurs notions sur le Bas-Jupura et le Bas-Putumayo avec les notions espagnoles sur les sources de ces fleuves. Ils

truites récemment au dépôt hydrographique de Rio Janeiro, confirment les notions que j'ai acquises sur les lieux. Elles n'indiquent aucune des quatre communications du Caqueta ou Japura avec le Guainia (Rio Negro), l'Inirida, l'Uaupès (Guapue) et le Putumayo; elles figurent chacun de ces affluens comme une rivière indépendante; elles suppriment le Rio Patavita, et placent les sources du Guainia seulement 2° 15′ à l'ouest du méridien de Javita. Le Rio Uaupès, un des affluens du Guainia, semble prolonger son cours beaucoup plus à l'ouest que le Guainia même;

commettent, par exemple, l'erreur de nommer Haut-Jupura la partie du Putumayo ou Iça, où sont placées les missions de San Antonio de Amaguajes, Socombios et San Diego; ils font tomber le Rio de Mocoa et le Rio Fragua dans l'Apoporis qui n'est qu'un affluent du Caqueta, et ils ôtent au Rio Iça (Issa ou Putumayo) les deux tiers de son cours. Je ferai observer, à cette occasion, que les cartes portugaises les plus récentes, comme les plus anciennes cartes de D'Anville et de La Cruz, figurent le Chamusigueni (Chamuquisseen d'Arrowsmith, Chamochiquini de ma carte itinéraire de l'Orénoque) comme un affluent du Rio Negro, tandis que, selon le rapport des Indiens, il est un affluent de l'Inirida. (*Caulin*, p. 75.)

et sa direction est telle que, sans le traverser, aucun bras du Caqueta ne pourroit parvenir au Haut-Guainia. Je terminerai cette discussion en rapportant une preuve directe contre l'assertion de ceux qui veulent faire naître le Guainia, comme le Guaviare et le Caqueta, à la pente orientale de la Cordillère des Andes. Pendant mon séjour à Popayan, le gardien du couvent de Saint-François, Fray Francisco Pugnet, homme aimable et judicieux, m'a donné des notions très-certaines sur les missions des Adaquies, dans lesquelles il a résidé long-temps. Ce père a fait un voyage pénible des rives du Caqueta à celles du Guaviare. Depuis Philippe de Huten (Urre) et les premiers temps de la conquête, aucun Européen n'avoit traversé ce pays inconnu. Le père Pugnet partit de la mission de Caguan, placée sur le Rio Caguan, un des affluens du Caqueta. Il passa par une savane immense entièrement dépourvue d'arbres, et dont les parties orientales sont habitées par les Indiens Tamas et Coreguajes. Après six jours de marche au nord, il arriva à un petit endroit appelé Aramo, sur les rives du Guayavero, à peu

CHAPITRE XXIII. 411

près 15 lieues à l'ouest du point où le Guayavero et l'Ariari forment le grand Rio Guaviare [1]. Aramo est le village le plus occidental des missions de San Juan de los Llanos. Le père Pugnet y entendit parler des grandes cataractes du Rio Guaviare (sans doute [2] celles que le président des missions de l'Orénoque avoit visitées en remontant le Guaviare depuis San Fernando de Atabapo), mais il ne traversa aucune rivière pour venir de Caguan à Aramo. Il est donc bien prouvé que, par les 75° de longitude [3], à 40 lieues de distance de la pente des Cordillères, au milieu des *Llanos*, il n'y a ni Rio Negro (Patavita, Guainia), ni Guapue (Uaupe), ni Inirida, et que ces trois rivières naissent à l'est de ce méridien. Ces notions sont extrêmement précieuses ; la géographie de l'intérieur de l'Afrique n'est pas plus embrouillée que celle du pays entre l'Atabapo et les sources du

---

[1] *Voyez* mon *Atlas géograph.*, Pl. XXI.

[2] *Voyez* Tom. III, p. 121.

[3] Je m'appuie, pour déterminer cette longitude, des observations des astronomes portugais dans le Jupura et l'Apoporis, comme de la différence des méridiens de Popayan et de San Juan de los Llanos.

Meta, du Guaviare et du Caqueta. « On a de la peine à se persuader, dit M. Caldas dans un journal scientifique [1], publié à Santa-Fe de Bogota, que nous ne possédions pas une carte des plaines qui commencent à la pente orientale de ces montagnes que nous voyons journellement devant nos yeux, et sur lesquelles sont construites les chapelles de la Guadeloupe et de Monserrate ? Personne ne connoît la largeur des Cordillères, le cours des rivières qui se jettent dans l'Orénoque et dans l'Amazone. C'est cependant par ces mêmes affluens par le Meta, le Guaviare, le Rio Negro et le Caqueta, que les habitans de Cundinamarca communiqueront, dans des temps plus heureux, avec ceux du Brésil et du Paraguay. »

Je n'ignore pas que c'est une croyance assez généralement répandue dans les missions des Andaquies, que le Caqueta envoie, entre les confluens du Rio de la Fragua et du Caguan [2], un bras au Putumayo, et, plus bas,

[1] *Semanario del Nuevo Reino de Granada*, Tom. I, p. 44.

[2] Près de la mission détruite de Santa Maria, un peu au-dessous du Rio Mecaya.

au-dessous de l'embouchure du Rio Payoya, un autre bras à l'Orénoque ; mais cette opinion ne repose que sur une tradition vague des Indiens qui confondent souvent des *portages*[1] avec des bifurcations. Les cataractes à l'embouchure du Payoya et la férocité des Indiens Huaques, aussi appelés *Murcielagos* (Chauve-souris), parce qu'ils sucent le sang des prisonniers, empêchent les missionnaires espagnols de descendre le Caqueta. Aucun homme blanc n'est jamais venu de San Miguel de Mocoa au confluent du Caqueta avec l'Amazone. Les astronomes portugais, lors de la dernière commission des limites, ont remonté d'abord le Caqueta jusqu'aux 0° 36' de latitude australe, puis le Rio de los Engaños (Rivière trompeuse) et le Rio Cunare qui sont des affluens du Caqueta[2],

[1] Je connois deux de ces *portages* entre des affluens de l'Apoporis (le Cananare et le Japui), et les affluens de l'Uaupès (le Jucari, le Capuri et le Tiquié).

[2] Ces positions, fondées sur des observations directes, sont tirées de la grande carte manuscrite de M. Requena, un des commissaires des limites. Seroit-ce du Pio Payoya que M. de La Condamine auroit fait son Rio Jaoya qui, selon lui, unit le Caqueta au Putumayo. Les missionnaires du Haut-Caqueta ne connoissent pas ce nom de Jaoya.

jusqu'aux 0° 28′ de latitude boréale [2]. Dans cette navigation, ils n'ont vu sortir aucun bras du Caqueta vers le nord. L'Amu et le Yabilla, dont ils ont soigneusement examiné les sources, sont de petites rivières qui tombent dans le Rio de los Engaños, et avec lui dans le Caqueta. La bifurcation, si elle a lieu, ne pourroit donc se trouver que dans la distance très-courte qu'il y a entre le confluent du Payoya et la seconde cataracte, au-dessus de l'embouchure de la Rivière trompeuse : mais je répète que le cours de cette rivière et celui du Cunare, de l'Apoporis et de l'Uaupès empêcheroient ce prétendu bras du Caqueta de parvenir au Haut-Guainia. Tout paroît indiquer l'existence d'une arête, d'un relèvement de contre-pentes entre les affluens du Caqueta et ceux de l'Uaupès et du Rio Negro. Il y a plus encore ; nous avons trouvé, par la hauteur du mercure dans le baromètre, l'élévation absolue du sol, sur les rives du Pimichin, de 130 toises. En supposant que le terrain montueux près des sources du Guainia est de 50 toises plus élevé que le sol de Javita, il en résulte que le lit du fleuve, dans son cours supérieur, est pour le moins à 200 toises au-dessus du niveau de l'Océan, une hauteur également petite que le baromètre nous a indiquée pour les rives de l'Amazone, près de Tomependa, dans la province de Jaen de Bracamoros. Or, si l'on réfléchit sur la pente rapide de cette immense rivière, depuis Tomependa jusqu'au méridien de 75°, si l'on se rappelle la distance des missions du Rio Caguan à la Cordillère, on ne sauroit douter que le lit du Caqueta, au-dessous des embouchures du Caguan et du Payoya, ne soit de beaucoup plus bas que le lit du Haut-Guainia, vers lequel il doit envoyer une partie de ses eaux. Les eaux du Caqueta sont d'ailleurs toutes blanches, tandis que celles du Guainia sont noires ou brun de café. On n'a pas d'exemple qu'une rivière blanche devienne noire dans son cours. Le Haut-Guainia ne peut donc pas être un bras du Caqueta. Je doute même qu'on soit en droit de supposer que le Guainia, comme récipient principal et indépendant, reçoive quelque peu d'eau vers le sud par un embranchement latéral [1] ?

---

[1] On m'a communiqué, à Popayan, dans les archives du couvent de Saint-François, deux lettres du gardien

Le petit groupe de montagnes que nous avons appris à connoître aux sources du Guainia, est d'autant plus remarquable qu'il est isolé dans la plaine qui s'étend au sud-ouest de

Fray Jose Joacquin Barrutieta (du 15 novembre 1761 et du 23 juillet 1763), dans lesquelles ce père, enthousiaste de la grandeur et de l'importance du Caqueta, dit que cette rivière envoie un bras au nord, et que ce bras, dans sa bifurcation, donne naissance à l'Orénoque et au Rio Negro. Il appelle la branche de l'Orénoque Paragua; celle du Rio Negro, Casiri. Il fait deviner que le Casiri n'est pas la seule source du Rio Negro, et que cette grande rivière ne reçoit peut-être que des eaux du Caqueta par le Casiri. Le père Barrutieta n'a vu ni le bras du Caqueta, qui va au nord, ni la bifurcation de ce bras. Il n'a jamais été au-dessous de l'embouchure du Caqueta; et les religieux, qui depuis ont habité ces missions, croient que des notions si détaillées ne peuvent avoir été puisées, par le père Barrutieta, que dans des cartes construites en Europe. Jamais aucun affluent de l'Orénoque, venant de l'ouest, n'a porté le nom de Paragua (*voyez* Tom. III, p. 125); et l'hypothèse que le Caqueta, par une bifurcation, donne naissance à l'Orénoque et au Rio Negro, date déjà, comme nous l'avons vu, de l'époque du géographe Sanson, de l'année 1656. Nous savons avec certitude, et par le voyage que j'ai fait avec M. Bonpland et par celui du père Mancilla, que ni l'Orénoque ni le Guaviare, qu'on a voulu considérer comme

CHAPITRE XXIII.

l'Orénoque. Sa position, en longitude, pourroit faire croire qu'il se prolonge dans une arête qui forme d'abord le détroit (*angostura*)

le véritable tronc de l'Orénoque, ne reçoit un bras du Caqueta. Si les missionnaires des Andaquies, c'est-à-dire les religieux du Rio Mocoa, du Caqueta, du Rio de la Fragua et du Rio Caguan) croient à un bras méridional du Caqueta qui, au-dessous de l'embouchure du Macaya ou Picudo, se porte vers le Putumayo, les missionnaires du Putumayo, au contraire, en nient l'existence. Ils m'ont assuré n'avoir entendu parler d'aucun bras du Caqueta en remontant des *basses missions* du Putumayo (Marive, l'Assumpcion, San Ramon), ou de l'embouchure du Rio de Yaguas aux *hautes missions* (Mamos, San Diego, San Rafael de Amaguajes), ou à l'embouchure du Rio del Guineo. Le *Caño* de la Luna seroit-il ce bras, ou offre-t-il simplement la facilité d'un *portage* ? Nous voyons que la communication du Caqueta (Jupura) avec le Haut-Guainia, c'est-à-dire avec le Rio Negro, au-dessus de Maroa, est extrêmement douteuse ; mais on peut en admettre, avec plus d'assurance, une autre dans le terrain bas et marécageux qui s'étend au nord de l'embouchure du Jupura dans l'Amazone. Les petites rivières Anany (Unini, Univini) et Yaumuhi (Jau), deux affluens du Rio Negro, débouchant entre Villa de Moura et Yau, communiquent par le lac Atinineni (Ativini) avec le Cadaya, branche la plus orientale du Jupura. (*Corogr. Brasil.*, Tom. II, p. 285 et 348.)

du Guaviare[1], et puis les grandes cataractes (*saltos, cachoeiras*) de l'Uaupès et du Jupura. Ce terrain, composé probablement de roches primitives, comme celui que j'ai examiné plus à l'est, contiendroit-il de l'or disséminé? Y auroit-il des lavages d'or plus au sud, vers le Uaupès, sur l'Iquiare (Iguiari, Iguari) et sur le Yurubesh (Yurubach, Urubaxi)? C'est là que Philippe de Huten chercha le premier le Dorado, et livra, avec une poignée d'hommes, cette bataille des Omaguas si célèbre dans le seizième siècle. En séparant des récits des *Conquistadores* ce qu'ils offrent de fabuleux, on ne laisse pas de reconnoître, dans les noms conservés aux mêmes lieux, un certain fond de vérité historique. On suit l'expédition de

C'est peut-être à cet embranchement que M. Southey a fait allusion dans son *Hist. of Brasil*, Tom. I, p. 591. La communication que M. Requena suppose entre le Puapua, affluent de Jupura, et deux affluens du Rio Negro, le Xivara (Chivara, Teya) et l'Unevixi (Uynuaxi), n'est qu'un portage.

[1] Près de ce détroit (en appuyant les distances itinéraires sur la position de San Fernando de Atabapo, par 73° 45′ de long.), le père Mancilla a vu une chaîne de montagnes qui bordoit l'horizon au sud.

CHAPITRE XXIII. 419

Huten au-delà du Guaviare et du Caqueta; on retrouve dans les *Guaypes* [1], gouvernés par le cacique de Macatoa, les habitans de la rivière d'Uaupès, qui porte aussi les noms de *Guape* ou *Guapue*; on se rappelle que le père Acuña nomme l'Iquiari (Quiguiare) une *rivière d'or*, et que, cinquante ans plus tard, le père Fritz, missionnaire très-véridique, reçut, dans sa mission de Yurimaguas, les Manaos (Manoas), parés de lames d'or battu venant du pays entre l'Uaupès et le Caqueta ou Jupura. Les rivières qui naissent sur la pente orientale des Andes (par exemple, le Napo) charrient beaucoup d'or, même lorsque leurs sources se trouvent dans des terrains trachytiques. Pourquoi n'y auroit-il pas un terrain d'alluvion aurifère à l'est des Cordillères, comme il y en a à l'ouest dans la Sonora, au Choco et à Barbacoas. Je suis loin de vouloir exagérer la richesse de ce terrain; mais je ne me crois pas autorisé à nier l'existence des métaux précieux dans les montagnes primitives de la Guyane, par la seule raison que, dans le voyage que nous avons fait dans ce pays, nous n'y avons vu aucun

---

[1] *Fray Pedro Simon*, p. 345.

filon métallique. Il est assez remarquable que les indigènes de l'Orénoque ont, dans leurs langues, un nom pour l'or (*carucuru* en caribe, *caricuri* en tamanaque, *cavitta* en maypure), tandis que le mot dont ils se servent pour désigner l'argent, *prata*, est manifestement emprunté de l'espagnol [1]. Les notions recueillies par Acuña, le père Fritz et La Condamine, sur des lavages d'or au sud et au nord du Rio Uaupès, sont d'accord avec ce que j'ai appris du terrain aurifère de ces contrées. Quelque grande qu'avant l'arrivée des Européens on puisse supposer la communication entre les peuples de l'Orénoque, ce n'est certainement pas de la pente orientale des Cordillères qu'ils ont tiré leur or. Cette pente est pauvre en

[1] Les Parecas disent, au lieu de *prata*, rata. (*Gili*, Tom. II, p. 4.) C'est le mot castillan *plata*, mal prononcé. Près du Yurubesh, il y a un autre affluent du Rio Negro, peu considérable, le *Curicur-iari*. Il est facile de reconnoître dans ce nom le mot caribe *carucur*, or. Les Caribes poussoient leurs incursions des bouches de l'Orénoque, au sud-ouest, vers le Rio Negro; et c'est ce peuple inquiet qui a porté la fable du Dorado par le même chemin, mais dans une direction opposée (du sudouest au nord-est), de la Mésopotamie entre le Rio Negro et le Jupura, aux sources du Rio Branco.

CHAPITRE XXIII.

mines, surtout en mines anciennement travaillées : elle n'est presque composée que de roches volcaniques dans les provinces de Popayan, de Pasto et de Quito. Il est probable que l'or de la Guyane est venu du pays à l'est des Andes. Encore de nos jours on a trouvé une pepite d'or dans un ravin près de la mission de l'Encaramada, et il ne faut point être surpris que, dès que les Européens s'établissent dans ces lieux sauvages, on entende moins parler de lames d'or, d'or en poudre et d'amulettes de jade que l'on pouvoit acquérir anciennement, par échange, des Caribes et de quelques autres peuples voyageurs. Les métaux précieux n'ont jamais été très-abondans sur les rives de l'Orénoque, du Rio Negro et de l'Amazone. Ils disparoissent presque entièrement dès que le régime des missions fait cesser les communications lointaines entre les indigènes.

Le climat du Haut-Guainia est moins chaud et peut-être aussi un peu moins humide que le climat des bords du Tuamini. J'ai trouvé la température de l'eau du Rio Negro, au mois de mai [1], de 23°,9; l'air étant, de jour, de

[1] De 19°,2 Réaumur, ou 75° Fahrenheit.

22°.7; de nuit, 21°,8 du thermomètre centigrade [1]. Cette fraîcheur des eaux, presque identique avec celle du Rio Congo, est bien remarquable dans cette proximité de l'équateur [2]. L'Orénoque, entre les 4 et 8 degrés de latitude, a généralement de 27°,5 à 29°,5 de température. Les sources qui sortent du granite, à Maypurès, sont à 27°,8. Ce décroissement de la chaleur que l'on observe en s'approchant de l'équateur, est singulièrement conforme aux hypothèses de quelques physi-

---

[1] Voici le précis des observations que j'ai faites à San Carlos del Rio Negro, par un ciel constamment couvert. Hauteur au-dessus du niveau de la mer, 125 toises.

MAI	BAROMÈTRE en lignes.	THERMOMÈTRE de Réaumur.	HYGROMÈTRE de baleine.
8 à 21^h	328,2	17°,7	57°
9 à 21^h	327,9	17°,5	55°
à 21^h 30'	328,2	17°,6	57°
à 22^h 30'	328,3	17°,9	56°,2
à 0^h	327,8	18°,2	53°
à 3^h 30'	327,6	18°,4	51°,3
à 4^h 15'	326,8	18°,2	51°,6
à 5^h 45'	327,2	18°,2	52°,1

L'hygromètre s'est soutenu, pendant qu'il ne pleuvoit pas, entre 47° et 60° Deluc (83°,4 et 90°,2 Saussure).

[2] Par les 1° 53' et 2° 15' de latitude boréale.

ciens de l'antiquité [1]; il n'est cependant qu'un phénomène local et moins dû à la hauteur du terrain qu'à un ciel constamment pluvieux et couvert, à l'humidité du sol, à l'épaisseur des forêts, à l'évaporation des végétaux et au manque de plages sablonneuses propres à concentrer le calorique et à le renvoyer par rayonnement. L'influence d'un ciel voilé par des vapeurs se manifeste dans la bande littorale du Pérou où il ne tombe jamais de pluie, et où le soleil, pendant une grande partie de l'année, à l'époque de la *garua* (brume), se présente à l'œil nu comme le disque de la lune. Entre les parallèles de 10° et 12° de latitude australe, la température moyenne y est à peine plus élevée qu'à Alger et au Caire [2]. Sur les bords

---

[1] *Geminus, Isag. in Aratum,* c. 13. *Strabo, Geogr.,* Lib. II, p. 97.

Voici les différences observées dans des lieux inégalement rapprochés de l'équateur, telles que je les ai indiquées, en degrés du thermomètre centigrade, dans le tableau des climats de l'Amérique. (*Voyez* mon ouvrage, *de Distributione geograph. plantarum secundum cœli temperiem et alt. mont.*; p. 92-94.

Lima vel littora Oceani Pacifici inter 8° et 13° latitudinis australis, ubi sæpe terra quatitur; fulgura ex

du Rio Negro, il pleut presque toute l'année, à l'exception des mois de décembre et de janvier. Même dans la saison de sécheresse, on voit rarement le bleu du ciel pendant deux ou trois jours successifs. Par un temps serein la chaleur paroît d'autant plus grande que, le reste de l'année, quoique la température nocturne soit de 21°, les habitans se plaignent

longinquo tantum conspiciuntur, nunquam autem audito tonitru. Folia a nullo imbre, sed a copioso rore madent, cœlo per medium annum velato, nubilo... 22°,4.

(Interdiu 23-25°,5; noctu 15-17°. Calor max. 28°; min. 13°).

Silvæ Orinocenses summæ vastitatis, ob æstus fere intolerabiles, immanibus serpentibus, crocodilis, tigride Jaguare atque vario et malefico genere animalium infestæ. Per tot secula homines Europæos latuerunt. Alt. 70-90 hex.; cal. med. .... 27°,6.

Rœip fluminis Guainiæ, à Hispanis *Rio Negro* dicti, quod Orinoci aquas per Cassiquiarem affluentes ad Amazonum amnem transmittit. Regio magnæ solitudinis propter limites Guyanæ et Brasiliæ, fere sine humani cultus vestigio, fruticum et procerarum arborum ferax, nec gignendæ herbæ apta. Obumbratus eam percurrit amnis et magnam ibi aquarum copiam, ex crebris imbribus collectam, in alimentum suum nemora ducunt: dies sæpe nubili; nocturno tempore aer spiritu fere movetur nullo. Alt. 130 hex.; cal. med. ...... 23°,2.

CHAPITRE XXIII. 425

encore du froid pendant la nuit. J'ai répété, à San Carlos, les expériences que j'avois faites à Javita, sur la quantité d'eau de pluie qui tombe dans un espace de temps donné. Ces recherches sont importantes pour expliquer les crues énormes des rivières voisines de l'équateur, qu'on a cru long-temps recevoir les eaux de neige des Cordillères. J'ai vu tomber, à différentes époques, en deux heures, 7,5 lignes; en 3 heures, 18 lignes; en 9 heures, 48,2 lignes. Comme il pleut sans interruption (la pluie est fine, mais très-dense), j'ai pensé que, dans ces forêts, la quantité d'eau qui tombe annuellement ne peut être au-dessous de 90 à 100 pouces. La justesse de cette évaluation, quelque extraordinaire qu'elle paroisse, a été confirmée par les observations faites avec beaucoup de soin, dans le royaume de la Nouvelle-Espagne, par le colonel des ingénieurs, M. de Costanzo. A la Vera-Cruz, il est tombé, en 1803, dans les seuls mois de juillet, d'août et de septembre, 35 pouces 2 lignes (du pied de roi); dans l'année entière, 62$^{po.}$ 2$^{li.}$ d'eau de pluie. Cependant, il y a une grande différence entre le climat des côtes pelées et arides du Mexique et celui des forêts. Sur ces côtes, il ne tombe pas une goutte de pluie en décembre et en janvier, et les mois de février, d'avril et de mai n'y donnent généralement que 2$^{po.}$ à 2$^{po.}$ 3$^{li.}$: à San Carlos, au contraire, l'atmosphère paroît se résoudre en eau pendant neuf à dix mois consécutifs. Dans ces climats humides, la terre seroit couverte, dans l'espace d'un an, d'une couche d'eau de 8 pieds de hauteur, s'il n'y avoit ni évaporation ni écoulement des eaux. Ces pluies équatoriales, qui alimentent les majestueuses rivières de l'Amérique, sont accompagnées d'explosions électriques ; et, tandis qu'à l'extrémité de ce même continent, sur la côte occidentale du Groënland [1], on n'entend pas une seule fois le bruit du tonnerre pendant cinq ou six ans, ici, près de l'équateur, les orages grondent presque journellement. Cependant la coïncidence des explosions électriques et des pluies ne justifie pas l'ancienne hypothèse d'une formation d'eau

[1] Le chevalier Giseke, qui a résidé sept ans sous les 70° de latitude, n'a vu, pendant le long exil auquel il s'est condamné par amour pour les sciences, qu'une seule fois des éclairs. On confond souvent, sur la côte du Groënland, le bruit des avalanches ou celui que cause la chute des glaces, avec le bruit du tonnerre.

CHAPITRE XXIII. 427

dans l'air par la combinaison de l'oxigène et de l'hydrogène. On a vainement cherché l'hydrogène jusqu'à 3600 toises de hauteur. La quantité d'eau contenue dans l'air saturé augmente bien plus rapidement de 20° à 25° que de 10° à 15°. Un seul degré de refroidissement produit par conséquent plus de vapeurs visibles sous la zone torride que sous la zone tempérée. Un air renouvelé sans cesse par l'effet des courans, peut fournir, par de simples précipitations, toute l'eau qui, dans les pluies équatoriales, frappe tant l'imagination des physiciens.

La couleur de l'eau du Rio Negro est (par réflexion) plus foncée que celle de l'Atabapo et du Tuamini. J'ai été même étonné de voir que le mélange des eaux blanches du Cassiquiare en altère si peu la teinte au-dessous du fortin de San Carlos. L'auteur de la *Chorographie moderne du Brésil* dit très-bien [1] que le fleuve a une couleur de succin partout où il est peu profond, et qu'il est brun noir comme

---

[1] Tom. II, p. 341. On peut être surpris de voir M. de La Condamine attribuer la dénomination de Rio Negro « à la grande transparence de cette mer d'eau douce que reçoit l'Amazone près de Forte da Barra. »

du marc de café partout où la profondeur des eaux est très-grande. Le nom de *Curana*, que les indigènes donnent au Bas-Guainia, signifie aussi eau noire[1]. La jonction du Guainia où Rio Negro avec l'Amazone est considérée comme d'une telle importance dans le gouvernement du Grand-Parà, que le *Rio das Amazonas* perd son nom à l'ouest du Rio Negro et prend celui de *Rio dos Solimões* (proprement Sorimões, en faisant allusion au poison de la nation des Sorimans). A l'ouest de l'Ucayale, l'Amazone s'appelle *Rio Maranhao* ou *Marañon*. Les rives du Haut-Guainia sont en général beaucoup moins peuplées d'oiseaux pêcheurs que celles du Cassiquiare, du Meta et de l'Arauca, où les naturalistes-ornithologues trouveroient de quoi enrichir prodigieusement les collections de l'Europe. Cette rareté des animaux tient sans doute au manque de bas-fonds et de plages comme à la qualité

---

[1] Même plus au nord, dans la langue maypure, la racine *cur* indique ce qui est noir; car, dans *curikini* (couleur noire), les deux dernières syllabes ne sont qu'une terminaison de *qualité*, comme le prouvent les mots *marikini*, blanc; *evakini*, jaune; *coanitukini*, marié.

de ces eaux noires qui (à cause de leur pureté même) offrent moins d'alimens aux insectes aquatiques et aux poissons. Malgré cette rareté, les Indiens de ces contrées se nourrissent, à deux époques de l'année, d'*oiseaux voyageurs* qui se reposent, dans leurs longues migrations, sur les eaux du Rio Negro. Lorsque l'Orénoque commence à éprouver ses premières crues[1], c'est-à-dire après l'équinoxe du printemps, une innombrable quantité de canards (*Patos careteros*) se portent des 8° et 3° de latitude boréale aux 1° et 4° de latitude australe, vers le sud-sud-est. Ces animaux abandonnent alors la vallée de l'Orénoque, sans doute parce que la profondeur croissante des eaux et l'inondation des plages les empêchent de prendre du poisson, des insectes et des vers aquatiques. On les tue par milliers lorsqu'ils viennent traverser le Rio Negro. En allant vers l'équateur, ils sont très-gras et savoureux; mais, au mois de septembre, lorsque l'Orénoque dé-

---

[1] Les crues du Nil ont lieu bien plus tard que celles de l'Orénoque : après le solstice d'été, au-dessous de Syène; au Caire, dans les premiers jours de juillet. La baisse du Nil commence près de cette ville généralement vers le 15 octobre, et dure jusqu'au 20 mai.

croît et rentre dans son lit, les canards, avertis, soit par la voix des oiseaux voyageurs les plus expérimentés, soit par ce sentiment intérieur qu'on appelle instinct, parce qu'on ne sait le définir, retournent de l'Amazone et du Rio Branco vers le nord. Ils sont, à cette époque, trop maigres pour tenter l'appétit des Indiens du Rio Negro; et ils échappent d'autant plus facilement à leurs poursuites, qu'ils sont accompagnés d'une espèce de hérons (*Gavanes*) qui offrent une nourriture excellente. C'est ainsi que les indigènes mangent du canard en mars, et des hérons en septembre. Ils n'ont pu nous dire ce que deviennent les *Gavanes* lors des crues de l'Orénoque, et pourquoi ils n'accompagnent pas les *Patos careteros* dans leur migration de l'Orénoque au Rio Branco. Ces voyages réguliers des oiseaux d'une partie des tropiques vers l'autre, dans une zone qui offre, pendant toute l'année, une même température, sont des phénomènes assez extraordinaires. Les côtes méridionales des îles Antilles reçoivent aussi, tous les ans, à l'époque des inondations des grands fleuves de la Terre-Ferme, de nombreuses bandes d'oiseaux pêcheurs de l'Orénoque et de ses affluens. Il faut

CHAPITRE XXIII. 431

croire que les variations de sécheresse et d'humidité influent, dans la région équinoxiale, sur les habitudes des animaux, comme le font, dans nos climats, les grands changemens de température. Les chaleurs de l'été et la chasse des insectes appellent les colibris dans les parties septentrionales des États-Unis et au Canada jusque vers les parallèles de Paris et de Berlin; de même une plus grande facilité de la pêche attire les oiseaux palmipèdes et les échassiers du nord vers le sud, de l'Orénoque vers l'Amazône. Rien n'est plus merveilleux et n'est encore moins éclairci, sous le rapport géographique, que la direction, l'étendue et le terme des voyages des oiseaux !

Dès que nous eûmes débouché par le Pimichin dans le Rio Negro et passé la petite cataracte qui se trouve au confluent des deux rivières, nous découvrîmes, à un quart de lieue de distance, la mission de Maroa. Ce village, qui a 150 Indiens, offre un air d'aisance et de prospérité qui nous frappa agréablement. Nous y fîmes l'achat de quelques belles espèces vivantes de Toucan (*Piapoco*), oiseau courageux, dont l'intelligence se développe comme celle de nos corbeaux domestiques.

Au-dessus de Maroa, nous dépassâmes, à notre droite, d'abord l'embouchure de l'Aquio[1], puis celle du Tomo[2]. C'est sur les bords de cette dernière rivière que demeurent les Indiens Cheruvichahenas dont j'ai vu quelques familles à San Francisco Solano. Elle est en outre remarquable par les communications

[1] Aqui, Aaqui, Ake des cartes les plus récentes. La rivière a été bien placée par D'Anville; Arrowsmith la recule de 2° trop à l'ouest. Il y a de l'embouchure du Pimichin à Maroa $\frac{1}{4}$ *legua*; de Maroa à l'Aquio $\frac{1}{2}$ l.; de l'Aquio à Tomo $\frac{5}{4}$ l.; de Tomo au Conorichite et à la mission de Davipe 2 $\frac{1}{2}$ l. (1 *legua* = 2854 toises). Les Indiens de Maroa m'ont fait connaître un affluent du Rio Negro qui, venant du nord, débouche à 7 ou 8 lieues à l'ouest de leur mission. Ils appellent cet affluent Asimasi.

[2] Tomui, Temujo, Tomon. De nouvelles cartes portugaises, construites au dépôt hydrographique du Rio Janeiro, indiquent des embranchemens bizarres du Tomon avec un Rio Pama et le Rio Xiè. Ce dernier nom est inconnu à La Cruz et à Caulin; mais j'ai plusieurs motifs pour croire que le grand Rio Uteta (Ueteta), figuré dans nos cartes, et sur lequel j'ai fait de vaines recherches aux bords du Rio Negro, est le Rio Guaicia ou Xiè. Cette identité me paroît surtout prouvée par le nom d'un affluent de l'Uteta que Caulin appelle Rio Tevapuri, qui est un affluent du Guaicia.

clandestines qu'elle favorise avec les possessions portugaises. Le Tomo se rapproche du Rio Guaicia (Xiè), et la mission de Tomo reçoit quelquefois, par cette voie, des Indiens fugitifs du Bas-Guainia. Nous n'entrâmes pas à la mission; mais le père Zea nous raconta, en souriant, que les Indiens de Tomo et de Maroa avoient été un jour en pleine insurrection, parce qu'on vouloit les forcer de danser la fameuse *danse des diables*. Le missionnaire avoit imaginé de faire représenter d'une manière burlesque les cérémonies par lesquelles les *Piaches*, qui sont à la fois prêtres, médecins et magiciens, conjurent le mauvais esprit, *Iolokiamo*. Il avoit cru que la *danse des diables* seroit un excellent moyen pour prouver à ses néophytes qu'*Iolokiamo* n'avoit plus de pouvoir sur eux. Quelques jeunes Indiens, confians dans les promesses du missionnaire, consentirent à faire les diables; ils s'étoient déjà parés de plumes noires et jaunes, et de peaux de jaguar à longues queues traînantes. On avoit cerné la place de l'église par des soldats distribués dans les missions, pour rendre plus persuasifs les conseils des religieux. On ramenoit à la fête les Indiens qui n'étoient pas entièrement rassurés sur les suites de la danse et sur l'impuissance du mauvais esprit. Le parti des anciens et des plus timides gagna le dessus; une peur superstitieuse s'empara d'eux; tous voulurent s'enfuir *al monte*, et le missionnaire ajourna son projet de tourner en dérision le démon des indigènes. Que d'idées extravagantes s'offrent à l'imagination d'un moine désœuvré qui passe sa vie dans les forêts, loin de tout ce qui pourroit lui rappeler la civilisation humaine! L'acharnement avec lequel on vouloit faire exécuter en public, à Tomo, la danse mystérieuse des diables, est d'autant plus étrange, que tous les livres écrits par les missionnaires rendent compte des tentatives qu'ils ont faites pour empêcher les *danses funéraires*, les *danses de la trompette sacrée*, et cette ancienne *danse des serpens*, le *Queti*, dans laquelle on représente ces animaux rusés sortant de la forêt et venant boire avec les hommes pour les tromper et leur enlever les femmes.

Après deux heures de navigation, nous arrivâmes de l'embouchure du Tomo à la petite mission de San Miguel de Davipe, fondée, en 1775, non par les religieux, mais par un lieutenant de milice, Don Francisco Bobadilla. Le missionnaire du lieu, le père Morillo, chez lequel nous passâmes quelques heures, nous reçut avec beaucoup d'hospitalité : il nous offrit même du vin de Madère. Comme objet de luxe de table, nous aurions préféré du pain de froment. Le manque de pain est bien plus sensible à la longue que celui d'une boisson alcoholique. Les Portugais de l'Amazone portent de temps en temps de petites quantités de vin de Madère au Rio Negro ; et, le mot *madera* signifiant *bois* en castillan, de pauvres moines qui ne sont pas très-versés dans l'étude de la géographie ont eu scrupule de célébrer la messe avec du vin de Madère ; ils l'ont pris pour une liqueur fermentée, tirée de quelque tronc d'arbre, semblable au vin de palmier, et ils ont engagé le gardien des missions de décider si le *vino de Madera* étoit un vin de raisin (*de uvas*) ou le suc d'un arbre (*vino de algun palo*). Déjà, au commencement de la conquête, on avoit élevé la question, s'il étoit permis aux prêtres de célébrer la messe en se servant de quelque liqueur fermentée analogue au vin de raisin. La question, comme on pouvoit le prévoir, fut décidée négativement.

Nous achetâmes à Davipe quelques provisions, surtout des poules et un cochon. Cet achat étoit d'un grand intérêt pour nos Indiens qui de long-temps n'avoient mangé de la viande. Ils nous pressèrent de partir pour atteindre l'île de Dapa, où l'on devoit tuer le cochon et le rôtir pendant la nuit. Nous eûmes à peine le temps d'examiner, dans le couvent (*convento*), de grands amas de résine *mani* et les cordages du palmier Chiquichiqui qui mériteroient bien d'être plus connus en Europe. Ces cordages sont extrêmement légers, surnagent à l'eau, et ont plus de durée dans les navigations des rivières que les cordages de chanvre. Sur mer, il faut, pour les conserver, les mouiller souvent, et les exposer peu aux ardeurs du soleil des tropiques. C'est Don Antonio Santos, célèbre dans le pays par son voyage à la recherche du lac Parime, qui a enseigné aux Indiens du Rio Negro espagnol à tirer parti des pétioles du Chiquichiqui, palmier à feuilles pennées dont nous n'avons vu ni les fleurs ni les fruits. Cet officier est le seul homme blanc qui soit venu de l'Angostura au Grand-Parà, en passant par terre des sources du Rio Carony à celles du Rio Branco. Il avoit étudié la fabrication des cordes de Chiquichiqui dans les colonies portugaises; et, après son retour de l'Amazone, il introduisit dans les missions de la Guyane cette branche d'industrie. Il seroit à désirer qu'on pût établir de grandes corderies sur les rives du Rio Negro et du Cassiquiare pour faire de ces câbles un objet de commerce avec l'Europe. On en exporte déjà une petite quantité de l'Angostura aux Antilles. Ils y coûtent 50 à 60 pour cent de moins que les cordages de chanvre [1]. Comme on n'emploie que les jeunes palmiers, il faudroit les planter et les soigner par la culture.

Un peu au-dessus de la mission de Davipe, le Rio Negro reçoit un bras du Cassiquiare dont l'existence est un phénomène bien re-

---

[1] Un câble de Chiquichiqui, de 66 varas (171 pieds de roi) de long et 5 pouces 4 lignes de diamètre, coûte au missionnaire 12 piastres fortes; on le vend à l'Angostura 25 piastres. Un cordage d'un pouce de diamètre, 70 varas (182 pieds de roi), se vend, dans les missions, 3 piastres; sur les côtes, 5.

marquable dans l'histoire des embranchemens des rivières. Ce bras sort [1] du Cassiquiare, au nord de Vasiva, sous le nom d'Itininivini ; et, après avoir traversé, sur 25 lieues de long, un pays uni et presque entièrement dépourvu d'habitans, il se jette dans le Rio Negro sous le nom de Rio Conorichite. Il m'a paru avoir, près de son embouchure, plus de 120 toises de largeur, et il augmente le volume des eaux noires par une grande masse d'eaux blanches. Quoique le courant du Conorichite soit très-rapide, on abrège de trois journées, par ce canal naturel, la navigation de Davipe à l'Esmeralda. On ne peut être surpris d'une communication double entre le Cassiquiare et

---

[1] Je décris l'Itinivini (ou plutôt *Itini-veni*, eau, *veni*, d'Itin) d'après les notions qu'on m'a données à son embouchure. La rivière est l'effet d'une seconde bifurcation, un bras d'un bras de l'Orénoque. Le père Caulin, généralement beaucoup plus exact que ceux qui ont construit la carte de son ouvrage, assure que la communication du Conorichite avec le Cassiquiare est due à une bifurcation du *Caño Méé*, qui est un affluent du Conorichite. Nos cartes, en supprimant arbitrairement la communication entre Davipe et Vasiva, figurent un fortin (*fuerte*) au milieu de ce désert.

le Rio Negro, lorsqu'on se rappelle que tant de rivières de l'Amérique forment des espèces de *deltas* à leur confluent avec d'autres rivières [1]. C'est ainsi que le Rio Branco et le Rio Jupura se jettent, par un grand nombre de branches, dans le Rio Negro et dans l'Amazone. Au confluent du Jupura, il y a un phénomène bien plus extraordinaire encore. Avant que cette rivière se réunisse à l'Amazone, celle-ci, qui est le récipient principal, envoie trois bras, appelés Uaranapu, Manhama et Avateperana, au Jupura qui n'est qu'un affluent ou fleuve tributaire. L'astronome portugais, M. Ribeiro, a constaté ce fait important [2]. L'Amazone donne des eaux au Jupura avant de recevoir cet affluent même.

Le Rio Conorichite ou Itinivini a joué jadis un rôle important dans le commerce d'esclaves

---

[1] *Voyez*, dans mon Atlas, pl. xvii, les embranchemens entre l'Arauca et l'Apure, près de leur réunion avec l'Orénoque.

[2] Il y a de grands changemens à faire dans nos cartes, relativement aux prétendues huit branches du Jupura. Comparez *Southey, Hist. of Brasil*, p. 595, et la *Corogr. Bras.*, p. 285.

que faisoient les Portugais sur le territoire espagnol. Les marchands d'esclaves remontèrent par le Cassiquiare et le *Caño* Méé au Conorichite; de là ils traînèrent leurs pirogues par un *portage* aux *rochelas* de Manuteso, pour entrer dans l'Atabapo. J'ai indiqué ce chemin dans ma carte itinéraire de l'Orénoque. Ce commerce abominable a duré jusque vers l'année 1756. L'expédition de Solano et l'établissement des missions sur les bords du Rio Negro l'ont fait cesser. D'anciennes lois de Charles V et de Phlippe III avoient défendu [1], sous les peines les plus sévères (comme privation d'emploi civil et amende de 2000 piastres), « de convertir à la foi les indigènes par des moyens violens et d'envoyer contre eux des gens armés; » mais, malgré ces lois si humaines et si sages, le Rio Negro, au milieu du siècle passé, n'offroit encore, selon l'expression de M. de La Condamine, d'autre intérêt à la politique européenne, que celui de faciliter les *entradas* ou invasions hostiles, et de favoriser

[1] Ley de Carlos V (Valladolid, 26 En. 1523) *que no se puede hacer guerra á los Indios para que reciban la Santa Fe Católica*. Ley de Filippe III (del 10 oct. 1618) *que no se envia gente armada á reducir Indios*.

l'achat des esclaves. Les Caribes, peuple marchand et guerrier, recevoient, des Portugais et des Hollandois, des couteaux, des hameçons, de petits miroirs et toute sorte de verroterie. Ils excitoient les chefs indiens à se faire la guerre les uns aux autres; ils leur achetoient les prisonniers, et enlevoient eux-mêmes, par ruse et par force, tout ce qu'ils trouvoient sur leur chemin. Ces incursions des Caribes embrassoient une immense étendue de terrain. Ils les dirigèrent des rives de l'Essequebo et du Carony par le Rupunuri [1] et le Paraguamuzi [2]; d'un côté, directement au sud vers le Rio Branco; de l'autre, vers le sud-ouest, en suivant les portages entre le Rio Paragua [3], le Caura et le

[1] Il y a un portage entre le Rio Rupunuri ou Rupunuvini, affluent de l'Essequebo, et le *Caño* Pirara, affluent du Rio Parime ou Rio Branco.

[2] Pour aller du Paraguamuzi, affluent du Rio Carony, au *Caño* Curaricara (Uraricuera?), affluent du Rio Parime, on passe la chaîne de montagnes de Quimiropaca qui, prolongée de l'ouest à l'est, unit les montagnes du Haut-Orénoque à celles des Guyanes hollandoise et françoise.

[3] On passe du Caura au Carony par un portage entre le Chavarro, affluent du Caura, et le Paruspo qui se jette dans le Paragua, un des affluens du Carony.

Ventuario [1]. Arrivés chez les peuplades nombreuses du Haut-Orénoque, les Caribes se séparèrent en plusieurs bandes pour atteindre, par le Cassiquiare, le Cababury, l'Itinivini et l'Atabapo, sur un grand nombre de points à la fois, les rives du Guainia ou Rio Negro, et pour faire la traite avec les Portugais. C'est ainsi que les malheureux indigènes souffrirent du voisinage des Européens, bien avant d'être en contact avec eux. Les mêmes causes produisent partout les mêmes effets. Le commerce barbare que les peuples civilisés ont fait et font en partie encore sur les côtes d'Afrique, étend sa funeste influence jusque vers des lieux où l'existence des hommes blancs est inconnue.

Après avoir quitté l'embouchure du Conorichite et la mission de Davipe, nous arrivâmes, au coucher du soleil, à l'île de Dapa, située au milieu du fleuve dans une position très-pittoresque. Nous y trouvâmes, à notre plus grand étonnement, quelques terrains cultivés,

---

[1] On parvient du Caura au Ventuario en traversant les savanes qui séparent les sources de l'Erevato, affluent du Caura, de celles du Manapiare, affluent du Ventuario.

et, au haut d'une petite colline, une cabane indienne. Quatre indigènes étoient assis autour d'un feu de broussailles, et mangeoient une espèce de pâte blanche, tachetée de noir, qui fixa beaucoup notre curiosité. C'étoient des *vachacos*, de grosses fourmis dont la partie postérieure ressemble à une pelote de grais. Elles avoient été séchées et noircies à la fumée. Nous en vîmes plusieurs sacs suspendus au-dessus du feu. Ces bonnes gens faisoient peu d'attention à nous; cependant il y avoit dans cette cabane étroite plus de 14 personnes qui couchoient toutes nues dans des hamacs placés les uns au-dessus des autres. Lorsque le père Zea arriva, on le reçut avec de grandes démonstrations de joie. Il y a dans le Rio Negro, à cause de la garde des frontières, un plus grand nombre de militaires que sur les rives de l'Orénoque, et partout où il y a des soldats et des moines qui se disputent le pouvoir sur les Indiens; ceux-ci sont plus attachés aux moines. Deux jeunes femmes descendirent du hamac pour nous préparer des *tourtes* de cassave. On leur demanda, par un interprète, si le sol de l'île étoit fertile; elles répondirent que le manioc y venoit mal, mais que c'étoit une *bonne terre à fourmis*, qu'on n'y manquoit pas de quoi se nourrir. Ces *vachacos* fournissent en effet à la subsistance des Indiens dans le Rio Negro et le Guainia. On ne mange pas les fourmis par gourmandise, mais parce que, selon l'expression des missionnaires, la *graisse des* fourmis (la partie blanche de l'abdomen) est un aliment très-substantiel. Quand les *tourtes* de cassave étoient préparées, le père Zea, dont la fièvre sembloit plutôt aiguiser qu'affoiblir l'appétit, se fit apporter un petit sac rempli de *vachacos fumés*. Il mêla les insectes écrasés à la farine de manioc, et nous pressa d'en goûter. Cela ressembloit un peu à du beurre fort, mêlé à de la mie de pain. Le manioc n'avoit pas de goût acide, mais un reste de préjugés européens nous empêcha de souscrire aux éloges que le bon missionnaire donnoit à ce qu'il appeloit une excellente *pâte de fourmis*.

Comme il pleuvoit à verse, nous fûmes forcés de coucher dans cette cabane si encombrée. Les Indiens ne dormoient que de 8 à 2 heures; le reste du temps ils causoient dans leur hamac, préparoient leur boisson amère de Cupana, attisoient le feu et se plaignoient du froid, quoique la température de l'air fût à 21°. Cet

CHAPITRE XXIII. 445

usage d'être éveillé, et même sur pied 4 ou 5 heures avant le lever du soleil, est général parmi les Indiens de la Guyane. Lorsque, dans les *entradas*, on veut surprendre les indigènes, on choisit les heures du premier sommeil, de 9 heures à minuit.

Nous quittâmes l'île de Dapa long-temps avant l'aube; et, malgré la rapidité du courant et le zèle de nos rameurs, nous n'arrivâmes qu'après douze heures de navigation au fortin de San Carlos del Rio Negro. Nous laissâmes à gauche l'embouchure du Cassiquiare, et à droite la petite île de Cumarai. On croit dans le pays que le fortin est placé sous l'équateur même [1]; mais, d'après les observations que j'ai faites au rocher de Culimacari, il est par 1° 54′ 11″. Chaque nation a une tendance à agrandir l'espace qu'occupent ses possessions

---

[1] Avant mon voyage au Rio Negro, en 1801, et avant que les premiers résultats de mes observations eussent été publiés par M. Lalande et le baron de Zach, les meilleures cartes plaçoient San Carlos (d'après La Cruz et Surville) par 0° 53′ de latitude boréale. Jusqu'à cette époque, aucune observation astronomique n'avoit été faite entre San Carlos, l'Esmeralda, San Fernando de Atabapo et Javita.

sur les cartes et à en reculer les limites. Comme on néglige les réductions des distances itinéraires à des distances en ligne droite, ce sont toujours les frontières qui sont les plus défigurées. Les Portugais, en partant de l'Amazone, placent San Carlos [1] et San Jose de Maravitanos trop au nord, tandis que les Espagnols, en s'appuyant sur les côtes de Caracas, leur assignent une position trop méridionale. Cette considération s'applique à toutes les cartes des colonies. Si l'on sait où elles ont été rédigées et dans quelle direction on est venu aux frontières, on peut prévoir de quel côté tendront les erreurs en latitude et en longitude.

Nous fûmes logés, à San Carlos, chez le commandant du fort qui est un lieutenant de milice. Du haut d'une galerie de la maison on jouissoit d'une vue très-agréable sur trois îles [2] très-longues et couvertes d'une épaisse végé-

---

[1] C'est ainsi que la carte manuscrite de M. Requena, fondée sur les observations astronomiques des Portugais, place San Carlos de 1° 127, plus au nord que les cartes espagnoles fondées sur les journaux de route de l'expédition de Solano.

[2] Les îles de Zamura, Imipa et Mibita ou Miné.

CHAPITRE XXIII. 447

tation. La rivière se dirige tout droit du nord au sud, comme si son lit avoit été creusé par la main de l'homme. Le ciel constamment couvert donne à ces contrées un caractère grave et sombre. Nous trouvâmes dans le village quelques troncs de *Juvia* : c'est le majestueux végétal qui fournit les amandes triangulaires appelées en Europe amandes de l'Amazone. Nous l'avons fait connoître sous le nom de *Bertholletia excelsa*. Les arbres atteignent, en huit ans, 30 pieds de hauteur.

L'appareil militaire de cette frontière consistoit en 17 soldats, dont 10 étoient détachés pour la sûreté des missionnaires voisins. L'humidité de l'air est telle, qu'il n'y a pas quatre fusils en état de faire feu. Les Portugais ont 25 à 30 hommes mieux habillés et mieux armés au fortin de San Jose de Maravitanos. Nous ne trouvâmes, dans la mission de San Carlos, qu'une *garita*, maison carrée, construite en briques non cuites, et renfermant 6 pièces de campagne. Le fortin, ou, comme on aime à dire ici, le *Castillo de San Felipe*, est situé vis-à-vis de San Carlos, sur la rive occidentale du Rio Negro. Le commandant se faisoit scrupule de montrer la *fortaleza* à M. Bonpland et à moi; nos passe-ports exprimoient bien la faculté de mesurer des montagnes et de faire des opérations trigonométriques sur le terrain, partout où je le jugerois convenable, mais non de voir des lieux fortifiés. Notre compagnon de voyage, Don Nicolas Soto, officier espagnol, fut plus heureux que nous. On lui permit de passer la rivière. Il trouva, dans une petite plaine déboisée, le commencement d'une fortification en terre qui, si elle eût été achevée, auroit exigé 500 hommes de défense. C'est une enceinte carrée dont le fossé est à peine visible. Le parapet a 5 pieds de haut; il est renforcé de grosses pierres. Il y a deux bastions du côté de la rivière : on pourroit y placer 4 à 5 pièces. Tout l'ouvrage renferme 14 ou 15 canons, la plupart démontés et gardés par deux hommes. Il y a trois ou quatre cabanes indiennes autour du fortin. C'est là ce que l'on appelle le village de San Felipe; et, pour faire croire au ministère de Madrid combien ces établissemens chrétiens prennent d'accroissement, on tient, pour le prétendu village, des registres de paroisse séparés. Les soirs, après l'*Angelus*, on venoit faire le rapport au commandant, en lui annonçant gravement que tout sembloit tranquille autour de la forteresse : cela me rappeloit ce que des voyageurs nous ont rapporté de ces fortins élevés sur la côte de Guinée pour protéger les factoreries des Européens, et qui sont gardés par 4 ou 5 garnisaires. Les soldats de San Carlos ne sont pas plus heureux que ceux des factoreries africaines ; car, sur ces points si éloignés, règnent les mêmes abus dans l'administration militaire. D'après une coutume très-anciennement tolérée, les chefs ne payent pas la troupe en argent, mais lui livrent, à des prix élevés, le vêtement (*ropa*), le sel et les provisions. On craint tant à l'Angostura d'être détaché, ou, pour mieux dire, exilé dans les missions de Carony, du Caura et du Guainia, qu'il est difficile à la troupe de se recruter. Les vivres sont excessivement chers sur les bords du Rio Negro, parce qu'on ne cultive que très-peu de manioc et de bananes, et que la rivière (comme toutes celles à eaux noires et limpides) est peu poissonneuse. Les meilleures provisions viennent des établissemens portugais du Rio Negro, où règnent plus d'industrie et plus d'aisance parmi les Indiens. Cependant le commerce avec les Portugais est à peine un objet d'importation[1] annuelle de 2000 piastres.

Les rives du Haut-Guainia seront plus productives lorsque la destruction des forêts aura diminué l'excessive humidité de l'air et du sol, et que les insectes qui dévorent les racines et les feuilles des plantes herbacées seront moins fréquens. Dans l'état actuel de l'agriculture, le maïs ne vient presque pas ; le tabac[2], qui est de la plus belle qualité et très-recherché sur les côtes de Caracas, ne se cultive bien que dans les endroit où il y a de vieilles masures, des cabanes détruites, du *pueblo viejo*. Grâce aux habitudes nomades des indigènes, on trouve assez de ces masures où la terre a été remuée et exposée à l'air sans produire des plantes. Le tabac semé dans des forêts fraîche-

---

[1] Prix à San Carlos : maïs, la *fanega*, 3 ½ piastres ; café, la livre (à 32 onces castillanes), 1 réal de plata ; salsepareille, la livre, 1 piastre ; riz, l'*almuda*, 5 réales.

[2] Sous les noms d'*andullos del Rio Negro y del Alto Orinoco*. Quinze plantes de tabac fournissent au Rio Negro 2 livres d'excellent tabac. On forme avec des feuilles soigneusement séchées des cylindres ficelés (*andullos*) de 15 pouces de long.

ment abattues est aqueux et sans arome. L'indigo est sauvage près des villages de Maroa, de Davipe et de Tomo. Sous un régime différent de celui que nous avons trouvé dans ces contrées, le Rio Negro produira un jour en abondance de l'indigo, du café, du cacao, du maïs et du riz.

Comme on navigue de l'embouchure du Rio Negro au Grand-Parà en 20 ou 25 jours, il ne nous auroit pas fallu beaucoup plus de temps pour descendre l'Amazone jusqu'aux côtes du Brésil, que pour retourner, par le Cassiquiare et par l'Orénoque, aux côtes septentrionales de Caracas. Nous apprîmes, à San Carlos, qu'à cause des conjonctures politiques, il étoit pour le moment très-difficile d'aller des établissemens espagnols aux établissemens portugais; mais ce n'est qu'après notre retour en Europe que nous avons connu toute l'étendue du danger auquel nous nous serions exposés en avançant jusqu'à Barcellos. On avoit su, au Brésil, peut-être par les journaux dont le zèle bienveillant et indiscret est devenu souvent funeste aux voyageurs, que j'allois visiter les missions du Rio Negro et examiner le canal naturel qui réunit deux grands systèmes de rivières. Dans ces forêts désertes, des instrumens n'avoient été vus qu'entre les mains des commissaires des limites, et jusqu'alors les agens subalternes du gouvernement portugais ne concevoient pas plus que ce bon missionnaire, dont j'ai parlé dans un autre chapitre, comment un homme sensé pouvoit s'exposer aux fatigues d'un long voyage « pour mesurer des terres qui ne lui appartenoient pas.» Des ordres avoient été donnés pour s'emparer de ma personne, de mes instrumens, et surtout de ces registres d'observations astronomiques si dangereuses pour la sûreté des états. On devoit nous conduire par l'Amazone au Grand-Parà, et nous renvoyer de là à Lisbonne. Si je fais mention de ces projets, dont la réussite auroit influé d'une manière fâcheuse sur la durée d'un voyage, calculé pour cinq ans, c'est pour prouver combien l'esprit qui anime le gouvernement des colonies diffère généralement de celui qui dirige les affaires dans la mère-patrie. Le ministère de Lisbonne, informé du zèle de ses agens subalternes, ordonna sur-le-champ de ne pas me troubler dans mes

CHAPITRE XXIII. 453

opérations; il voulut, au contraire, qu'on les favorisât si je traversois quelque part les possessions portugaises. C'est par ce ministère éclairé que j'ai eu la première nouvelle de la sollicitude dont j'ai été l'objet, et que je n'avois pu réclamer dans un si grand éloignement.

Parmi les Portugais que nous touvâmes à San Carlos, il y avoit plusieurs militaires qui avoient été de Barcellos au Grand-Parà. Je vais réunir ici tout ce que j'ai pu apprendre sur le cours du Rio Negro. Comme on remonte rarement de l'Amazone, au-delà de l'embouchure du Cababuri, rivière célèbre par la récolte de la salsepareille, tout ce que l'on a publié récemment, même à Rio Janeiro, sur la géographie de ces contrées, est extrêmement confus. En descendant le Guainia ou Rio Negro, on passe à droite le *Caño* Maliapo, à gauche les *Caños* Dariba et Eny. A 5 lieues de distance, par conséquent à peu près par 1° 38′ de latitude boréale, se trouve l'île de San Josef que l'on reconnoît provisoirement (car, dans cet interminable procès des limites, tout est provisoire) comme extrémité méridionale des possessions espagnoles. Un peu au-dessous de cette île, dans un endroit où il y a beaucoup d'orangers devenus sauvages, on montre un petit rocher de 200 pieds de haut avec une caverne appelée par les missionnaires la *Glorieta* de Cocuy. Ce *lieu de plaisance*, car telle est la signification du mot *Glorieta* en castillan, rappelle des souvenirs peu agréables. C'est là que Cocuy, le chef des Manitivitanos, le même dont nous avons parlé plus haut [1], avoit son *harem* de femmes, et que (pour tout dire), par une prédilection particulière, il en mangea les plus belles et les plus grasses. Je ne doute pas que Cocuy ait été un peu anthropophage; c'est, dit le père Gili avec la naïveté d'un missionnaire américain, « une mauvaise habitude de ces peuples de la Guyane, d'ailleurs si bons et si doux; » mais je dois à la vérité d'ajouter que la tradition du harem et des orgies de Cocuy est plus répandue dans le Bas-Orénoque que sur les rives du

[1] *Voyez* plus haut, p. 253. On conserve encore à San Carlos un instrument de musique, une espèce de grand tambour, orné de peintures indiennes très-grossières, qui ont rapport aux exploits de Cocuy.

Guainia. A San Carlos, on rejette jusqu'au soupçon d'une action qui dégrade la nature humaine; est-ce parce que le fils de Cocuy, qui s'est fait chrétien, et qui m'a paru un homme intelligent et civilisé, est aujourd'hui capitaine des Indiens de San Carlos?

FIN DU SEPTIÈME VOLUME.

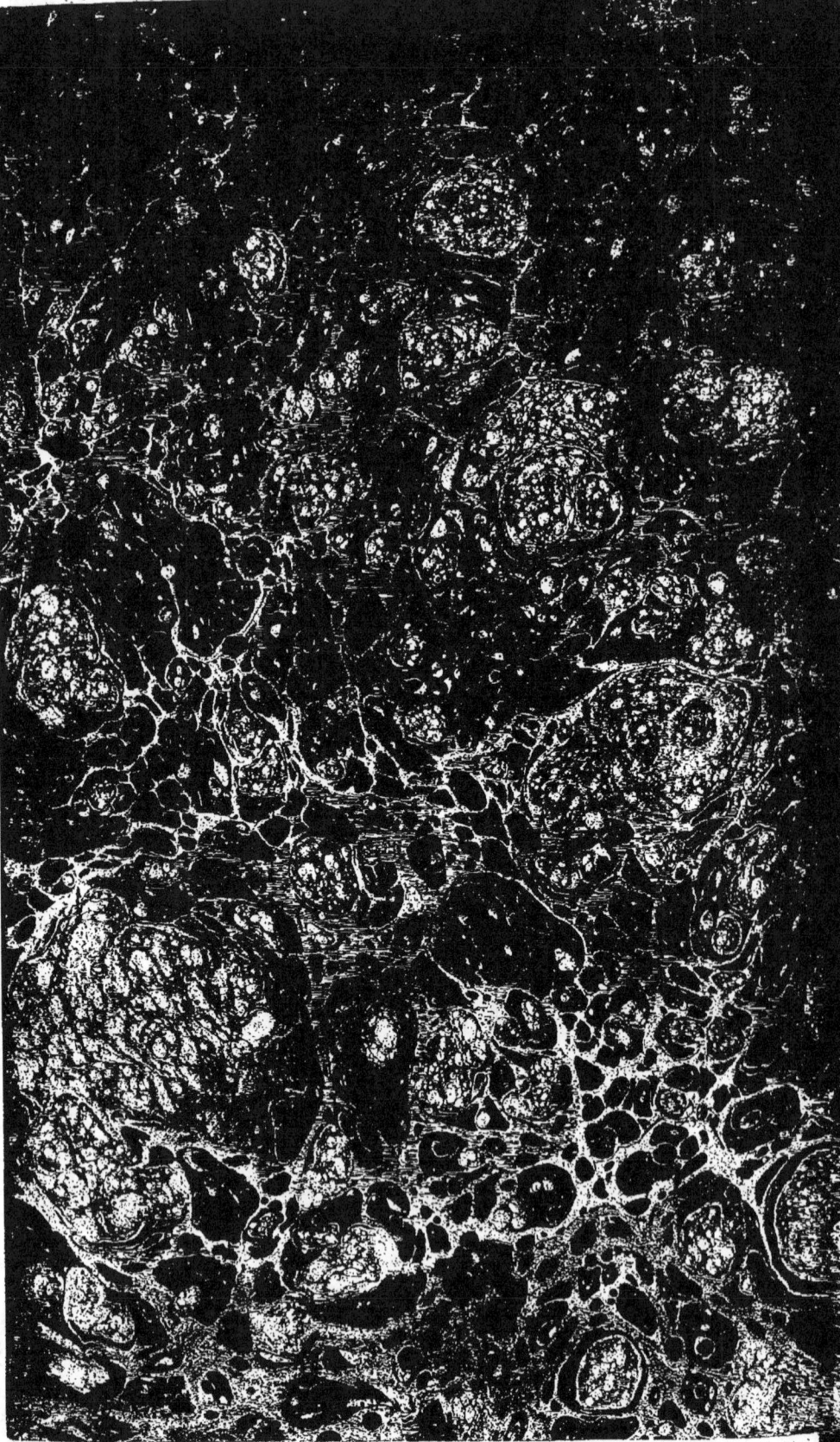

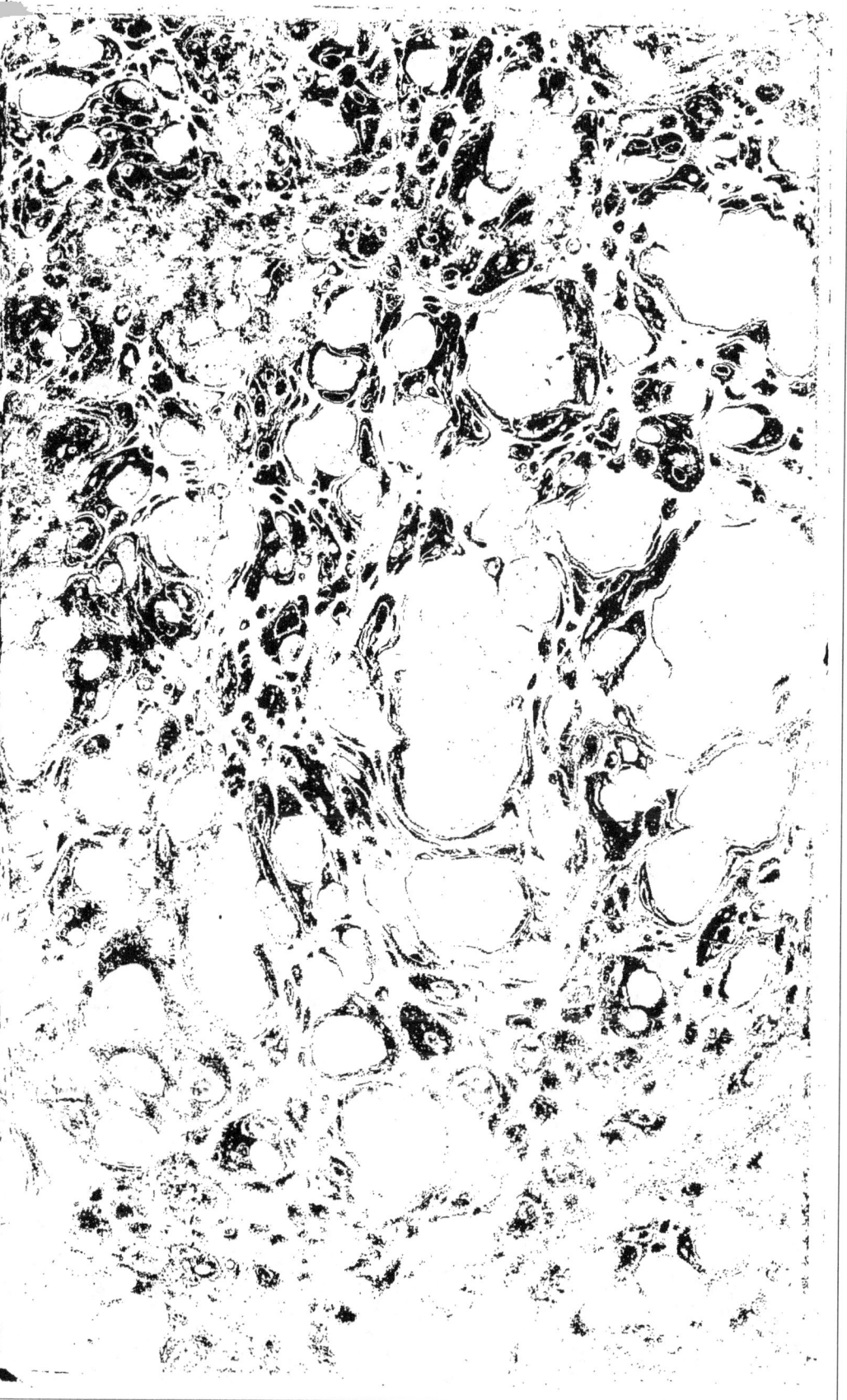

www.ingramcontent.com/pod-product-compliance
Lightning Source LLC
Chambersburg PA
CBHW060516230426
43665CB00013B/1538